Kathryn Best

Grundlagen des Designmanagements

Erstmals erschienen 2010 unter dem Titel
The Fundamentals of Design Management bei
AVA Publishing SA
Rue des Fontenailles 16
Case Postale
1000 Lausanne 6
Schweiz

Copyright © AVA Publishing SA 2010

Design by:
Anne Odling-Smee
John F. McGill

© 2010 der deutschen Ausgabe:
Stiebner Verlag GmbH
Nymphenburger Straße 86
D-80636 München
www.stiebner.com

Übersetzung aus dem Englischen:
Christa Trautner-Suder
Satz und Lektorat: Christiane Manz für
bookwise GmbH, München

Bibliografische Information der Deutschen
Nationalbibliothek
Die Deutsche Nationalbibliothek verzeichnet
diese Publikation in der Deutschen National-
bibliografie; detaillierte bibliografische Daten
sind im Internet über http://dnb.d-nb.de
abrufbar.

ISBN 978-3-8307-1391-3

10 9 8 7 6 5 4 3 2 1

Printed in Singapore

Kathryn Best

Grundlagen des Designmanagements

stiebner

Zur Lektüre dieses Buches

Designkompetenzen

Designer müssen Informationen zum Designprozess liefern, das Feedback der Stakeholder einholen und sich die Zustimmung der Auftraggeber sichern. Außerdem müssen sie die geplante Lösung kompetent präsentieren – welche Erlebnisse sie vermitteln wird, wie sie aussehen wird und welche Funktionen sie haben wird.

Visuelle Kommunikation

Kommunikationsfähigkeit – ob visuell, mündlich oder schriftlich – bildet die Grundlage für gemeinsame Bestrebungen und ist unverzichtbar für die erfolgreiche Akquise von Auftraggebern und die Sicherung von Ressourcen, Zeit, Energie, Fürsprache, Übereignung und Leistungsbereitschaft, die zur Durchführung eines Projekts erforderlich sind.

Ein wichtiges Mittel des Kommunikationsdesigns ist die visuelle Sprache. Sie gibt solchen Diskussionen einen Rahmen und kommuniziert Ideen durch visuelle Signale, um Botschaften zu übermitteln. Mittels Bildern, Grafiken, Farben und Text wird eine Geschichte erzählt, die gesprochene Sprache, die visuelle Sprache und das Format, in dem wir unsere Ideen präsentieren, haben alle einen gewaltigen Einfluss darauf, wie eine Geschichte vom Publikum aufgenommen wird – ob sie auf Interesse stößt und letztlich angenommen oder abgelehnt wird. Der Designer agiert dabei als „Facilitator" – seine Arbeit wirkt unterstützend und auf die Gedanken und Gespräche anderer Menschen. Außerdem arbeitet er als „Design Thinker", der sich der Lösung der Probleme, mit denen Unternehmen, Gesellschaft und Umwelt konfrontiert sind, allmählich von außen annähert.

Prototypen im Design

Ein Großteil des Entwicklungsprozesses im Design beinhaltet „Prototyping" – das Herstellen, Modellieren oder Simulieren spezieller Stadien des Designprozesses in greifbarer oder sichtbarer Form für die Weiterverfolgung einer Idee.

Prototypen reichen von gezeichneten oder gedruckten konzeptionellen Visualisierungen des „Paper Prototyping", nach realisierbar und preisgünstig) über computergenerierte 2-D- oder 3-D-Bilder („Digital Prototyping") bis zu physischen Modellen, die mithilfe digitaler Technik maßstabsgetreu oder in Originalgröße entsprechend den Designvorgaben – auch bezüglich Material und Oberflächenfinish – angefertigt werden („Rapid Prototyping").

Prototyping ist ein entscheidender Teil des Arbeitsprozesses, da es das Testen, Bewerten und Optimieren neuer Ideen ermöglicht, bevor Budget und Ressourcen für die endgültigen (und kostspieligen) Schritte der Fertigstellung herangezogen werden. Zu Beginn des Prozesses existieren oft mehrere Alternativlösungen, in der Regel wird jedoch nur eine tatsächlich weiterentwickelt – diejenige, die die Anforderungen des Briefings, die Bedürfnisse der Verbraucher und Projektbeteiligten sowie die vorab definierten Erfolgskriterien optimal erfüllt (oder sogar übertrifft).

Prototyping eignet sich hervorragend, um einen Auftraggeber von den Vorzügen (und der Wirtschaftlichkeit) eines Designs zu überzeugen und die Mitwirkung der Personen sicherzustellen, die für den Erfolg des Projekts ausschlaggebend sind – sei es, weil sie spezifisches Fachwissen anzubieten haben oder weil sie die entscheidende finanzielle Unterstützung zur Verfügung stellen.

Überschriften der einzelnen Abschnitte nennen die Schlüsselbegriffe und -gedanken des Kapitels.

Bildunterschriften liefern textbezogene Informationen zu den Abbildungen und helfen, eine Verbindung der Bilder zu den Schlüsselbegriffen im Text herzustellen.

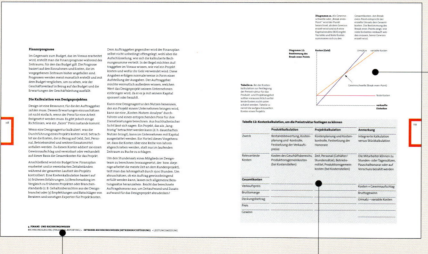

Finanzprognose

Im Gegensatz zum Budget, das im Voraus erarbeitet wird, erstellt man die Finanzprognose während des Zeitraums, für den das Budget gilt. Die Prognose basiert auf den Einnahmen und Kosten, die im vorgegebenen Zeitraum bisher angefallen sind. Prognosen werden meist monatlich erstellt und mit dem Budget verglichen, um zu sehen, wie der Geschäftsverlauf in Bezug auf das Budget und die Erwartungen der Geschäftsleitung ausfällt.

Die Kalkulation von Designprojekten

Design ist eine Ressource, für die der Auftraggeber zahlen muss. Dessen Erwartungen einzuschätzen ist nicht einfach, wenn der Preis für eine Arbeit festgesetzt werden muss. Es gibt jedoch einige Richtlinien, wie ein „fairer" Preis zustande kommt.

Wenn eine Designagentur kalkuliert, was die Durchführung eines Projekts kosten wird, betrachtet sie die Kosten, die in Bezug auf Geld, Zeit, Personal, Betriebsmittel und weitere Einsatzmittel anfallen werden. Zu diesen Kosten addiert sie einen Gewinnaufschlag und vereinbart oder verhandelt auf dieser Basis die Gesamtkosten für das Projekt.

Anschließend wird im Budget bzw. Finanzplan erarbeitet und in vereinbarten Zeitabständen während der gesamten Laufzeit des Projekts kontrolliert. Eine Kostenkalkulation basiert auf (1) früheren Erfahrungen, (2) Benchmarking im Vergleich zu früheren Projekten oder Branchenstandards (z. B. Gehaltsübersichten aus der Designbranche) oder (3) Empfehlungen und Ratschlägen von Beratern und sonstigen Experten für Projektkosten.

Dem Auftraggeber gegenüber wird der Finanzplan selbst nicht unbedingt offengelegt, wohl aber die Aufschlüsselung, auf der die kalkulierte Rechnungssumme verteilt. In der Regel möchten Auftraggeber im Voraus wissen, wie viel ein Projekt kosten und wofür ihr Geld verwendet wird. Diese Angaben erfolgen normalerweise in Form einer Aufstellung der Ausgaben. Der Auftraggeber möchte vermutlich außerdem wissen, welchen Wert das Designprojekt seinem Unternehmen einbringen wird, da es ja in seinem Kapital gesondert auf dessen Bücher zu schlagen.

Kann eine Designagentur den Nutzen benennen, den ein Projekt einem Unternehmen bringen wird, kann sie eine „Kosten-Nutzen-Analyse" durchführen und einen entsprechenden Preis für ihre Dienstleistungen berechnen. Aus buchhalterischer Sicht lässt sich sagen: Ein Projekt, das als „langfristig" betrachtet werden kann (d. h. dauerhaften Nutzen bringt), kann im Unternehmen mit Kapital ausgestattet werden. Der Vorteil dieses Vorgehens ist, dass die Kosten über eine Reihe von Jahren abgeschrieben werden, statt nur im laufenden Zeitraum zu Buche zu schlagen.

Um den Stundensatz eines Mitglieds im Designteam zu berechnen (vorausgesetzt, der- bzw. diejenige arbeitet die meiste Zeit an den Kundenprojekten), teilt man das Jahresgehalt durch 1500 Stunden. Um abzuschätzen, ob ein Auftrag gewinnbringend erfüllt werden kann, lassen sich allgemeine Beratungssätze heranziehen. Anhand des bereichnete Auftragshonorar aus, um Zeitaufwand und Zusatzaufwand für das Designprojekt abzudrucken.

Diagramme erklären die Theorie des Designmanagements und ihre Anwendung detaillierter.

Fußzeile gibt an, in welchem Kapitel und welchem Abschnitt man sich gerade befindet und welche Themen vorausgehen und folgen.

Tabellen und Kästen enthalten detailliertere Informationen über Vorgehensweisen und Begriffe, die im Text genannt werden.

Fallstudien
erkunden die Konzepte,
die im Kapitel behandelt
wurden, anhand von
Projekten aus der Praxis.

Farbmarkierung
erleichtert das Auffinden
der Kapitel.

Einblicke in die Praxis
werden durch Interviews
mit Fachleuten aus der
Branche zu den Schlüssel-
themen des Kapitels
vermittelt.

„Grundlagen des Design-
managements" soll leicht
verständlich, aber informativ
sein und einen interessanten
allgemeinen Überblick über
Designmanagement liefern.
Es stützt sich auf Erkenntnisse
und praktische Erfahrungen
von Designmanagern, die in
Industrie und Wirtschaft tätig
sind. Persönlichkeiten aus
verschiedenen Fachdisziplinen der Kreativwirtschaft
verraten Wissenswertes aus
dem Designmanagement und
liefern Einblicke in ihre Arbeit.

Am Ende der Kapitel 2 bis 6
bieten Fallstudien den Lesern
Gelegenheit zur Vertiefung
der Kenntnisse, die sie in
jedem Kapitel gewonnen
haben. Das vorliegende Buch
liefert solides Grundwissen im
Designmanagement und wird
auch Leser ansprechen, die
bereits in einem Unternehmen
arbeiten und praktisches
Wissen und theoretische
Einblicke in die Fachdisziplin
Designmanagement gewin-
nen möchten.

Einführung

Designmanagement beinhaltet die erfolgreiche Organisation und Koordination der Menschen, Projekte, Prozesse und Verfahren, die hinter dem Design der Produkte, Dienstleistungen, Räume und Erlebniswelten stehen, denen wir im Alltag begegnen. Designmanager vermitteln außerdem zwischen verschiedenen Fachdisziplinen (wie Design, Management, Marketing und Finanzen) und Rollen (wie Kunden, Designern, Projektteams und Projektbetroffenen).

Zur sogenannten Kultur- und Kreativwirtschaft zählen die Bereiche Design, Kunstgewerbe, Werbung, Architektur, Mode, Film, Musik, TV, Rundfunk, darstellende Kunst, Verlagswesen und Software/Games. Aktuelle weltweite Trends zum Einsatz der Kreativität in Designunternehmen zeigen die Kultur- und Kreativwirtschaft als eine der am schnellsten wachsenden Branchen. Mit ihr lassen sich die Wettbewerbsvorteile von Unternehmen, ja sogar von Ländern vergrößern. Gleichzeitig werden jedoch Forderungen immer lauter, dass Industrie- und Handelsbetriebe die Auswirkungen ihres Tuns auf Kultur, Umwelt, Politik und Gesellschaft stärker in ihre Entscheidungen einbeziehen sollen. Der Designbereich, dessen Arbeitsprozesse den Menschen in den Mittelpunkt stellen, eignet sich gut für integrative Ansätze zur Bewältigung der Probleme, vor die uns die Welt heute stellt.

Design wirkt nicht isoliert von anderen Fachdisziplinen und Berufszweigen, sondern bewegt sich innerhalb verschiedener Kontexte. Extern steht es in Beziehung zu Unternehmen, der Gesellschaft, Technologie, Politik und Umwelt. Die Arbeit der Designer ist außerdem heute eng verknüpft mit der Welt des Marketings, des Managements, der industriellen Planung und Ausführung, des Finanzwesens sowie mit Recht und Wirtschaft. Intern beschäftigt sich das Design unter anderem damit, wie Markenentwicklung und Innovation, Verbraucher- und Marktforschung, Kundenbriefings und Designaudits, Budgets und Arbeitsgruppen sowie Projektziele und -vorgaben so eingesetzt werden können, dass sie die Potenziale des Designs zum Vorteil von Unternehmen, Gesellschaft und Wirtschaft nutzen.

Der ganzheitliche Einsatz von Design, der alle Kontexte, Fachdisziplinen und Rollen berücksichtigt und sowohl in ökonomischer als auch in gesellschaftlicher und ökologischer Hinsicht nutzbringend wirkt, gehört zu den größten Herausforderungen für jeden, der heute Design, Wirtschaftslehre und Kulturwirtschaft studiert und in diesen Bereichen arbeiten möchte.

Design begegnet uns einerseits ganz konkret in Form von Personen, Projekten, Produkten und Dienstleistungen, mit denen wir jeden Tag zu tun haben. Diese Berührungspunkte werden als „Touchpoints" oder Schnittstellen des Designs bezeichnet und tragen stark dazu bei, wie ein Unternehmen oder eine Marke wirkt.

Design ist aber auch in weniger greifbarer Form vorhanden. Es manifestiert sich unter anderem in der Gestaltung von Arbeitsprozessen und interdisziplinären Beziehungen. Dazu gehören die folgenden drei Fragenkomplexe:

• Wie werden die Beziehungen zwischen den Menschen – Auftraggebern, Beratungsfirmen, Stakeholdern (das sind all diejenigen, die mit einem Projekt zu tun haben oder davon betroffen sind) sowie Endverbrauchern – organisiert?

• Wie werden Teams, Prozesse und Verfahren eines Designprojekts organisiert?

• Wie werden Produkte und Dienstleistungen vermarktet?

Ein Produkt, eine Dienstleistung oder eine Erlebniswelt zu vermarkten erfordert häufig den Einsatz verschiedenster Personen mit unterschiedlichen Kompetenzen und Fähigkeiten. Wie Menschen, Prozesse und Projekte gemanagt werden, kann über Erfolg oder Misserfolg des Ergebnisses entscheiden. Die Fachdisziplin Designmanagement befasst sich damit, wie alle Personen, Projekte und Prozesse in einem interdisziplinären und gemeinschaftlichen Netzwerk innerhalb eines größeren Unternehmens-, Gesellschafts-, Politik- und Umweltkontexts zusammengebracht werden können, und zwar in einer Art und Weise, die vielfältige Aspekte berücksichtigt, um ein schlüssiges, finanzierbares und attraktives Erlebnis zu präsentieren.

Einer der wertvollsten Aspekte des Designmanagements besteht darin, dass es ein Netzwerk für neue Prozesse liefert, die ohne Weiteres in existierende Vorgehensweisen und Methoden integrierbar sind. Design ist ein Problemlösungsprozess, bei dem die vorliegenden Probleme zugleich auch Chancen bieten. Durch sie werden nämlich neue Vorgehensweisen in Betracht gezogen und/oder Stakeholder in die Suche nach einer Lösung eingeschaltet. Beispiele für ein solches Vorgehen sind die aktuellen Trends zum Co-Design, zu universellem Design (das die Bedürfnisse eines breiteren Personenspektrums beachtet) und zur Nachhaltigkeit (wobei der langfristige Einfluss berücksichtigt wird).

Zudem wird von Designern vermehrt erwartet, dass sie gemeinsam mit anderen Fachleuten – etwa Marketingspezialisten, Ingenieuren oder Sozialwissenschaftlern – tätig werden und dass sie das breitere Umfeld, in dem sie wirken, genau kennen. Dabei kann es sich um so Unterschiedliches wie ein Wirtschaftsunternehmen und ein bestimmtes soziales Milieu handeln. An einem Projekt kann ein Designer als Einzelperson, als Teil eines multidisziplinären Teams oder als Teil eines größeren gemeinschaftlichen Arbeitsprozesses, wie ihn die Kommunikations- und Informationstechnologien heute ermöglichen, mitwirken.

1

Design im Kontext

Design- und Unternehmenskultur

Design und Betriebswirtschaft haben ihre jeweils eigene Kultur: ihre eigenen Überzeugungen, Wertvorstellungen und Kriterien, an denen sie Erfolg messen. Dies kann manchmal zu einem „Kampf der Kulturen" führen. Um als Kreativer größeren Einfluss ausüben zu können, ist es von erheblichem Vorteil, die Herausforderungen und Möglichkeiten zu verstehen, die den verschiedenen Unternehmenskulturen eigen sind.

Die Branchen der Kreativwirtschaft sind im Grunde alle miteinander verknüpft. Als Designer sollte man die wesentlichen Prozesse und Verfahrensweisen von Betriebswirtschaft und Management kennen und wissen, in welchen Abhängigkeiten verschiedene Unternehmen zueinander stehen und agieren. Ebenso sollte ein Unternehmer die disziplinspezifischen und interdisziplinären Prozesse und Verfahren der Designtätigkeit sowie das Potenzial von Designs für Veränderungen einschätzen können.

Derzeit wird in vielen Unternehmenskulturen der Wert der Designertätigkeit nicht erkannt und der Zeit- und Geldaufwand unterschätzt, der damit verbunden ist. Andererseits wissen auch viele Designfachleute nicht, wie sie den Wert von Design begründen können. Eine Unterschätzung des Designprozesses auf beiden Seiten wertet jedoch den Beruf des Designers ab. Daher muss der Unterschied zwischen der kreativen Tätigkeit der Designer und der Geschäftstätigkeit der Unternehmer selbstbewusst und mit Verantwortungsgefühl dargestellt werden.

Design

Design ist ein personenzentrierter Problemlösungsprozess. Designen bedeutet planen, erschaffen oder entwickeln. Als Resultat des Designprozesses besitzt ein Design Form und Funktion. Designfachleute werden innerhalb eines Unternehmens auf Kundenseite (als hauseigene Designer innerhalb bestehender Aufgabenbereiche und Abteilungen) oder auf Agentur-/Beraterseite (innerhalb interdisziplinärer Kunden-/Projektteams oder Einzelarbeitsgruppen) tätig. Als Freiberufler bringen sie ihr Fachwissen in Projekte innerhalb und außerhalb von Organisationen ein. Heute spielt Design in immer mehr Bereichen eine Rolle; seine personenzentrierte Grundeinstellung erleichter die Integration vieler verschiedener Aufgabenbereiche.

Beispiele für Fachdisziplinen im Designbereich:
Grafikdesign, Verpackungsdesign, Produktdesign, Industriedesign, Innenraumdesign/Umweltdesign, digitales Mediendesign/Webdesign, Servicedesign, Erlebnisdesign.

Typische Aufgabenbereiche der Designberatung:
Kreative/Designer, Führung und Management des Kundenkontos, strategische Unternehmensberatung, Projektmanagement, Finanzwesen, Verwaltung, PR/Marketing.

Aufgabenbereiche auf der Kundenseite, in denen Design typischerweise eine Rolle spielt:
Design, Produkt- und Serviceentwicklung, Markenkommunikation, Marketingkommunikation, Forschung und Entwicklung, Technologie/IT.

Management

Der Begriff „Management" umfasst Menschen und Prozesse, die in die Leitung, Organisation, Kontrolle und Verwaltung eines Unternehmens eingebunden sind. Häufig stehen Betriebswirtschaft und Management, die sich auf finanzielle Gewinne und profitsteigernde Anreize konzentrieren, im Widerspruch zum personenbezogenen, kreativen Ansatz des Designs. Stärken im Design können verloren gehen, wenn sie nicht vor rein unternehmerischen Prozessen geschützt werden; gleichzeitig benötigt Design aber den Schutz und den Rückhalt eines effizienten, erfolgreichen Managementnetzwerks.

Unternehmen

Als Unternehmen bezeichnet man einen rechtlich anerkannten Wirtschaftsbetrieb mit dem Ziel, Waren und Dienstleistungen an Verbraucher oder Organisationen zu liefern. Im Austausch gegen geleistete Arbeit, aufgewendete Zeit und eingegangene Risiken soll ein finanzieller Ertrag erwirtschaftet werden. Rentable Unternehmen befriedigen die Marktbedürfnisse und machen Gewinn.

Die häufigsten Unternehmensformen sind:

Einzelunternehmen: Der Betrieb eines Alleineigentümers, der für alle erzielten Gewinne und eingegangenen Verpflichtungen selbst haftbar ist. Er kann Mitarbeiter einstellen und Aufträge erteilen.

Personengesellschaft: Ein Betrieb im Besitz von zwei oder mehr Personen, die sich Gewinne und Verluste teilen. Sie übernehmen die volle persönliche, unbeschränkte Haftung für Geschäfte und Schulden. Beispiele: Gesellschaft bürgerlichen Rechts (GbR), Offene Handelsgesellschaft (OHG).

Gesellschaft mit beschränkter Haftung (GmbH): Ähnlich der Personengesellschaft; allerdings haften hier die Eigentümer nur mit ihrer Einlage.

Aktiengesellschaft (AG): Ein Unternehmen, das rechtlich von den Eigentümern (den Aktionären) getrennt ist. Es wird vom Aufsichtsrat kontrolliert und vom Vorstand geleitet, der Führungskräfte einstellt. Vermögenswerte (Aktiva) und Verpflichtungen (Passiva) gehören dem Unternehmen.

Genossenschaft: Sie hat Mitglieder (statt Anteilseigner), die sich die Entscheidungsgewalt teilen.

Beispiele verschiedener Wirtschaftszweige:
Einzelhandel, Immobilien, Transportwesen, Versorgungsunternehmen, Fertigung, Finanzwesen, Landwirtschaft, Dienstleistungsbetriebe, Kreativwirtschaft.

Beispiele verschiedener Geschäftsbereiche:
Personalabteilung, Finanzwesen, Verkauf und Marketing, PR/Kommunikation, IT, operatives Geschäft, Beschaffung, Forschung und Entwicklung.

Persönliche Neigung zu Design und Management:
Einzelpersonen, aber auch ganze Berufsgruppen neigen zu spezifischen Denkweisen. Gespür und Verständnis für beide unterschiedlichen Ansätze (unten) machen einen guten Designmanager aus.

Linke Gehirnhälfte – analytisch, strukturiert, linear, gliedernd, entscheidungsfreudig, kontrolliert.

Rechte Gehirnhälfte – ganzheitlich, unstrukturiert, wiederholend, assimilierend, kritisch hinterfragend, intuitiv.

Finanzwesen, Technologie und Recht

Damit Design entsprechend seiner Potenziale genutzt werden kann, ist zunächst einmal ein Gespür für Bereiche erforderlich, die gerade im Wandel begriffen sind und infolgedessen auch mit neuen Verfahrensweisen arbeiten. Dazu gehören Technologie, Finanzwesen und Recht. Die Informationstechnologie beispielsweise ermöglicht eine engere Beziehung zwischen Nutzern und Inhalten: Im Internet geben die User Feedbacks zum Inhalt (oder „Content") der Websites, interagieren mit anderen Usern und entwickeln Ideen und Inhalte mit. Das Schlagwort Web 2.0 beschreibt eine Reihe technologiegestützter Ansätze im Webdesign, wie Open-Source-Software (freie Software) und benutzerdefinierte Inhalte, die beispielsweise von eBay, YouTube und Wikipedia angeboten werden.

Diese neue Art der Kommunikation verändert auch unseren Umgang mit den Rechts- und Finanzsystemen. Hier stellt sich beispielsweise die Frage, inwieweit diese Systeme zu neuen Formen des Urheberrechts führen und wie sich der Begriff und die Bedeutung von Finanzmitteln dadurch wandeln.

Um zu sehen, welche Rolle Design in Bezug auf diese Systeme spielen kann, sollen zunächst die Begriffe Finanzwesen, Technologie und Recht genauer betrachtet werden.

Finanzwesen

Das Finanzwesen befasst sich mit dem Management von Geld, d. h. mit der Geldversorgung und -beschaffung sowie mit der Beziehung zwischen Geld, Zeit und Risiko.

Die am weitesten verbreitete Form von Geld sind liquide Mittel – Banknoten, Münzen und Giroeinlagen; theoretisch kann Geld jedoch alles sein, was als Bezahlung oder Gegenleistung akzeptiert würde.

Banken stellen den Unternehmen Kredite zur Verfügung. Sie vermitteln außerdem zwischen Kreditgebern und Kreditnehmern. Banken und andere Finanzdienstleister managen Finanzvermögen und Risiken in Zusammenhang mit Handelsaktiva (Investitionen), Eigenkapital (Aktien), Schulden/Sicherheiten (Rentenpapieren) und Versicherungen (gegen Verluste) an Wertpapierbörsen (Handelseinrichtungen für Börsenmakler) in aller Welt.

Im Finanzdienstleistungssektor ist Geld „ein Merkmal für Reichtum" (Boyle, 2003), das in Form abstrakter Zahlen ausgetauscht wird – als Sorten, Devisen, Aktien und festverzinsliche Wertpapiere. Dieser digitale Fluss von immateriellen Finanzmitteln bildet das Finanzsystem. Boyle zufolge diente Geld ursprünglich als eine Art rituelles Geschenk, eine Möglichkeit, Frieden zu schließen; es war ein Zeichen gegenseitiger Anerkennung und erleichterte die zwischenmenschlichen Beziehungen. Erst später wurde daraus ein Handelsinstrument. Unser heutiges Finanzsystem hat die zwischenmenschlichen Beziehungen durch monetäre ersetzt.

1. Die in Großbritannien ansässige Co-operative Bank arbeitet nach einer einzigartigen kundenorientierten Ethik, d. h., sie investiert nicht in Betriebe, die aus der Sicht ihrer Kunden in ethischen Problembereichen tätig sind. Stattdessen berücksichtigen Co-operative Investments und Co-operative Insurance Kundenmeinungen, die sie in ihre Grundsätze zum ethischen Engagement aufgenommen haben; ihren Einfluss als Aktionäre nutzen sie, um große Firmen von innen heraus zu verändern.

1

The **co-operative** bank
good with money

Derzeit besteht der Bedarf nach einer faireren Form des Kapitalismus und nach einem längerfristig ausgelegten Finanzsystem. Kurzfristige Entscheidungen – selbst wenn sie für Aktienhändler und Aktionäre Profit bringen – haben häufig langfristige Konsequenzen, die dem Gemeinwesen und anderen Stakeholdern schaden.

Technologie

Die Informations- und Kommunikationstechnologie (IKT) hat für Design, Management, Kreativität, Innovation und Business eine völlig neue Situation geschaffen. Digitale Rechnersysteme sind heute voll in unser Arbeitsleben und unseren Alltag integriert. Neue Technologien und technische Innovationen weltweit wirken sich auf die Organisationsstruktur auf allen Ebenen aus, sie verändern die Art der Kommunikation und Interaktion und ermöglichen neue Beziehungen, schaffen neue Zielgruppen, Prozesse und Beschäftigungsformen. Dies wiederum eröffnet dem Designbereich mögliche neue Aufgabenfelder – denn die neu entstehenden Produkte, Dienstleistungen und Erlebniswelten sowie die Beziehung der Menschen zu diesen Konsumgütern müssen gestaltet und gemanagt werden.

Recht

Organisierte Gesellschaften anerkennen besondere Verhaltensregeln und -vorschriften und setzen diese mittels Gesetzen und Gerichten durch. Jedes Land hat sein eigenes Rechtssystem, alle basieren jedoch auf dem Grundsatz, dass die Grundrechte – die Bedürfnisse und das Wohlergehen – respektiert werden müssen. Aufgabe der Rechtsordnung ist es, die Gerechtigkeit in Zweifelsfällen vor Gericht zu verteidigen, wobei die Schuld oder Haftung durch die Vorlage von Beweismitteln durch einen Rechtsanwalt bewiesen oder widerlegt wird.

Jeder Einzelne und jede Organisation muss den gesetzlichen Rahmen anerkennen und sich ihm unterordnen; jedoch gibt es unterschiedliche Auslegungen dessen, was als rechtlich, ethisch, gesellschaftlich oder kulturell akzeptabel gilt. Was in einer Kultur beispielsweise als Geschenk gilt, wird in einer anderen Kultur vielleicht als Bestechung gewertet. Da mangelnde Kenntnis örtlicher Rechtsvorschriften nicht vor entsprechenden Klagen schützt („Unwissenheit schützt vor Strafe nicht"), ist es wichtig, sich mit unterschiedlichen Verhaltensweisen und kulturellen Unterschieden vertraut zu machen.

Gesellschaft, Politik und Umwelt

Unternehmen, deren Managementstrukturen und Angebot ethischen Grundsätzen oder unternehmerischer Sozialverantwortung (Corporate Social Responsibility/CSR) verpflichtet sind, können ihren Kunden klar aufzeigen, auf welche Weise die Wirtschaft der Gesellschaft und der Umwelt nutzen und auf lokaler und globaler Ebene politischen Einfluss ausüben kann.

Durch die Zunahme IT-gestützter Kommunikationsplattformen können nun auch ganze Onlinecommunitys Fragen stellen, Einfluss ausüben und durch sozialen und politischen Aktivismus „von unten" einen Wandel herbeiführen. Im Designbereich werden Nachhaltigkeit – langfristiges Denken und Handeln – und der Erhalt des Wohlstands immer deutlicher, beispielsweise beim Ökoeffektivitäts- bzw. „Cradle-to-Cradle"-Designkonzept (McDonagh und Braungart, 2002), das nach einer „neuen industriellen Revolution durch ökologisch intelligentes Design" verlangt. McDonagh und Braungart sind optimistisch, dass aus „einem industriellen System, das ‚nimmt, produziert und verschwendet', ein Erzeuger von Waren und Dienstleistungen mit ökologischem, sozialem und wirtschaftlichem Wert werden kann", weil durch sie keine Schadstoffe und keine schädlichen Abfallprodukte mehr entstehen.

Gesellschaft

Die Menschen neigen dazu, sich mit anderen Menschen, die die gleichen Überzeugungen, Gepflogenheiten, Gebräuche und kulturellen Interessen teilen, in Gruppen zu organisieren. Diese Gemeinsamkeiten, die über mehrere Generationen gepflegt werden, führen zur Bildung lebenslanger oder dauerhafter Gruppen, die die Gesellschaft ausmachen. Soziale Gruppen entstehen aus dem Wunsch nach Gemeinschaft (Familie, Dörfer), gemeinsamen Überzeugungen (Religion, Vaterlandsliebe) und auch nach dem für beide Seiten vorteilhaften Austausch von Waren und Dienstleistungen (Handel und Industrie).

Als Reaktion auf neue und sich verändernde Bedingungen versucht jede Generation, die Interessen der Allgemeinheit zu schützen, damit sie in Frieden, angenehm und nutzbringend leben kann. Wie bewahren wir bestehende Traditionen und passen uns gleichzeitig den Herausforderungen von außen an? Wie stellen wir ein Gleichgewicht her zwischen Konformismus und Individualismus? Wie schützen wir die Interessen von Reichen und Armen?

Politik

Der griechische Philosoph Platon (428–348 v. Chr.) behauptete, alle konventionellen politischen Systeme seien von Natur aus korrupt. Aristoteles hingegen (384–322 v. Chr.), ein Schüler Platons, betrachtete Politik als aktive Beziehung zwischen dem Staat und seinen Bürgern und glaubte, ein wirklich ethisches Leben könne nur von jemandem geführt werden, der aktiv an der Politik teilnimmt.

1. Mit den Customers-Who-Care-Kampagnen setzt die Co-operative Bank ihre ethischen Grundsätze in die Tat um. Hierzu geht sie mit ihren Kunden wichtige Fragen vom Klimawandel bis zum fairen Handel an. Die Kampagnen laden zum Dialog über die zentralen Probleme in der heutigen Gesellschaft, Politik und Umwelt ein.

1

Während der Renaissance befasste sich Niccolò Machiavelli (1469–1527) mit den Praktiken der Politik und mit der Frage, wie sich innerhalb einer Gruppe Macht gewinnen und erhalten lässt. Zu den Mitteln, die er selbst anwandte und mit denen sein Name heute assoziiert wird, gehörten Zwang, Manipulation und Brutalität.

Auch die Politik ist ein Prozess, in dem bestimmte Personengruppen Entscheidungen treffen. Unsere Politik spiegelt unsere Wertvorstellungen und unsere Moral wider: Die Bürger wählen Politiker und politische Parteien, denen sie zutrauen, den Status quo zu hinterfragen und Verbesserungen zu erreichen. Unsere Regierungen – von den Bürgern gewählte Vertreter – entwickeln die Politik, die Gesetze und Vorschriften, mit denen sie die Gesellschaft regieren.

Liegt politische Macht bei den Regierungen oder bei den Bürgern? Neue politische Modelle, die auf verbesserter Transparenz basieren, werden durch größere Informationsfreiheit, die Aktivitäten von Interessenverbänden und die Popularität und verstärkte Nutzung sozialer Medien angetrieben.

Umwelt

In einer zunehmend vernetzten Welt sind die Tätigkeiten von Unternehmen, Regierungen und Gesellschaften häufig mit weitreichenden Auswirkungen verbunden, und zwar geografisch, wirtschaftlich, politisch, ethisch und moralisch. In den derzeitigen Umweltdebatten werden schädliche und zerstörerische Unternehmenspraktiken und Konsummuster für die Erderwärmung, den Klimawandel, Überschwemmungen, Dürren, Umweltverschmutzungen und Armut verantwortlich gemacht.

Dies regt zu einer Vorgehensweise nach dem Prinzip der Nachhaltigkeit und zu umweltfreundlicheren „grünen" Initiativen wie Recycling, erneuerbaren Energien, niedrigem CO_2-Verbrauch im Alltag und der Schaffung von Arbeitsplätzen im Umweltbereich an.

Für einen Wandel des umweltschädlichen Verhaltens setzen sich Regierungen (ökologische Gesetzgebung), die Wirtschaft (Corporate Governance/Unternehmensführung) und die Gesellschaft (Lebensstil und Verhalten, soziales Engagement) ein. Im Bereich Design heißt es, zu überprüfen, inwieweit wir Verhaltens- und Systemveränderungen für eine nachhaltigere Zukunft und eine bessere Lebensqualität aller bewirken können, wenn unsere Lösungen gezielter auf die Menschen und ihr jeweiliges Umfeld eingehen.

Die Initiative „Design for Development" untersucht, auf welche Weise Design bei der Umgestaltung unserer Lebensbedingungen sowie unseres Konsum- und Arbeitsverhaltens mitwirken kann, damit jeder Einzelne bei einem geringeren Verbrauch von Rohstoffen ein längeres, gesünderes und glücklicheres Leben führen kann.

Marktnachfrage und Nutzerbedürfnisse

Um existieren zu können, braucht ein Unternehmen einen Markt, also die Möglichkeit, seine Produkte und Dienstleistungen an Kunden zu verkaufen, die genau diese Produkte oder Dienstleistungen suchen. Marktnachfrage kommt von Einzelpersonen und Unternehmen, die diese angebotenen Waren und Dienstleistungen wünschen oder brauchen. Sobald ein Bedarf besteht, konkurrieren Unternehmen und ihre Mitbewerber darum, den Bedarf zu decken.

> „Marketing ist der Management-prozess, der die Bedürfnisse der Kunden gewinnbringend erkennen, vorwegnehmen und erfüllen muss."
> *Chartered Institute of Marketing*

Vor der Erschließung eines neuen Markts führen Unternehmen Marktforschungsstudien durch, um Marktinformationen zu sammeln. Sie analysieren Markttrends, Verbraucherbedürfnisse und die Wettbewerbssituation. Daraus erstellen sie ihre Vertriebsplanung (wie sind die Kunden zu erreichen?), den richtigen Marketingmix (Produkt-, Vertriebs-, Kommunikations- und Preispolitik) sowie die geplanten Kosten, Umsätze und Gewinne. Erst dann wird entschieden, ob es für ein Unternehmen rentabel ist, ein neues Produkt oder eine neue Dienstleistung auf den Markt zu bringen.

Marktorientierter Ansatz

Hat ein Unternehmen eine Marktnachfrage ermittelt, die es durch die Entwicklung eines Produkts oder einer Dienstleistung befriedigen kann, dann kann der Einsatz von Design diesem Markenprodukt, der Dienstleistung oder dem Kommunikationsmittel zu Form und Funktion, zu Unterscheidungsmerkmalen und Attraktivität verhelfen. Dabei werden Markt-nachfrage, Markenpersönlichkeit, -versprechen und -positionierung sowie Vorgaben hinsichtlich Kosten, Zeit- oder Materialaufwand berücksichtigt. Dies nennt man einen marktorientierten Ansatz.

Berücksichtigung der Nutzerbedürfnisse

Designorientierte Ansätze führen oft dazu, dass letztlich die Wünsche der Nutzer bestimmen, welche neuen Produkte, Dienstleistungen und Märkte geschaffen werden. Die Bedürfnisse der Menschen werden also zur Triebfeder hinter dem Design neuer Produkte und Dienstleistungen.

Latente Nutzerbedürfnisse werden aufgespürt, indem man Alltagssituationen analysiert. An dieser Stelle werden mithilfe des Designs neue Designkon-zepte und -erfahrungen für Produkte und Dienst-leistungen erzeugt, visualisiert und getestet.

Eine solche Vorgehensweise ist beispielsweise im öffentlichen Dienst, in Entwicklungsländern und bei Aufgaben im sozialen Bereich verbreitet. Hier wird Design zum Motor für praktische und häufig innovative Lösungen, die statt einer Marktnach-frage echte menschliche Bedürfnisse abdecken.

1, 2. Design Directions, das Förderprogramm der britischen Kultureinrichtung RSA (Royal Society for the encouragement of Arts, Manufactures and Commerce), formuliert eine Reihe von Designkonzepten für Studenten im Kontext gesellschaftlicher Probleme der modernen Welt. Diese Designkonzepte vertreten einen forschungsbasierten, kundenorientierten Ansatz; sie können in Bereichen wie Verbrechen, Sicherheit und Gesundheit zum Tragen kommen – und damit zeigen, welch große Rolle Design bei der Veränderung der Welt spielen kann.

„I am here" („Ich bin hier", unten rechts) war eine Zusammenarbeit zwischen dem Designer Alex Ostrowski und dem Frenchay Reha-Zentrum für Hirnverletzungen in Bristol, England. Der Designer hörte sich die Sorgen von Personal und Patienten auf der Station an, um herauszufinden, wie er mit seinen Kenntnissen „Veränderungen zum Besseren" bewirken konnte, und ein entsprechendes Projekt zu entwickeln. Zur Unterstützung der Neuorientierung der Patienten entwickelten sie gemeinsam ein auf Farben basierendes System. Dadurch fällt es den Patienten leichter, eine stabilere Beziehung zu ihrem Umfeld aufzubauen und die posttraumatische Amnesie zu meistern.

2

¹RSA

Auf diese Weise werden Menschen zu Impulsgebern sowohl für neue Produkte und Dienstleistungen als auch für neue Marketingformen, etwa neue Arten von Marktkanälen – wie soziale Netzwerke im Internet und „Mund-zu-Mund"-Propaganda.

Geschäftsmöglichkeiten, für die ein wachstumsfähiger Markt gefunden wird, führen zur Entwicklung realer Produkte und Dienstleistungen. Diese können ein bereits bestehendes Markenversprechen unterstützen, die Anpassung einer existierenden Marke darstellen oder eine völlig neue Marken begründen.

„Gute Designer, die kundenorientiert arbeiten, sehen sich ein Problem aus Sicht des Kunden an und stellen nicht die Prioritäten eines Systems, einer Institution oder eines Unternehmens in den Vordergrund. Ein Designer beobachtet die Menschen im entsprechenden Umfeld, um ihre komplexen Erfahrungen, Bedürfnisse und Wünsche zu verstehen und diese Bedürfnisse durch den Designprozess darstellen und vertreten zu können."
Jennie Winhall

Designaudits, -briefings und -konzepte

Häufig suchen Kunden einen Designer auf, bevor sie ein Projekt, ein Verfahren oder eine Initiative in Auftrag geben. Wie bei jeder neuen Geschäftsbeziehung gibt es einige Vorbesprechungen, um die Eignung beider Seiten für eine Zusammenarbeit zu prüfen. In der Regel sollte jedoch jede Beratungstätigkeit für die Auftraggeberfirma vom Designfachmann in Rechnung gestellt werden und nicht in der Hoffnung auf einen künftigen Auftrag auf gut Glück erfolgen.

Einige Auftraggeber haben mehr Sinn für Design als andere. Zu Beginn einer Arbeitsbeziehung und Projektentwicklung sollte der Kunde dabei unterstützt werden, das Projekt gründlich zu reflektieren. Design ist wertvoll, und um dies deutlich zu machen, dürfen Designfachleute ihre Kompetenz nicht für selbstverständlich halten und ihre Zeit und ihre Fähigkeiten nicht kostenlos zur Verfügung stellen; ebenso wenig dürfen die Auftraggeber die Kompetenz der Kreativen als Selbstverständlichkeit betrachten und erwarten, dass sie deren Zeit und Fähigkeiten kostenlos in Anspruch nehmen können.

Einsatzmöglichkeiten für Design findet man oft in völlig unerwarteten Kontexten. Die Durchführung von Designaudits, die Auswertung und Beantwortung von Kundenbriefings und die Festlegung von Designkonzepten bieten die Chance, einen besseren (oder mutigeren) Einsatz von Design zu fördern.

Das Designaudit

Audits sind Untersuchungsverfahren, um die Leistungsfähigkeit eines Unternehmens oder eines Teilaspekts davon – des Organisationssystems, eines Verfahrens, eines Produkts, eines Mitarbeiters oder eines Projekts – unabhängig zu beurteilen. Normalerweise wird mithilfe von Audits ermittelt oder sichergestellt, wie reibungslos, zuverlässig oder seriös etwas funktioniert. In der Regel werden externe Auditoren in die Firma geholt – sie gelten als objektiver, weil sie vom Unternehmen und seiner Organisationsstruktur unabhängig sind.

Designaudits werden durchgeführt, um die Leistungsfähigkeit eines Unternehmens in Bezug auf Design zu prüfen: um aufzudecken, wie Design eingesetzt (oder nicht eingesetzt) wird, um die Vision und die Werte der Marke, die Absichten und Ziele des Geschäftsmodells und die Zukunftsbestrebungen des Unternehmens zu stützen. Bei dem Audit werden Einsatz und Wirkung von Design intern (z. B. in der Arbeit hausinterner Designteams) und extern (z. B. in Produkten, Dienstleistungen und Werbemitteln) überprüft. Dadurch soll gewährleistet werden, dass die Aussagen eines Unternehmens – und damit die Identität der Marke, für die es steht – mit der Unternehmenskultur übereinstimmt. Diese manifestiert sich unter anderem im Verhalten der Angestellten, in den Geschäftsmethoden und der Wahrnehmung durch die Kunden.

Diagramm 1. Bei der Arbeit mit Kunden verwendet die Beratungsfirma PARK advanced design management „Projektanforderungsaudits". Darin werden Aufgaben, Herangehensweisen und Teilprojekte analysiert, nach Priorität geordnet und definiert.

1. Zunächst wird ein strukturierter Überblick über das Projekt erstellt; Inhalt (was?) und Vorgehensweise (wie?) werden zu einer detaillierten Projektprofilvorlage ausgearbeitet.

2. Anschließend (noch vor dem eigentlichen Projektbeginn) wird das Projektprofil in Audit-Workshops, projektvorbereitenden Beratungen über den Leistungsumfang mit internen und externen Stakeholdern, festgelegt und ausgearbeitet.

Schließlich werden mithilfe des Profils der Leistungsumfang, der Schwerpunkt und die voraussichtlichen Projektaufgaben detailliert aufgelistet, sodass der Auftrag genau definiert und die richtigen Verfahren und Arbeitsmittel genutzt werden können.

Diagramm 1: Das Projektanforderungsaudit

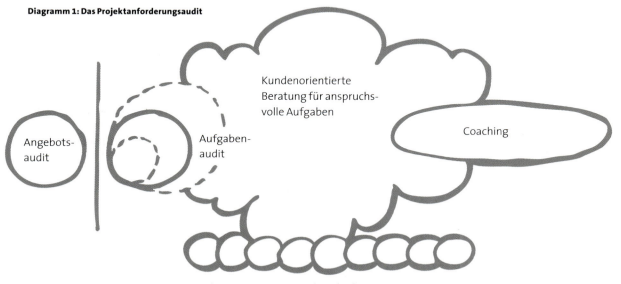

Angebots-audit

Aufgaben-audit

Kundenorientierte Beratung für anspruchs-volle Aufgaben

Coaching

Arbeitsinstrumente und -techniken

1

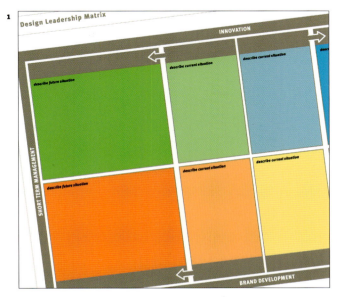

Design Leadership Matrix

INNOVATION

describe current situation

describe current situation

describe future situation

SHORT TERM MANAGEMENT

describe future situation

describe current situation

describe current situation

BRAND DEVELOPMENT

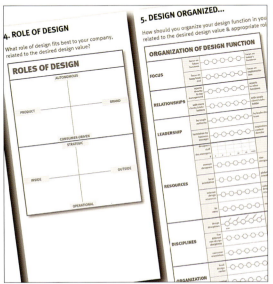

2

4. ROLE OF DESIGN
What role of design fits best to your company, related to the desired design value?

ROLES OF DESIGN

AUTONOMOUS

PRODUCT — BRAND

CONSUMER-DRIVEN

STRATEGIC

INSIDE — OUTSIDE

OPERATIONAL

5. DESIGN ORGANIZED...
How should you organize your design function in your related to the desired design value & appropriate rol

ORGANIZATION OF DESIGN FUNCTION

FOCUS

RELATIONSHIPS

LEADERSHIP

RESOURCES

DISCIPLINES

ORGANIZATION

Tabelle 1: Ablauf des Designaudits und Aufbau des Ergebnisberichts

Formeller Auditvertrag

Definition: Zweck und Ablauf des Audits

Marktposition, Zielgruppen, Wettbewerbssituation

Anhaltspunkte, die sich aus dem gesammelten Material ergeben

1. Bericht zum Unternehmen: Wie sieht es aus, wie fühlt es sich an, wie verhält es sich?

2. Bericht zum Unternehmen: Interviews mit den Stakeholdern (Wahrnehmungen und Wünsche)

Analyse des Einsatzes von Design (Stärken, Schwächen, Möglichkeiten, Bedrohungen)

Schlussbetrachtung

Empfehlungen (und Präsentation)

Maßnahmen/nächste Schritte

Verbreitung und Umlauf

Das Designaudit bietet zugleich Gelegenheit, Bereiche anzusprechen, in denen Verbesserungen möglich sind. Hinweise, die während des Audits auftauchen, können genutzt werden, um Material für einen überlegteren, zielgerichteteren und kreativeren Einsatz von Design sowohl innerhalb als auch außerhalb des Unternehmens zusammenzutragen. So können Ablaufpläne erstellt, die Politik des Unternehmens beeinflusst, die Strategie herausgearbeitet und das künftige Vorgehen geplant werden. Zudem wird ein Anstoß für neue Budgets, Personalbeschaffung, Projekte und Methoden im Designbereich gegeben. Führt der Designmanager das Audit diplomatisch, aber auch mit Unternehmergeist durch, bietet dies den Designern die wertvolle Gelegenheit, die Unterstützung und Kompetenz einzubringen, die die Kunden benötigen, um den Einsatz von Design vertreten zu können.

Das Kundenbriefing

Das Kundenbriefing beschreibt ein konkretes Ziel, eine Initiative, ein Projekt oder eine Aufgabe, für die das Unternehmen die Expertise von Designern in Anspruch nehmen möchte. Das Kundenbriefing kann in Form eines Gesprächs stattfinden, das der Auftraggeber mit dem Designberater über das angestrebte Ziel führt (für das der Designberater später ein Angebot formulieren wird). Liegt das Briefing in schriftlicher Form vor, präsentiert es die Situation normalerweise aus der Sicht des Kundenunternehmens und seiner internen Prozesse, Ziele, Berichtssysteme und Abrechnungsfristen. Die Sprache kann sehr analytisch sein und die Fakten in Form von Zahlen auf den Punkt bringen.

Der erste Schritt für den Auftraggeber besteht darin, sein Briefing zu formulieren und sicherzustellen, dass der Designberater versteht, was wann und durch wen an Leistung erbracht werden soll. Benötigt der Kunde eine Beratung für die weitere Formulierung des Briefings? Hat der Kunde die Beziehungen zwischen ihm und seiner Firma, der Marke und ihrer Zielgruppe, den Unternehmenszielen und dem vorgeschlagenen Projekt so dargelegt, dass sie für den Designberater klar verständlich sind? Eine Niederschrift des Kundenbriefings sorgt für Klarheit bei spezifischen Bestrebungen, Zielvorgaben, Zielsetzungen, Ergebnissen, Fristen und dem verfügbaren Budget. Zudem wird sichergestellt, dass beide, Auftraggeber und Berater, die Bedingungen eindeutig verstehen.

Zur professionellen Vorgehensweise des Designers gehört auch das Hinterfragen der Hypothesen, die dem Kundenbriefing zugrunde liegen. Dem Designberater bietet das Kundenbriefing die Basis für ein umfassendes Gespräch, in dem er herausfindet, was der Kunde organisatorisch, fachlich und persönlich erreichen möchte. Bei der Besprechung werden auch verborgene Hoffnungen, Erwartungen und Einschränkungen sowie weitere, möglicherweise nützliche Unternehmensziele deutlich. Der Designberater kann bei dieser Gelegenheit das Briefing nochmals mündlich so umformulieren, dass er sich über bisher unerwähnte Möglichkeiten oder Vorgehensweisen klar wird, um das Anliegen des Kunden wirklich kreativ durchdenken zu können. Verbringt der Designberater eine gewisse Zeit beim Kunden, vermittelt er diesem ein gutes Gefühl im Hinblick auf den Designprozess. Präsentiert er sich zudem professionell, gut vorbereitet und kompetent, steigt die Wahrscheinlichkeit für eine künftige offizielle und erfolgreiche Zusammenarbeit.

Tabelle 2: Das Verfassen des Kundenbriefings

Einleitung: Projekthintergrund, Überblick und ermittelte Möglichkeiten

Firma: Das Unternehmen, Vision und Werte seiner Marke, Produktportfolio, Kundenstamm und Managementstruktur

Kunden: Zielgruppe(n)

Wettbewerb: Konkurrenten und ihre Alleinstellungsmerkmale (USP)

Positionierung: Vorgeschlagene Strategie und Vorgehensweise

Anforderungen an die Designer: Projektziele, Leistungsumfang, erwartete Ergebnisse und Spezifikationen

Leistungsmetriken: Kriterien zur Bewertung und zur Erfolgsmessung der erbrachten Leistung

Projektplan: Arbeitsphasen, wichtige Zwischenziele („Meilensteine"), Fristen und Endresultate

Budget: Vereinbarungen zu Honoraren, Spesen und Produktionskosten

Das Angebot

Der Designberater erwägt und prüft das Kundenbriefing, bevor er darauf mit einem detaillierten Angebot reagiert. Das Angebot stellt dar, welche Leistungen der Designberater oder die Agentur für den Auftraggeber erbringen wird, um dessen Ziele kreativ umzusetzen. Es wiederholt seine Wünsche, Anforderungen und Ansprüche und definiert auf dieser Basis ein Designkonzept, das die bestehenden Probleme löst und die Chancen optimal nutzt.

Der Designberater besitzt die Kompetenz und das Wissen darüber, welche Prozesse, Vorgehensweisen und Leistungen am besten geeignet sind, um die Zielsetzungen des Kunden zu erfüllen. Es ist wichtig, diesen „Leistungsumfang" im Angebot sehr genau zu beschreiben, damit der Kunde erkennt, dass er in Zusammenarbeit mit der Designberatungsfirma eine optimale Lösung erzielen kann. Je nach der Art des Arbeitsverhältnisses kann der Kunde zu diesem Zeitpunkt auch ermuntert werden, ehrgeizigere Alternativlösungen in Betracht zu ziehen.

Der Designvertrag

Sobald das Angebot mit Leistungsumfang und Vorgehensweise angenommen worden ist, kann ein Vertrag aufgesetzt werden. Es ist wichtig, alle möglichen rechtlichen Fragen als Vertragsbestandteile aufzunehmen, etwa in Bezug auf geistiges Eigentum und Copyright (wem gehört das Werk?), Wettbewerbsklauseln (inwieweit und wie lange darf der Designer nicht im Wettbewerb zum Kunden tätig werden?) und Vertraulichkeitsvereinbarung (inwieweit muss das Projekt vertraulich behandelt werden?). Zu diesem Zeitpunkt wird auch die erlaubte Verwendung von Werbematerial in Zusammenhang mit fertiggestellten Projekten geregelt. Besteht Einigkeit über die Vertragsbedingungen und ist der Vertrag unterzeichnet, kann die Arbeit beginnen.

Das Kreativbriefing

Das Kreativbriefing wird vom Creative Director der Designagentur verfasst und enthält im Wesentlichen das Designkonzept und den Leistungsumfang des Projekts. Es stellt die Arbeitsgrundlage für das Designteam dar und ist so formuliert, dass es die vom Auftraggeber vorgelegten Fakten erfolgreich vermittelt und das Designteam zu erfinderischem und kreativem Denken animiert. Damit kreativ und dennoch zielgerichtet gearbeitet werden kann, muss ausreichend Material zur Verfügung gestellt werden. Sind im Kreativbriefing die Beziehung zwischen dem Kunden und seiner Firma, der Marke und ihrer Zielgruppe sowie den Unternehmenszielen und dem Projekt so dargelegt, dass vom Designteam alles verstanden wird?

Der Leistungsumfang

Je nach dem vereinbarten Leistungsumfang kann das gesamte Projekt einem einzelnen Designteam (unter Leitung des Creative Director) übertragen oder in eine Reihe kleinerer Tätigkeitsbereiche und auf mehrere Teams aufgeteilt werden. Im letzteren Fall wird beispielsweise das Designteam mit der Gestaltung der Bildsprache betraut, während das Team für Markenidentität die Marke entwickelt und das Team für Informationsarchitektur die Website zur Kundenbindung erstellt. Um eine erfolgreiche Koordination der verschiedenen Teams sicherzustellen, sollte ein Projektmanager eingesetzt werden.

„Gutes Design kann die Gesellschaft zum Besseren hin verändern ... es kann die Menschen dazu bringen, gutes Design zu verlangen."
CABE

Menschen

Menschen bilden das „Humankapital" jeder erfolgreichen Vision, Strategie oder Zielsetzung und müssen als solches angeleitet, bewertet und gefördert werden. Unternehmen sind von Menschen abhängig, damit ihre Projekte funktionieren. Die Qualität und Art der zwischenmenschlichen Beziehungen kann gewaltigen Einfluss auf den Erfolg eines Unternehmensprojekts haben, ebenso wie auf das Wohl und Wehe der „Stakeholder" – derjenigen, die am Projekt beteiligt oder davon betroffen sind – und letztlich auch auf andere Faktoren wie Rentabilität und Ansehen des Unternehmens.

Es erleichtert daher den Projekt- und Geschäftserfolg, geschickt mit Menschen umgehen zu können und deren Beziehungen innerhalb und zwischen den Unternehmen wirksam zu managen. In einer zunehmend globalisierten Wirtschaft haben Projekte Einfluss auf die Stakeholder der gesamten Wertschöpfungskette – auf Unternehmen, Länder, Zulieferer und Einzelhändler. Die Bedeutung der Menschen innerhalb dieser Wertschöpfungsketten sollte nicht unterschätzt werden.

Zwischenmenschliche Dynamik – wie Menschen interagieren, ihren Beitrag leisten und sich zielgerichtet engagieren – bildet die Grundlage gemeinschaftlicher Arbeitsprozesse und -methoden. Die Beziehungen zwischen den Prozessbeteiligten oder Stakeholdern können komplex sein. Um einen Einblick in ihre Entscheidungsfindungsprozesse zu erlangen, ist ein Verständnis ihrer Rollen und Motivationen hilfreich. Dadurch erschließen sich außerdem für diejenigen, die im Designmanagement eingebunden sind, mögliche neue Betätigungsfelder.

Designmanagement befasst sich zunehmend mit der Frage, wie die Beziehungen zwischen Auftraggebern, Beratern und Endverbrauchern am besten zu organisieren und zu managen sind. Dies kann sich darauf auswirken, wie Menschen gestaltend, führend und teilhabend an den Prozessen und Systemen mitwirken, die einen Mehrwert für das Unternehmen erzielen sollen. Um diesen Mehrwert zu erreichen, ist ein organisatorisches Rahmenkonzept sehr wichtig – es ermöglicht die gemeinschaftliche Kreativität, auf deren Basis Unternehmen und Designer effektiv zusammenarbeiten können.

Kunde

Der Kunde oder Auftraggeber gibt Designprojekte in Auftrag, finanziert sie oder unterstützt sie auf andere Art. Er ist dafür zuständig, die strategische Vision oder Richtung seines Unternehmens sowohl intern (z. B. an andere Abteilungen) als auch extern (z. B. an Beratungsfirmen für Design) zu kommunizieren. Kunden sind in ethischer und finanzieller Hinsicht für die Entscheidungen verantwortlich, die sie im Namen ihres Unternehmens treffen. Je nach Größe und Art des Unternehmens können sie über ein hauseigenes Designteam verfügen oder mit externen Beratern zusammenarbeiten. In der Regel erarbeiten sie mit einer Beratungsfirma ein Projektbriefing und einen Aktionsplan, in denen die betreffenden Geschäftsziele und -ergebnisse dargelegt sind.

Gibt ein Kunde Designprojekte in Auftrag, möchte er die beste Qualität zu einem möglichst günstigen Preis bekommen und dabei Ergebnisse erzielen, die einen Wertzuwachs für sein Unternehmen und dessen Kunden zur Folge haben.

Innerhalb der Kreativwirtschaft betrachten die Kunden Design gerne auf eine von mehreren Arten: im Sinne der Ästhetik („Look and Feel" – wie sieht es aus, wie fühlt es sich an?), als Prozess, als Reaktion auf Kundenbedürfnisse oder – in zunehmendem Maß – als strategisches Geschäftsinstrument. Die Unternehmen suchen jedoch beständig nach neuen Geschäftsmöglichkeiten und neuen Wegen, um Ideen zu entwickeln und Werte zu schaffen. Ein Weg ist die Nutzung von Design und Innovation als Mittel zur Differenzierung der eigenen Marke und als Quelle für Wettbewerbsvorteile.

Derzeit ist ein wachsender Druck auf Wirtschaftsunternehmen zu beobachten, ganzheitlicher zu agieren und die Auswirkungen ihrer Handlungen auf Kultur, Umwelt, Politik und Gesellschaft mit in Betracht zu ziehen. Unternehmer, die das Management von Design und Kreativität strategisch angehen, neigen dazu, die Entwicklung, die Umsetzung und den Erhalt von Werten langfristiger zu planen.

Beratungsfirmen

Ein Consultant (Berater) – vom Lateinischen *consultare*, „beratschlagen" – verfügt in einem speziellen Bereich über Fachwissen und kann dieses Fachwissen einem breiteren Kundenkreis vermitteln. Auftraggeber nehmen seine Expertise und Unterstützung bei Unternehmensaufgaben oder für eine Wertsteigerung bei spezifischen Projekten in Anspruch. Berater arbeiten freiberuflich oder für eine größere Beratungsfirma und können für eine kurze Zeit oder langfristig für eine fortlaufende Kundenbetreuung engagiert werden. Die Vorteile einer freien Zusammenarbeit mit Designberatern (im Gegensatz zu ihrer Festanstellung auf Dauer) liegen für den Auftraggeber darin, dass er umfangreichere Sachkenntnisse gegen berechenbareren Kostenaufwand erhält – vorausgesetzt, die Geschäftsbeziehung kann nach Abschluss des Projekts einfach beendet werden.

Derzeit sind Designberater eifrig darum bemüht, ihren Einfluss auf viele Bereiche eines Unternehmens auszudehnen und die Verwendung von Design als strategisches Geschäftsinstrument zu etablieren. Beispielsweise wird verstärkt die Methode des „Design Thinking" angewandt. Diesem Ansatz liegt die Überzeugung zugrunde, dass besonders innovative Ergebnisse erzielt würden, wenn interdisziplinäre Gruppen gemeinsam in einem iterativen Prozess Konzepte entwickelten. Wichtig ist, dass die Teilnehmer Empathie, Optimismus und Experimentierfreude mitbringen und dass die konkrete Fragestellung von den Bedürfnissen der späteren Nutzer ausgeht. In Designprojekten können hier also optimal die jeweiligen Stakeholder mit einbezogen werden.

Nicht zuletzt können Designberater ihren Auftraggebern eine nützliche externe Sichtweise auf ihre Branche oder ihre Märkte vermitteln. Für die Berater hat es Priorität, die Leistungen des vereinbarten Briefings fristgerecht und innerhalb des genehmigten Budgetrahmens zu liefern und gut konzipierte Lösungen zu bieten, die den Auftraggebern und ihren Kunden gleichermaßen einen nachhaltigen Mehrwert verschaffen.

Käufer/Endverbraucher

Endverbraucher – Personen, die ein Produkt oder eine Dienstleistung kaufen oder nutzen, um einen Bedarf zu decken, einen Zweck zu erfüllen oder ein Ziel zu erreichen – können innerhalb des Unternehmens eines Auftraggebers (z. B. in einer anderen Abteilung) oder außerhalb (z. B. in der Öffentlichkeit, bei anderen Unternehmen, Lieferanten oder sogar Konkurrenten) zu finden sein. Sie betrachten Design typischerweise als Erlebnis, das ihre Bedürfnisse und ihre Erwartungen erfüllt (oder übersteigt).

Beide, Auftraggeber wie Berater, sind auch an dem kreativen und innovativen Potenzial interessiert, das sich aus der Einbindung von Käufern und Endverbrauchern in den Designprozess ergibt.

Aus unternehmerischer Sicht wissen die Auftraggeber, dass die Zusammenarbeit mit denjenigen, die ihr Produkt oder ihre Dienstleistung letztendlich nutzen, beim kreativen Entwicklungsprozess eine Wertsteigerung, eine Kostenreduzierung, eine Produktabgrenzung und einen Wettbewerbsvorteil mit sich bringen und zudem ein großartiges Kundenerlebnis ermöglichen kann.

Wenn Beratungsfirmen ihre Endverbraucher in den eigentlichen Designprozess einbeziehen, werden zu einem frühen Zeitpunkt tiefere und zusätzliche Einblicke gewonnen, was zu einer passgenauen und empathischen Designlösung führt.

Aufgrund leistungsfähiger neuer Technologien arbeiten die Betriebe immer häufiger innerhalb eines „Netzwerks der Innovation". Zwischen Endverbrauchern und Zulieferern finden Gespräche statt, Wertschöpfungsketten bieten Quellen für neue Ideen und neue Produkte, und Dienstleistungen können im Dialog mit anderen Menschen entwickelt werden. „Co-Design" bezeichnet die gemeinschaftliche Entwicklung von Produkt- und Servicedesign mit verschiedenen Stakeholdern. Die Nutzerbedürfnisse werden zunächst im Internet erfasst und im Lauf des Designprozesses in Geschäftsvorhaben und Designlösungen verwandelt.

1. Icebreaker, eine Firma, die 1994 in Neuseeland ihren Betrieb aufnahm, war weltweit das erste Unternehmen, das für Outdoor-Bekleidung ein Lagensystem mit Merino- wolle entwickelte. Jedes Produkt spiegelt die Grund- prinzipien von Ehrlichkeit und ethischem Handeln wider. Sie kommen unter anderem in Wareneinkauf und Herstellung zum Tragen.

2. In Zusammenarbeit mit einer Designagentur hat Icebreaker eine Marken- identität entwickelt und klare Grundsätze formuliert, auf denen die Gestaltung der Artikel basiert. Icebreaker war die erste Firma für Outdoor- Bekleidung, die nur reine, handverlesene Merinowolle direkt vom Züchter bezog und zu ausgefallener Bekleidung verarbeitete, in der sich das Werk der Natur mit Technolo- gie und Design des Menschen verbindet. © *Icebreaker Ltd.*

Projekte

Ein entscheidender Erfolgsfaktor von Designprojekten liegt in der Art, wie die Teams angeleitet und die Prozesse und Verfahrensweisen organisiert, koordiniert und durchgeführt werden. Als Projekt bezeichnet man eine Aufgabe, die in Vorbereitung ist oder kurz vor der Ausführung steht. Projekte werden in Arbeitsphasen unterteilt. Normalerweise entsteht ein Projekt, weil ein Auftraggeber (innerhalb oder außerhalb des Unternehmens) ein Nutzerbedürfnis, eine Nachfrage oder eine Geschäftsmöglichkeit erkannt hat und beschließt, diesen Bedarf zu bedienen. Designer können ihn bei der Gestaltung von Markenversprechen oder Unternehmenszielen unterstützen.

Der Auftraggeber und die Organisation, die das Projekt ausführen wird (z. B. eine firmeninterne Abteilung oder eine externe Beratungsfirma), vereinbaren einen Leistungsumfang oder einen Projektplan, der langfristige und kurzfristige Zielvorgaben, Zwischenergebnisse mit Stichtagen („Meilensteine") und das Budget für dieses Projekt so vollständig wie möglich beschreibt. Je nach Art des Projekts kann es sich dabei um eine sehr konkrete und genau definierte Vereinbarung handeln oder um eine allgemeine Liste von Anforderungen, die erfüllt werden müssen, während das eigentliche Projektergebnis noch unbekannt ist.

Im nächsten Schritt wird bestimmt, wer in das Projekt eingebunden sein wird (das Team), wie und wann die Tätigkeiten im Rahmen dieses Projekts ausgeführt und beschlossen werden (Prozess) und welche Routineschritte zu unternehmen sind, um das Projekt zu vollenden (Verfahrensweisen).

Neben der Festlegung des Projektbriefings und der eigentlichen Projektorganisation ist es wichtig, im Voraus zu vereinbaren, nach welchen Kriterien der Erfolg des Projekts beurteilt werden soll. Nur so lässt sich hinterher feststellen, ob das Projektergebnis den Anforderungen entspricht (und das Projekt somit erfolgreich war). Erfolgreiche Designprojekte wirken nicht nur motivierend für das Team, sondern erzeugen Mehrwert für den Auftraggeber und seine Kunden.

Teams: Wer wird in das Projekt eingebunden?

Teams werden für die Dauer eines Projekts gebildet und nach Abschluss des Projekts häufig wieder aufgelöst. Je nach dem Zweck des Projekts können sie unterschiedlich zusammengesetzt sein: aus Menschen gleicher oder verschiedener Fachdisziplinen oder Geschäftsbereiche eines Unternehmens, aus externen Beratern und Beratungsfirmen, aus Zulieferungs- und Herstellungspartnern, aus unabhängigen Zulieferern und Großhändlern sowie aus Einzelhändlern und Endverbrauchern.

Eine effiziente Teamarbeit ist für den erfolgreichen Abschluss von Projekten ausschlaggebend. Ob ein Projektmanager bestimmt wird, hängt häufig von Umfang und Komplexität des Projekts sowie von der Fähigkeit der Teammitglieder ab, sich und andere zu organisieren. Jedes Teammitglied erhält eine spezifische Rolle, eine bestimmte Zuständigkeit und Pflichten, die es zu erfüllen hat, außerdem unter Umständen Verhaltensregeln, ethische Vorgaben und eine Rechenschaftspflicht seitens seines Arbeitgebers.

In der Regel spiegeln Teams, die wirkungsvoll vernetzt sind und effizient arbeiten, den Wunsch jedes einzelnen Teammitglieds wider, sinnvoll und im gegenseitigen Nutzen dazu beizutragen, dass die gemeinsamen Ziele und Verantwortlichkeiten, Werte und Überzeugungen umgesetzt werden. Ein gemeinsames Ziel (z. B. „das Beste für den Kunden") zu haben, das Raum für individuelle Interessen lässt (z. B. Karriereerfolg), ist eine optimale Basis, um unterschiedliche Schwerpunkte zwischen Unternehmen und Fachdisziplinen auszuloten und so den Projekterfolg zu sichern.

Prozesse: Wie werden innerhalb des Projekts Tätigkeiten beschlossen und ausgeführt?

Der Begriff „Prozess" bezeichnet die Durchführung einer Reihe von Tätigkeiten und Arbeitsschritten mit dem Ziel, stufenweise ein bestimmtes Endergebnis zu erreichen. Die ergriffenen Maßnahmen sind insofern Entwicklungsschritte, als das Projektziel durch allmähliche (wenn auch gelegentlich radikale) Veränderungen erreicht wird.

Die Prozesse können genormt, an Kundenwünsche angepasst oder dynamisch sein. Genormte Prozesse sind faktisch Verfahrensweisen, also ein Routinepaket von Anweisungen, wie eine Aufgabe auszuführen ist. Man bearbeitet beispielsweise eine Reklamation nach dem genau definierten Verfahren des „Reklamationsmanagements". Bei kundenorientierten Prozessen werden die Bedürfnisse eines Kunden, die Lösung einer konkreten Aufgabe oder Schwierigkeit in den Mittelpunkt des Designprozesses gestellt. Dies erfordert einen zweiteiligen Ablauf: Zuerst erfolgen die Gestaltung und Abstimmung des Prozesses, anschließend seine Ausführung.

Dynamische Prozesse erlauben eine fortlaufende „Projektanpassung". Bei Web-2.0-Projekten beispielsweise ist die Veränderung ein konstanter Faktor. Da interaktive Webanwendungen in Echtzeit reagieren, muss der Prozess flexibel, anpassungsfähig und interaktiv konzipiert werden.

Innerhalb eines Prozesses müssen Entscheidungen getroffen werden. Welches Vorgehen wird gewählt? Welche Tätigkeiten werden durchgeführt? Welche Endergebnisse (falls diese im Voraus definierbar sind) sollen erreicht werden?

Designmanagement beinhaltet zunehmend gemeinschaftliche Arbeitsprozesse. Es ist wichtig, sich der Dynamik bewusst zu sein, die zwischen Personen, Projekten und Prozessen besteht, und zu verfolgen, dass alle Mittel zweckgerichtet und verantwortungsvoll eingebunden werden, um dem Kunden seinen Nutzwert zu liefern. Prozessoptimierung und Kundenorientierung (das sogenannte „Lean Thinking") in allen Projektetappen sind Basis für eine effiziente und effektive Arbeitsweise (z. B. durch das Outsourcing von Prozessen oder die Nutzung ethischer Mittel).

In Hinblick auf die komplizierten Designprozesse werden derzeit aus der Gesellschaft und der Presse Forderungen nach mehr Transparenz der Lieferketten – der Produktionsstätten und Zulieferer, die an der Wertschöpfung beteiligt sind – immer lauter. Dadurch hofft man sicherzustellen, dass auch die Standards und Arbeitsbedingungen, die in den Herstellungsbetrieben herrschen, die Werte und Überzeugungen eines Unternehmens und seiner Marke ehrlich widerspiegeln.

„Egal, ob man Angestellter, Berater, Zulieferer oder Händler eines Unternehmens ist – man ist mit jedem, mit dem man arbeitet, von dessen Arbeit man abhängig ist und der umgekehrt von der eigenen Arbeit abhängig ist, in einer Art Sippenhaftung verbunden."

Peter Drucker

Standardverfahren: Welche Maßnahmen oder Routineschritte müssen bis zur Vollendung des Projekts durchgeführt werden?

Standardverfahren bestehen aus einer Reihe von Handlungsschritten, die in festgelegter Reihenfolge ausgeführt werden, um eine klar umrissene Aufgabe zu erfüllen. Sie werden von Unternehmen entwickelt, um bestimmte Arbeitsabläufe zu vereinheitlichen. Es ist wichtig, diese Verfahrensweisen einzuhalten, da ihnen Vereinbarungen darüber zugrunde liegen, wie bestimmte Tätigkeiten und Arbeitsgänge ausgeführt werden sollen.

Standardverfahren existieren beispielsweise in Bezug auf offizielle Dokumente und Verträge für den Kauf oder die Beschaffung von Arbeitsmitteln, die Zusammenarbeit mit Design-Dienstleistern, die Veranlassung und Unterzeichnung von Projekten und Budgets, die Überprüfung der Einhaltung von Standards – z. B. International Organization for Standardization (ISO) oder Deutsches Institut für Normung (DIN) – und die Festlegung der Auswahlkriterien für Partner, Zulieferer und Hersteller.

Standardverfahren können eine physische Tätigkeit oder die Erledigung von Formalitäten festlegen. Es ist wichtig, dass ein Unternehmen seine Standardverfahren regelmäßig überprüft, um sicherzustellen, dass sie nach wie vor Gültigkeit besitzen. Gibt es für gewisse Vorgänge bessere Möglichkeiten? Sind sie noch zeitgemäß, geben sie die Veränderungen in der Unternehmenspolitik und den gesetzlichen Vorschriften wider? Wurde das Feedback von Kunden oder Nutzern berücksichtigt?

Häufig wird kritisiert, dass Standardverfahren das kreative Arbeiten behinderten. Wenn ein Designmanager während der Entwicklung oder Überprüfung von Standardverfahren neue Ideen einfließen lassen darf, kann er die definierten Kriterien zugunsten der Designarbeit beeinflussen. Diese Kriterien helfen einem Unternehmen dabei, zwischen der Notwendigkeit effektiver Unternehmensführung und dem Wunsch nach kreativen Prozessen, mit denen extern erfolgreiche und hochwertige Designergebnisse angeboten werden können, das bestmögliche Gleichgewicht herzustellen.

1, 2. Icebreaker beschäftigt ein eng vernetztes Team von über 200 Mitarbeitern in fünf Ländern. Das Unternehmen vertreibt seine Produkte in mehr als 2000 Geschäften in 30 Ländern. Die 70 Angestellten in der Zentrale in Wellington managen hausintern Design, Marketing (unten) und Produktentwicklung sowie die gesamte Lieferkette, in der über 1000 Personen beschäftigt sind, viele davon im Großraum Shanghai.

Die Lieferkette beginnt beim Schaf. Auf der Glenmore Station wird das dicke Winterfell der Merinos von ausgebildeten Schafscherern per Hand geschoren. Sie bewältigen bis zu 170 Schafe pro Tag. Ihre Scheren aus gehärtetem Stahl (unten rechts) berühren die Haut des Tiers nicht, sondern lassen eine dünne Wollschicht zurück, die das Merinoschaf bei einem Kälteeinbruch schützt.

1  2

3  4

3, 4. Das Merinoschaf Shrek vor und nach der Schur. Icebreaker behält die Kontrolle über alle Prozesse und Auswahlkriterien für produzierende Partnerfirmen. Alles muss den strengen Standards hinsichtlich Unternehmen, Umwelt, Ethik und Gesellschaft entsprechen. So wird garantiert, dass die Auswirkungen der Firma auf die Umwelt möglichst gering bleiben und soziale Grundsätze eingehalten werden.

Produkte und Dienstleistungen

Käufer und Endverbraucher kommen mit Unternehmen oder Marken im Alltag über deren Produkte und Dienstleistungen in Berührung. Deren erfolgreiche Vermarktung ist auf solide Strukturen, Prozesse und Systeme angewiesen, mit denen dem Kunden designte und gut organisierte Erlebnisse vermittelt werden. Es wird heute zunehmend wichtig, sich den größeren Kontext der Aufgabenbereiche bewusst zu machen, in die Produkte und Dienstleistungen eingebunden sind.

In seinem Buch *Wettbewerbsvorteile* (1989) beschreibt Michael Porter, wie ein Unternehmen mit „Rohmaterial" arbeitet, das in einer bestimmten Reihenfolge eine Vielzahl an Aufgabenbereichen durchläuft – die Wertschöpfungskette. Jede ihrer Phasen (z.B. Design, Marketing und Auslieferung) trägt zum „Wert" des Endprodukts oder der Dienstleistung bei, für den der Käufer schließlich bezahlt. Unternehmen, Zulieferer, Vertriebskanäle und Einzelhändler bilden das komplexere Wertschöpfungssystem. Porter schlägt vor, die Upstream- und Downstream-Informationen entlang der Wertschöpfungskette für alles zu nutzen, was zu einem Mehrwert führt, entweder durch die preiswertere oder durch die erfolgreichere Ausführung im Vergleich zur Konkurrenz (z.B. durch Verbesserungen, durch Einsparungen von Kosten oder sogar von Zwischenstationen).

Die Gestaltung des Wertschöpfungssystems ist entscheidend für den Erfolg des Produkts oder der Dienstleistung. Wie fügt sich das Produkt oder die Dienstleistung in die Palette anderer Produkte und Dienstleistungen ein? Welche Systeme sind vorhanden, um dem Verbraucher an welchem Ort und auf welche Weise Produkt- und Servicelösungen bereitzustellen? Wie sieht die Kundenerfahrung in jedem Stadium aus, herrscht Zufriedenheit? Wo wird die Zielgruppe am besten erreicht? Jedes der Stadien kann umgestaltet werden, um für ein Produkt oder eine Dienstleistung den Wert zu steigern und diesen direkt an den Verbraucher weiterzugeben.

Laut Porter (1989) lässt sich die Wertschöpfungskette als Quelle für Wettbewerbsvorteile nutzen, wenn es gelingt, die Wertschöpfung zu maximieren, die Kosten hingegen zu minimieren. Auf dem Weltmarkt ist die Nachfrage nach nachhaltigeren Produkten und Dienstleistungen der Motor für Veränderungen bei bestehenden Geschäftsprozessen und für völlig neue Geschäftsmodelle und -systeme.

> „Produkte bewegen sich inmitten unzähliger Dienstleistungen, Marken, Kulturen und Konkurrenten. Die Unternehmen erkennen jedoch inzwischen, dass fantasievollere, besser integrierte und letztlich menschenfreundlichere Angebote entstehen, wenn die Produkte gezielt für den Kontext designt werden, in dem sie vorkommen."
> *Steve Portigal*

Systeme: Welche Netzwerke, Wechselbeziehungen und Verflechtungen sind für die effektive Organisation und den späteren Vertrieb von Produkten und Dienstleistungen erforderlich?

Systemdenken umfasst die Möglichkeit, ein System so zu gestalten, dass das Ganze größer ist als die Summe der verschiedenen, miteinander verknüpften Teile. Dabei sind die wechselseitigen Beziehungen und Wirkungen so wichtig wie die Einzelteile selbst. Echte Chancen für eine Abgrenzung von der Konkurrenz finden sich häufig an den Schnittstellen, deren Design daher besonders sorgfältig überprüft werden sollte.

Ein Marketingsystem wird in der Regel in Form eines Netzwerks aufgebaut und dient dazu, Waren, Dienstleistungen oder Erfahrungen in geordneter, schlüssiger und kosteneffizienter Weise zu vertreiben. In dieses System können Partner, Mitarbeiter, Zulieferer und Endverbraucher eingebunden sein, die alle an dem gemeinsamen Ziel mitwirken, eine Vision zu realisieren und für Wertmaximierung zu sorgen.

Eine Möglichkeit der Wertsteigerung ist die Kostenreduzierung, etwa durch Straffung oder Eliminierung von Prozessen oder durch Reduzierung unrentabler Elemente innerhalb eines Systems. Eine andere Möglichkeit besteht darin, Kunden und Zulieferer einzubinden, um dynamische Entwicklungsprozesse zu ermöglichen, die zusätzlichen Input zu minimalen Kosten liefern.

Orte: Wo entstehen Produkte und Dienstleistungen?

Das Internet revolutioniert die Zusammenarbeit der Menschen. Heute kann eine Aufgabe zwischen Teams und Abteilungen in der ganzen Welt aufgeteilt werden. Outsourcing – das „Auslagern" bestimmter Tätigkeiten innerhalb einer Wertschöpfungskette – ermöglicht es Unternehmen, externe Kompetenzen zu nutzen und dabei intern Kosten zu sparen. Im Prinzip könnte jedes Stadium im Kreislauf von kreativer Entwicklung, Produktion, Vertrieb und Lieferung lokal, regional oder global an einen Ort ausgelagert werden, wo die Investition unter den Gesichtspunkten Wirtschaftlichkeit, Gesellschaft, Technologie und Umwelt am sinnvollsten wäre.

Die gemeinnützige Organisation Value Chain Group hat das Value Reference Model (VRM) entwickelt, das sich mit Planung und Wirkungsweise von Wertschöpfungsketten befasst. Dem VRM zufolge sind die zentralen Geschäftsfunktionen einer Wertschöpfungskette Forschung und Entwicklung, das Design von Produkten und Dienstleistungen, Produktion, Marketing, Vertrieb sowie Kundenservice. Verschiedene Standorte sind für ihre jeweiligen Kompetenzbereiche bekannt, und Wirtschaftsbranchen wie die Autoindustrie vergeben einen Teil der Fertigung in andere Länder – immer mit dem Ziel, Wissen, Kompetenz und Kosteneinsparungen optimal zu nutzen.

Das Internet verändert auch die Beziehung zwischen Zulieferern und Endkunden sowie die Verknüpfung von Angebot und Nachfrage. Traditionelle Geschäftsmodelle, die auf Massenproduktion basieren, werden abgelöst durch Modelle der Massenzusammenarbeit und Masseninnovation (Leadbeater, 2008). Firmen arbeiten zunehmend „kreativ zusammen" und nehmen im Dialog mit ihren Kunden Innovationen vor, während sie durch das Internet und ein Netzwerk von Zulieferern unterstützt werden.

Die Entscheidung, eine Arbeit an einen bestimmten Ort zu verlagern, wird häufig vom Kostenfaktor bestimmt. Standortvorteile entstehen durch Attraktivität und Potenziale für Kreativität und Innovation. Bestimmte Standorte können Vorteile aufweisen, die über Einkauf, Verkauf und die Produktion weiterer Waren und Dienstleistungen hinausgehen. Verbrauchertrends in der Nahrungs-mittelindustrie zeigen beispielsweise, dass für die Verbraucher Preis und Sortiment bei Nahrungs-mitteln sehr wichtig sind – dies gilt jedoch auch für andere Differenzierungsmerkmale wie Herkunft, Vielfalt, umweltfreundliche Produktion.

> „Das größte Potenzial für Markt-wachstum liegt nicht in der Ent-wicklung neuer Produkte, sondern in ihrer Nutzung, dem Vertrieb und dem Handel mit ihnen."
> *John Howkins*

Lieferung: Wie gelangen Waren und Dienst-leistungen zu Kunden, Orten, Zielgruppen und Endverbrauchern?

Produkte und Dienstleistungen werden über Liefer-ketten sowie durch Produktions- und Vertriebsnetz-werke zu den Endverbrauchern gebracht, wobei unterschiedliche Zielgruppen über unterschiedliche Kanäle erreicht werden. Wie Produkte und Dienst-leistungen ankommen und akzeptiert werden, hängt von Erfolg oder Scheitern der Kundenerfah-rung ab – und diktiert, ob sich die Verbraucher animiert fühlen, eine Ware oder Dienstleistung zu erwerben. Daher spielt die Inszenierung einer Marke eine so große Rolle. Design ist ein nützliches Instrument, um die „Touchpoints" eines Unterneh-mens so zu gestalten, dass es „sichtbar" wird – unmittelbar in den Produkten und Dienstleistun-gen, aber auch in den umgebenden Prozessen, Systemen und Orten.

Wally Olins spricht von den vier Wegen, wie Marken ihre zentrale Idee ausdrücken können – durch Produkte, Umgebungen, Kommunikationsmittel und Verhalten –, sodass die Geschichte, die die Marke erzählt, auf allen Kanälen Sinn ergibt (Olins, 2008). Eine schlüssige und durchdachte Vorgehens-weise beim Design der Touchpoints heißt, die Qualität der Erfahrungen, die der Kunde mit einem Produkt, einer Dienstleistung oder einer Umgebung macht, so zu managen, dass sie für die Marke oder das Unternehmen, aber auch für den Endverbrau-cher oder Nutzer Sinn ergibt.

1. Der Baacode von Icebreaker ist ein revolutionäres System, das es den Kunden ermöglicht, jedes Kleidungsstück bis zu der Schaffarm zurückzuverfolgen, wo das Merinoschaf, aus dessen Wolle das Stück gefertigt ist, aufgewachsen ist.

Die Transparenz der Lieferkette bildet ein Kernstück in der Philosophie von Icebreaker, und das wird vom gesamten Design des Unternehmens demonstriert – angefangen bei den Züchtern, über jede Etappe der Lieferkette.

1

2

2. Das Ethos von Icebreaker beinhaltet Respekt vor der Natur, ethisches und nachhaltiges Handeln. Es spiegelt sich in der Verpflichtung des Unternehmens, die Reinheit und Echtheit jedes Produktes zu gewährleisten.
© Icebreaker Ltd.

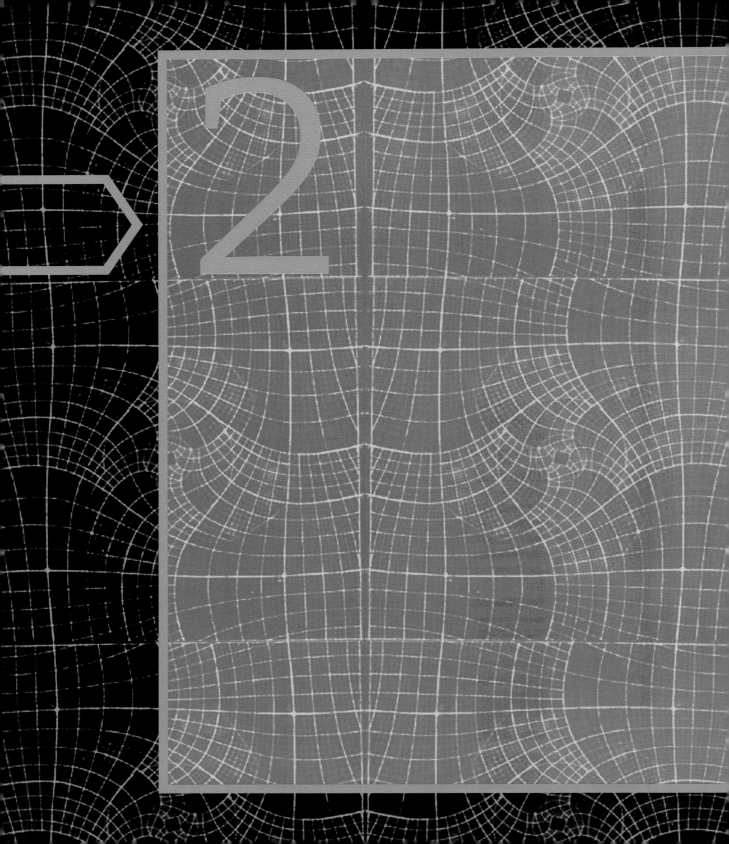

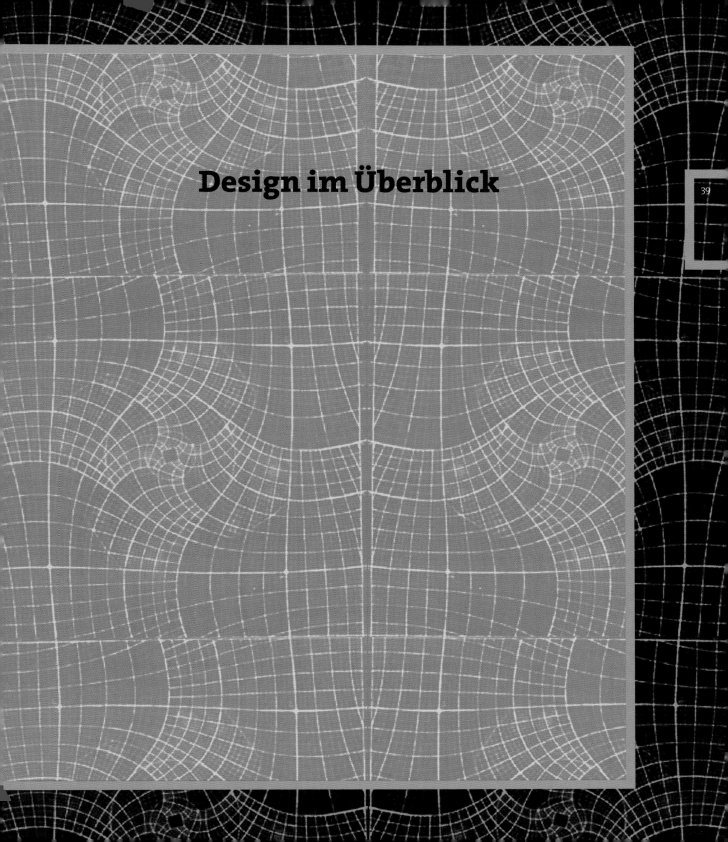

Design im Überblick

Design hat Power

Supermarine Spitfire
Designed by RJ Mitchell

Mini Skirt
Designed by Mary Quant

Mini
Designed by Sir Alec Issigonis

Anglepoise Lamp
Designed by George Carwardine

Concorde
Designed by Aérospatiale-BAC

K2 Telephone Kiosk
Designed by Sir Giles Gilbert Scott

Polypropylene Chair
Designed by Robin Day

Penguin Books
Designed by Edward Young

London Underground Map
Designed by Harry Beck

Routemaster Bus
Design team led by AAM Durrant

Design ist in Gesellschaft, Umwelt, Technologie, Politik und Wirtschaft allgegenwärtig. Im Dienste des Marketings und der Markenentwicklung (Branding) besitzt es großen Einfluss und setzt in verschiedensten Geschäftsbereichen Innovationen in Gang. Zwar gibt es einige allgemeine Begriffe, Prozesse und Fertigkeiten, die allen Fachdisziplinen im kreativen Bereich gemeinsam sind, jede Disziplin folgt jedoch letztlich ihren eigenen spezialisierten Arbeitsabläufen.

Design als Katalysator

Design und Gestaltung beinhalten ein Ergebnis und eine Tätigkeit. Das Ergebnis eines Designprojekts wird in Form von Produkten, Dienstleistungen, Inneneinrichtungen, Gebäuden und Softwareprozessen sichtbar, mit denen wir tagtäglich zu tun haben. Die Tätigkeit ist ein nutzerorientierter Problemlösungsprozess. In jedem Fall müssen Design und Gestaltung gemanagt werden, damit die gewünschten Resultate erreicht werden.

Design befasst sich damit, wie die Dinge aussehen und sich anfühlen – mit dem „Look and Feel" –, aber auch damit, wie sie funktionieren und bedient werden. „Fast jedes Designprojekt ist ein Balanceakt zwischen Aussehen und Funktion; das gilt für Gefäße im antiken Griechenland genauso wie für die neueste Luxuslimousine" (Clark und Freeman, 2000). Design manifestiert sich in Form kultiger Accessoires, aber auch in Symbolen innerhalb der Kultur, der Gesellschaft und unserer persönlichen Identität. Es ist das visuelle, ästhetische und expressive Medium von Designkünstlern, aber auch der produktive Prozess hinter vielen Erfindungen und Innovationen.

Design ist ein Prozess der Problemlösung (um das Leben zu erleichtern), aber auch ein Prozess der Problemsuche (um verborgene Bedürfnisse aufzudecken). Es kann Verhaltensmuster beeinflussen, Probleme in Chancen verwandeln und Routineabläufe in einmalige, wertsteigernde kreative Prozesse übertragen. Insofern ist Design ein Katalysator für Veränderung.

1. 2009 gab der britische Postdienst Royal Mail die Briefmarkenserie Britische Designklassiker (gegenüberliegende Seite) heraus, um 100 Jahre britisches Design zu feiern und einige der beliebtesten Designer des Landes zu ehren. Die Briefmarken zeigen bekannte Designikonen des 20. Jahrhunderts. So konnte „das Beste aus Großbritannien" („Best of British") nicht nur vorgestellt, sondern auch um die Welt geschickt werden.

Im Dienste des Designs

Design kommuniziert über sprachliche und fachliche Grenzen hinweg. Wer dies erkennt, kann sich die Power von Design zunutze machen und Menschen verschiedenster Fachdisziplinen, Branchen, ja sogar Kulturen erreichen. Ein Designmanager glaubt an den Einfluss und die Macht von Design, er sieht dessen Potenzial als formgebende Lösung, aber auch als Katalysator für Veränderungen. Diese Überzeugung verleiht ihm die Hartnäckigkeit, für den umfassenden Einsatz von Design einzutreten.

Um hohe Qualitätsstandards im Designbereich zu erlangen, sind führungsstarke kreative Köpfe an der Spitze erforderlich – die sogenannten „Design-Champions". CABE, eine britische Kommission für Architektur und bebaute Umgebung, führt derzeit eine Initiative durch, um Design-Champions in Industrie und Regierung sowie in allen Behörden zu verankern, die für Entwicklung und Management der bebauten Umgebung zuständig sind.

Aufgabe eines Design-Champions ist es laut CABE, „durch Führung und Motivation sicherzustellen, dass jedes relevante Unternehmen oder Projekt eine klare Vision und Strategie verfolgt, um gutes Design zu schaffen".

2. Salz- und Pfefferstreuer Hug („Umarmung"), ein Entwurf von Alberto Mantilla: Das funktionelle und reizvolle Design besitzt universelle Anziehungskraft. Die Neugestaltung der Form im Sinne von Geometrie und Ergonomie erleichtert zusätzlich die Aufbewahrung: Die Figuren umarmen einander zu einer Einheit. Die Streulöcher bilden Augen, die plakative Verwendung von Schwarz und Weiß symbolisiert Yin und Yang.
© *Design Museum Shop* (‹www.designmuseumshop. com›)

2

Design und Gesellschaft

Wir sind im wahrsten Sinne des Wortes von Design umgeben – im Alltag wie im Internet, durch Objekte und Räume, mit denen wir täglich in Kontakt kommen. Design spiegelt die Zeit wider, in der wir leben, daher sind das „Was" und „Wie" im Design ständigen Veränderungen unterworfen.

Es wird immer einen Markt für Produkte und Dienstleistungen geben, die gewünscht und gebraucht werden, die das Leben schöner und einfacher machen. Einige dieser Wünsche und Bedürfnisse sind marketinggesteuert, andere sind Teil breiterer Trends und Interessen, wie dem geschärften Gesundheitsbewusstsein oder der wachsenden Furcht vor Kriminalität. Hier kann Design ansetzen, indem es relevante Fragen optisch und begrifflich überprüft, etwa: Wie lassen sich Wellness und Vertrauen in die Gesellschaft durch Design vermitteln? Wir müssen uns verstärkt mit den neuen Technologien, der globalen Vernetzung und dem wachsenden Interesse an Design für die Gesellschaft und an Design durch die Gesellschaft beschäftigen.

Diagramm 2: Die Bedürfnispyramide nach Abraham Maslow

Selbstverwirklichung

Anerkennung und Wertschätzung

Soziale Beziehungen

Sicherheit

Grund- und Existenzbedürfnisse

Design für die Gesellschaft

Design für die Gesellschaft zeigt sich in Forschungsinitiativen wie „Designing for the 21st century" (Design für das 21. Jahrhundert) der Universität von Dundee. Hier wird untersucht, in welchen Kontexten Designer Produkte, Erlebniswelten und Räume entwerfen und welche Rolle die Technik als kreativer Wegbereiter für moderne Produkt- und Dienstleistungsangebote spielt. Heutzutage wird außerdem erwartet, dass Design Antworten auf die komplexen Probleme der Gegenwart liefert, die manchmal lokal begrenzt sind, aber oft globale Bedeutung besitzen. Insbesondere Initiativen sozialer Verantwortung sind ein geeignetes Mittel, um positive Beziehungen nach außen aufzubauen – und für das Design Möglichkeiten zum Nutzen der Gesellschaft zu finden. Laut Hartley und Palmer (2006) „müssen Handelsunternehmen die Wertvorstellungen der Gesellschaft berücksichtigen, um sich nicht plötzlich isoliert von den Wertvorstellungen ihrer Kunden wiederzufinden".

Design durch die Gesellschaft

Design durch die Gesellschaft befasst sich mit der Frage, wie wir die Kunden und Anwender in den Designprozess einbinden können – etwa im Rahmen mitgestaltender Ansätze wie dem Co-Design. „Die Zeiten sind vorbei, als Verbraucher, Anwender und andere passive Designempfänger waren. Heute liegen die Erwartungen höher; häufig ist eine umfassendere Beteiligung von entscheidender Bedeutung" (<www.design21.dundee.ac.uk>). So überrascht es nicht, dass viele neue Geschäftsmodelle und -möglichkeiten von sozialem Unternehmertum entwickelt und von sozialen Netzwerken beflügelt werden.

Diagramm 2. Die Bedürfnispyramide (gegenüberliegende Seite) illustriert Abraham Maslows Überzeugung, dass der Mensch nach Selbstverwirklichung strebt, mit anderen Worten, sein Potenzial ausschöpfen möchte. Maslow Theorien haben unser Denken über die Gesellschaft, den Wert der Arbeit und die Motivation menschlichen Verhaltens stark beeinflusst.

1, 2, 3. Förderung gesunder Ernährung: Die Food Standards Agency, eine britische Behörde zur Überwachung der Lebensmittelsicherheit, führte eine Kampagne durch, um Mädchen im Teenageralter zu besserer Ernährung und einem gesünderen Lebensstil zu motivieren. Bell (<www.belldesign.co.uk>) wurde beauftragt, Reklame, Werbemittel und Merchandisingprodukte für ein gesponsertes Fußballturnier zu entwickeln. Das Resultat war „eatwell" („iss gut"), eine freche, fröhliche neue Marke mit dem Slogan „Liebe dich selbst" und entsprechender PR-Kampagne und Website.

1

2

3

Designprojekte

Ein Projekt existiert nicht im luftleeren Raum. Alle Projekte stehen in einem Kontext, der Chancen, aber auch Zwänge und Grenzen bereithält. Beide Aspekte stellen für einen Designer Anstoß und Quelle der Inspiration dar. Was zunächst ein Nachteil oder eine Beschränkung zu sein scheint, trägt häufig zur Einmaligkeit der späteren Lösung bei.

Herausforderungen anpacken

Designer werden beauftragt, wenn der Auftraggeber eine Situation als defizitär und verbesserungsbedürftig empfindet. Ihnen fällt dann die Aufgabe zu, bessere Alternativen für das Vorgefundene zu erdenken, während des Designprozesses Probleme aufzudecken und nach Lösungen zu suchen – und schließlich ihre Vision für die Zukunft zu kommunizieren.

Sobald das Designproblem identifiziert worden ist, beginnt der Prozess, Ideen zu entwickeln und die Möglichkeiten auszuloten, die das Design bietet. Gelegentlich muss sogar der Designprozess selbst erst entworfen werden; dann wird entschieden, welcher Ansatz und welche Methoden für die jeweilige Fachdisziplin und ihre Medien geeignet sind. Welche Form wird der Designprozess annehmen, und welche gestalterischen Fertigkeiten werden erforderlich sein?

In diesem Stadium wird das Designteam ausgewählt und Material beschafft, das dieses Team inspirieren, anregen und beschäftigen soll. Müssen relevante Standorte besichtigt werden? Sollten die Endverbraucher beobachtet, interviewt oder sogar in die Entwicklung eingebunden werden? Sind Gespräche mit Herstellern oder Dienstleistern möglich und nötig? Welche Art der Marktforschung steht zur Verfügung? In seinem Buch *Designing for People* (1955) zeigt Henry Dreyfuss auf, was den Designer ausmacht: „Er muss ein scharfer Beobachter des öffentlichen Geschmacks sein, [der] gewissenhaft [seinen] eigenen Geschmack pflegt. [Er hat] ein Gespür für den Warenhandel – [dafür,] wie Dinge hergestellt, verpackt, vertrieben und ausgestellt werden."

Design Thinking

In diesem sehr frühen Stadium eines Projekts fließt in den Prozess der Problemlösung das „Design Thinking" ein. Tim Brown, CEO (Geschäftsführer) der Design-Beratungsfirma IDEO, meint dazu: „Design ist die Würze praktisch aller Erfahrungen, die wir machen – mit Produkten und Dienstleistungen bis hin zu Räumen; ein Design Thinker muss deshalb eine ‚Landschaft der Innovation' erkunden, in der Menschen mit ihren Bedürfnissen, aber auch Technologie und Wirtschaft Raum finden" (2008).

Zwar können Designprobleme auch den Anstoß zu komplett neuen und originellen Lösungen geben, meist handelt es sich jedoch um Veränderungen bestehender Elemente – beispielsweise der erkennbaren Form und Funktion eines Stuhls oder einer Tasse. Für Designer ist es daher wichtig, aus Dingen zu lernen, die sich bereits bewährt haben, und nicht um jeden Preis etwas Neues erfinden zu wollen.

1. Die niederländische Agentur Ping Pong Design arbeitet mit Karten, um in kreativer Form „Was wäre, wenn"-Szenarien mit Auftraggebern und Projektteilnehmern durchzuspielen. So werden diese animiert, unvoreingenommen über bestehende Probleme und mögliche Lösungen nachzudenken. Dialog und Debatten werden schon in den Frühstadien eines Projekts gefördert.

2. Arup ist eine unabhängige Firma von Designern, Planern, Ingenieuren, Beratern und Technikfachleuten. Die Foresight-Teams des Unternehmens haben Karten zur Ermittlung der „Drivers of Change" (Antriebskräfte der Veränderung) entwickelt, die sich auf die Zukunft auswirken – in den Bereichen Energie, Wasser, Klima, Müll, Verstädterung und Demografie. Die Karten sollen in Workshops Diskussionen über Design erleichtern und zu neuen Denkansätzen inspirieren.

1

Begeben Sie sich in den Bereich des Möglichen. Es gibt keine Beschränkungen. **Alles geht.** Nehmen Sie eine Idee und lassen Sie ihr freien Lauf. **Bedenken Sie: Alles ist möglich.** Beschreiben Sie nun Ihre Idee in diesem neu erdachten Kontext.

Tatsache: Schätzungen zufolge enthält eine Ausgabe der New York Times mehr Informationen, als ein Mensch im 17. Jahrhundert im Lauf seines gesamten Lebens gesammelt hat. Durch den Beginn des Verlagswesens kam es damals zu einer gewaltigen Zunahme an Lesestoff, obgleich viele Menschen Analphabeten blieben. **Was wäre, wenn Ihre Zielgruppe Analphabeten wären? Wie würde Ihre Idee in diesem Fall aussehen?**

Stellen Sie sich eine Zusammenarbeit mit Dominoes Pizza vor. Welche Möglichkeiten gäbe es?

2

Designprozess

Designentwicklung ist ein iterativer, nicht linearer Wiederholungsprozess. Die Entscheidungsfindung geschieht durch eine Reihe von „Rückkopplungen" mittels kreativer Nachfragen, sodass jeder weitere Korrekturschritt verfeinert wird, bis man schließlich zu einer Designlösung gelangt.

Fachdisziplinen im Designbereich

Designer arbeiten alleine oder im Team, in fächerübergreifenden Arbeitsgruppen oder mit Kollegen der gleichen Fachdisziplin. Sie können und müssen in Ruhe nachdenken und analysieren, aber auch gemeinschaftlich arbeiten, was oft zu plötzlichen Erkenntnissen führt. Dies wird fortgesetzt, bis eine abschließende Lösung oder ein Portfolio an Lösungen – Produkten, Dienstleistungen, Räumen oder Kommunikationsmitteln – entstanden ist. Das Resultat muss den Anforderungen und Erfolgskriterien entsprechen, die im Briefing festgelegt sind.

Verschiedene Fachdisziplinen arbeiten mit unterschiedlichen Designprozessen und -methoden, die für ihren Fachbereich, ihre Ziele und Arbeitsergebnisse geeignet sind. Beratungsfirmen in der Designbranche entwickeln gerne ihre eigenen Dienstleistungen und Arbeitsschritte, um ein „einzigartiges" Angebot vorlegen zu können. Bei genauerer Betrachtung lassen sich jedoch einige Aspekte feststellen, die allen Designprozessen und Fachdisziplinen gemeinsam sind. Das wesentliche Kernstück des „kreativen Prozesses" wird durch folgende, von Csikszentmihalyi (1997) dargelegte Schritte charakterisiert.

Vorbereitung: Man lässt sich auf eine Reihe problematischer Sachverhalte ein, die interessieren und Neugier wecken.

Entwicklungszeit: Im Unterbewussten werden Ideen aufgewühlt und ungewöhnliche Verbindungen hergestellt.

Erkenntnis: Teile des Puzzles finden ihren Platz.

Auswertung: Es wird entschieden, welche Erkenntnisse am wertvollsten sind und weiterverfolgt werden sollten.

Ausarbeitung: Die Erkenntnisse werden in etwas Reales verwandelt.

Designmethoden

Bei ihrer Arbeit sollten Designer sich zunächst die besonderen Bedürfnisse derjenigen Nutzer und Verbraucher vor Augen führen, für die sie etwas entwerfen. Außerdem sind die späteren Marketingstrukturen und -mechanismen wichtig. Mehr über die Bedürfnisse der Endkunden erfährt man durch die Beobachtung und Rekonstruktion ihres Verhaltens und Handelns, durch ethnografische Methoden (z. B. die Betrachtung der Nutzer und Verbraucher innerhalb ihres Umfelds) sowie durch dokumentarische Designforschung über Fotoalben und Tagebücher etwa im Internet. Gespräche mit Herstellern liefern Anregungen zum Einsatz von Materialien oder zu Produktionsprozessen. So können kreative und unverwechselbare Lösungen gefunden werden.

1, 2, 3, 4. Smart Design entwirft Produkte und Dienstleistungen, die für Kundenbedürfnisse und -wünsche von Belang sind. Den Designprozessen der Agentur liegt ihr „Smart Thinking" auf verschiedenen Ebenen zugrunde.

1

Geschlechtsspezifisches „Smart Thinking": Verständnis für die unterschiedlichen Sichtweisen von Frauen und Männern führt zu Design, das allen Kundenbedürfnissen besser gerecht wird.

2

Altersspezifisches „Smart Thinking": Ein Gespür für die unterschiedlichen physischen und kognitiven Fähigkeiten der verschiedenen Altersgruppen lässt wahrhaftig universelle Designs entstehen.

3

„Smart Thinking" zur Vermenschlichung der Technik: Unkomplizierte, natürliche und spontane Interaktionen führen zu bedeutsamen Erfahrungen und verleihen Produkten bleibenden Wert.

4

„Smart Thinking" zum Gespür für Emotionen: Eine starke Kundenbindung ist für den Erfolg von Produkten und die Beständigkeit der Marken entscheidend.

Designkompetenzen

Designer müssen Informationen zum Designprozess liefern, das Feedback der Stakeholder einholen und sich die Zustimmung der Auftraggeber sichern. Außerdem müssen sie die geplante Lösung kompetent präsentieren – welche Erlebnisse sie vermitteln wird, wie sie aussehen wird und welche Funktionen sie haben wird.

Visuelle Kommunikation

Kommunikationsfähigkeit – ob visuell, mündlich oder schriftlich – bildet die Grundlage für gemeinsame Bestrebungen und ist unverzichtbar für die erfolgreiche Akquise von Auftraggebern und die Sicherung von Ressourcen, Zeit, Energie, Fürsprache, Überzeugung und Leistungsbereitschaft, die zur Durchführung eines Projekts erforderlich sind.

Ein wichtiges Mittel des Kommunikationsdesigns ist die visuelle Sprache. Sie gibt solchen Diskussionen einen Rahmen und kommuniziert Ideen durch visuelle Signale, um Botschaften zu übermitteln. Mittels Bildern, Grafiken, Farben und Text wird eine Geschichte erzählt; die gesprochene Sprache, die visuelle Sprache und das Format, in dem wir unsere Ideen präsentieren, haben alle einen gewaltigen Einfluss darauf, wie eine Geschichte vom Publikum aufgenommen wird – ob sie auf Interesse stößt und letztlich angenommen oder abgelehnt wird. Der Designer agiert dabei als „Facilitator" – seine Arbeit wirkt unterstützend auf die Gedanken und Gespräche anderer Menschen. Außerdem arbeitet er als „Design Thinker", der sich der Lösung der Probleme, mit denen Unternehmen, Gesellschaft und Umwelt konfrontiert sind, allmählich von außen annähert.

Prototypen im Design

Ein Großteil des Entwicklungsprozesses im Design beinhaltet „Prototyping" – das Herstellen, Modellieren oder Simulieren spezieller Stadien des Designprozesses in greifbarer oder sichtbarer Form für die Weiterverfolgung einer Idee.

Prototypen reichen von gezeichneten oder gedruckten konzeptionellen Visualisierungen („Paper Prototyping", rasch realisierbar und preisgünstig) über computergenerierte 2-D- oder 3-D-Bilder („Digital Prototyping") bis zu physischen Modellen, die mithilfe digitaler Technik maßstabsgetreu oder in Originalgröße entsprechend der Designvorgaben – auch bezüglich Material und Oberflächenfinish – angefertigt werden („Rapid Prototyping").

Prototyping ist ein entscheidender Teil des Arbeitsprozesses, da es das Testen, Bewerten und Optimieren neuer Ideen ermöglicht, bevor Budget und Ressourcen für die endgültigen (und kostspieligen) Schritte der Fertigstellung herangezogen werden. Zu Beginn des Prozesses existieren oft mehrere Alternativlösungen, in der Regel wird jedoch nur eine tatsächlich weiterentwickelt – diejenige, die die Anforderungen des Briefings, die Bedürfnisse der Verbraucher und Projektbeteiligten sowie die vorab definierten Erfolgskriterien optimal erfüllt (oder sogar übertrifft).

Prototyping eignet sich hervorragend, um einen Auftraggeber von den Vorzügen (und der Wirtschaftlichkeit) eines Designs zu überzeugen und die Mitwirkung der Personen sicherzustellen, die für den Erfolg des Projekts ausschlaggebend sind – sei es, weil sie spezifisches Fachwissen anzubieten haben oder weil sie die entscheidende finanzielle Unterstützung zur Verfügung stellen.

1. Dyson steht für Erfindungsgabe. Der Erfindungsprozess besteht aus ständig neuen Versuchen, bei denen immer nur eine kleine Variable verändert wird, sodass durch Planen, Testen, Verwerfen und Infragestellen schließlich das optimale Design erreicht wird.

2. Im Lauf der Designentwicklung werden Prototypen und neue Geräte in Labors und im häuslichen Bereich auf Eigenschaften wie Haltbarkeit und Zuverlässigkeit getestet. Monatelang wiederholte strenge Tests sind ein langwieriger Prozess, der jedoch zu ständigen Verbesserungen führt. Dieser reflexionsarme Raum dient im Rahmen der Entwicklung als akustischer Laborraum zur Lärmmessung eines Staubsaugers.

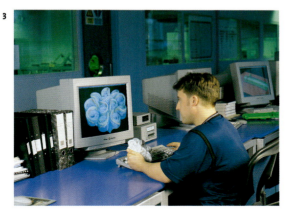

4. Dyson hat eine Reihe kompakter und leichter Reinigungsgeräte entwickelt, die für eine alternde Bevölkerung und Wohnungen mit wenig Stauraum perfekt geeignet sind. Der Dyson DC24 besitzt einen Ball statt Rädern und lässt sich bequem drehen – seine Manövrierfähigkeit ist besser als die herkömmlicher Reinigungsgeräte. Der Motor befindet sich in dem Ball, so liegt das Gerät leichter in der Hand und ist sogar einfacher zu bedienen.

3. Die Entwicklung eines neuen Produkts beginnt mit einer funktionierenden Idee. Die Ingenieure von Dyson kommen häufig auf außergewöhnliche Ideen, indem sie zunächst lächerlich Scheinendes ausprobieren. Vieles davon ist zwar unbrauchbar, doch dies hält Dyson für positiv. Abwegige Ideen und neue Fehler seien unglaublich wertvoll – sie führten oft zu unerwarteten Möglichkeiten und Antworten.

Designplanung

Die Umsetzung von Designprojekten erfordert einen Aktionsplan. Bei der Planung wird entschieden und organisiert, auf welche Weise etwas ablaufen soll. Erst danach beginnt man mit der eigentlichen Durchführung des Projekts. Zur Designplanung gehört auch die Ermittlung, wie ein Projekt angelegt, gemanagt und vollendet werden soll, welche Ressourcen benötigt werden und wer wann welche Aufgaben zu erfüllen hat.

Projektzwänge

Designmanager müssen bei der Planung eines Projekts einige wesentliche Fakten festschreiben. Welche strategischen und operativen Zielvorgaben bestehen für das Projekt? Welcher Leistungsumfang, welche Ergebnisse und Erfolgskriterien wurden vereinbart? Welcher zeitliche Rahmen, welche Abgabetermine und Budgetbeschränkungen bestehen? Sind diese Rahmenbedingungen unrealistisch, muss der Designmanager neue Verhandlungen oder einen Abbruch des Projekts erwägen, bevor er Mittel verbraucht und einen Misserfolg des Projektteams riskiert.

Abstimmung innerhalb eines Projekts

An den Ergebnissen der Projektdurchführung zeigt sich unweigerlich, wie gut durchdacht die Planung in den Anfangsstadien war. Der Erfolg eines Projekts beruht auf einer Kombination aus gründlicher Planung, guter Ausführung und sorgfältiger Berücksichtigung der Beziehungen und wesentlichen Entscheidungsprozesse zwischen Auftraggeber, Team und Projekt.

Auftraggeber: Wer ist Sponsor des Projekts? Wie kam der Kontakt mit dem Auftraggeber zustande? Wurde der Vertrag mit den Geschäftsbedingungen schon unterzeichnet? Ist eine Vertraulichkeitserklärung erforderlich? Wie wird die Bezahlung von Honoraren und Spesen gehandhabt?

Team: Welche Kompetenzen sind im Projektteam erforderlich? Sind diese Kompetenzen intern vorhanden, oder müssen die Kompetenzen externer Mitarbeiter (engagiert auf persönliche Empfehlung hin oder nach einem Designerverzeichnis) in Anspruch genommen werden? Wo wird das Team arbeiten? In welchen Abständen sollen Meetings stattfinden?

Projekt: Haben alle Mitglieder des Projektteams ihre Aufgaben, Zuständigkeiten und Verantwortlichkeiten verstanden? Wurde eine Risikobewertung durchgeführt? Wurden die zur Projekterfüllung erforderlichen Ressourcen vollständig ermittelt und gesichert? Ist das Budget erarbeitet und genehmigt?

1, 2. Spätere Phasen wie die Projektplanung sind ebenso wichtig wie die frühen Entwurfsphasen des Designs. Das in Warschau ansässige Designstudio Robert Majkut entwarf die Inneneinrichtung der Boutique Moliera 2, Heimat der Marken Valentino und Salvatore Ferragamo in Warschau. Alle Valentino-Boutiquen der Welt unterliegen bezüglich Marke und Design strengen Qualitätsrichtlinien.

Der Prozess der Projektplanung umfasst in der Regel sieben Tätigkeitsbereiche (Young, 1998):

- Überprüfung der Projektdefinition
- Ableitung der Projektlogik
- Vorbereitung des ersten Terminplans
- Ressourcen- und Kostenanalyse
- Optimierung und Erfüllung der Endkundenbedürfnisse
- Evaluierung und Genehmigung des Projektplans
- Projektstart

Zehn Gründe für das Scheitern eines Projekts (Brinkhoff und Thonemann, 2007):

1. Keine eindeutige Definition der Projektziele
2. Mitwirkende, die sich nicht für das Projekt engagieren
3. Unzureichende Unterstützung durch das Management
4. Mangelndes Vertrauen zwischen den Partnern
5. Fehlen integrativer Fähigkeiten der Projektleiter
6. Zu langsame Problembehandlung
7. Kein stetiger Fortschritt
8. Zu wenig Kommunikation zwischen den Partnern
9. Schwache Teams – häufig fehlbesetzt oder falsch gewählt
10. Keine konstruktive Konfliktlösung zwischen den Partnern

Projektmanagement

Sobald Projekte geplant sind, müssen sie geleitet werden – in der Regel durch einen Projektmanager. Beim Projektmanagement geht es um Planung und Koordination der Ressourcen, die benötigt werden, damit ein Projekt fristgerecht, im Rahmen des Budgets und nach den vereinbarten Qualitätsstandards abgewickelt werden kann. Dazu gehört auch die Koordination finanzieller, materieller und personeller Ressourcen, die zur Vollendung eines Projekts und zur Organisation der Arbeit innerhalb eines Projekts erforderlich sind.

Projektmanagement

Projektmanagement beinhaltet die Abstimmung von drei Kriterien: Zeit (Terminplan), Kosten (Budget) und Qualität (Leistung). Bei den meisten Projekten genießen ein oder zwei Kriterien Priorität (z. B. Vorrang von Zeit und Qualität gegenüber den Kosten oder Vorrang von Kosten und Zeit gegenüber der Qualität). Um ein Projekt zufriedenstellend abzuschließen, müssen jedoch alle drei Kriterien ausgewogen sein. Wie gut dies gelingt, wirkt sich darauf aus, ob ein Projekt letztlich als Erfolg oder Misserfolg zu werten ist.

Die britische Projektmanagement-Vereinigung (APM) definiert Projektmanagement als den „Prozess, durch den Projekte festgelegt, geplant, überwacht, kontrolliert und fertiggestellt werden, sodass die vereinbarten Leistungen erbracht werden". APM unterteilt den Prozess in vier Schritte:

Projektorganisation: Vorbereitung des Projektbriefings, Formulieren der Anforderungen an das Projektteam sowie Arbeitsmethoden und Leistungskriterien, Festlegung der erforderlichen Ressourcen, Entwicklung eines Ablaufplans, Ermittlung der Aktivitäten, Beschaffung der Projektressourcen, Zustimmung zu den Vertragsbedingungen, Überprüfung der Angebote.

Entwurf der Gliederungsstruktur: Entwickeln eines detaillierten Terminplans (exakte Reihenfolge, Termin und Zeitdauer der Tätigkeiten), Sicherung der Projektressourcen, Ermittlung und Zustimmung zu den Verfahren (wie werden die Aufgaben durchgeführt?).

Staffelung und Planung des Projekts: Organisation der Leistungen und Zuständigkeiten im Team (wer wird was erledigen?), Kontrolle der Projektfortschritte, Einhaltung der Vorschriften, Überprüfung und Überwachung der Finanzmittel und der finanziellen Kontrollinstanzen, Überwachung und Anpassung des Projektplans, Organisation des Projektteams, Kommunikation mit den Stakeholdern, Koordination, Überwachung und Kontrolle des Ablaufplans.

Projektrisiko: Risikobewusstsein, Risikokontrolle, Risikomanagement.

Diagramm 3. Die drei Faktoren, die jedem Projekt Grenzen setzen, sind Zeit, Kosten und Qualität. Die Beziehung zwischen ihnen ist das zentrale Anliegen des Projektmanagers.

Jeder Auftraggeber setzt jedoch andere Prioritäten. Gegensätzliche Forderungen müssen ausgeglichen und gemanagt werden, um ein schlüssiges Projektergebnis zu erreichen.

Instrumente des Projektmanagements

Verschiedene Instrumente unterstützen den Projektmanager dabei, ein erfolgreiches Projektergebnis zu erreichen. Sie erleichtern effizientes Zeitmanagement, die Verteilung und Vergabe der Aufgaben, die Prioritätensetzung, das Risikomanagement in Bezug auf Zeitrahmen und regelmäßige Berichterstattung zum aktuellen Projektstand an Team und Stakeholder. Zudem helfen sie bei der Erstellung von Unterlagen zur Haftung, für Referenzzwecke und (etwaige) juristische Zwecke.

Der Projektmanagementplan (PMP) ist das Referenzdokument für die Projektorganisation (APM 2009). In der Regel hat es die Form eines Gantt-Diagramms – eines Balkendiagramms mit Zeitleiste, das von Projektmanagern genutzt wird, um das Projekt zu planen, zu organisieren und fertigzustellen. Gantt-Diagramme lassen sich mit Software-Programmen wie Microsoft Project erstellen.

**Diagramm 3:
Das magische
Dreieck des Projektmanagements**

Zeit

Qualität

Kosten

1. Ein gründliches Projektmanagement stellt sicher, dass Projekte bis ins kleinste Detail zu Ende geführt werden, wie in diesem Beispiel der Boutique Moliera 2 in Warschau durch Robert Majkut Design (rechts). Die rosenähnlichen Applikationen, beeinflusst von den Motiven auf Kleidern, Handtaschen und Accessoires, tauchen in den Reliefmotiven an den Wänden auf. Stein, Tapeten und Glas, alles sehr hochwertig, bilden raffinierte Kombinationen von Texturen, Farben und Materialien nach den Richtlinien der Marke Valentino.

Der nach Kundenwunsch gefertigte Kronleuchter „Blumenregen" stammt von der britischen Designerin Sharon Marston. Das Projekt erfüllte die Vorgaben im Briefing, es brachte die Qualität, den vorgezeichneten Stil und die globalen Standards der Marke zur Geltung, schuf aber gleichzeitig auch einmalige Designelemente für diesen Standort.

1

Designerfolg

Der erfolgreiche Projektabschluss muss nicht nur dem Briefing entsprechen, sondern auch dem „Business Case", der Wirtschaftlichkeitsrechung; außerdem muss er die Visionen und Werte der Marke widerspiegeln und den Zielmarkt/die Zielkunden erreichen, für die er bestimmt ist.

Projektbewertung

Fertigstellung und Übergabe bilden den abschließenden Schritt jedes Designprojekts und spielen eine wichtige Rolle bei der Bildung einer „Wissensbasis" für künftige Projekte und Beziehungen.

Zur Projektbewertung sollten ein Bericht über das Projekt und eine Nachbesprechung mit dem Auftraggeber, dem Projektteam und den Endnutzern gehören. Entspricht das Produkt den Bedürfnissen der Verbraucher? Inwieweit erfüllt das Ergebnis die Erfolgskriterien, die zu Beginn des Projekts formuliert wurden? Welche Vorteile wurden erzielt, welcher Nutzen ist nun vorhanden? Es sollte immer ein formeller Projektabschluss mit der Archivierung der Projektdaten durchgeführt werden; damit ist gewährleistet, dass diese Dokumentation bei Bedarf in der Zukunft zur Verfügung steht.

Bemessung des Designwerts

Es ist schwierig, den Wert von Design zu messen, da sich Erfolg hier eher anhand qualitativer Merkmale (verbessertes Markenimage, effektiveres Organisationslernen, erfolgreichere Kommunikation) als anhand quantitativer – und damit leichter bezifferbarer – Faktoren (z. B. Gewinne, verkaufte Einheiten, größerer Marktanteil) erklären lässt. Zudem zeigt sich der Nutzen des Designs normalerweise erst im Laufe der Zeit (anhand der Zahlen aus dem Direktvertrieb oder anhand höherer Gewinne) und ist nicht sofort ersichtlich. Zu den zentralen Aufgaben des Designmanagers gehört es, Qualitätskriterien für das Designprojekt festzulegen, zu vereinbaren und in die Projektziele und die Erfolgsbewertung aufzunehmen. Anhand solcher Kriterien lässt sich zudem der wichtige Nachweis darüber erbringen, welchen „Return on Investment" (ROI) das Designprojekt sowohl in finanzieller als auch in nicht finanzieller Hinsicht vorweisen kann, welche Erträge also die Investitionen eingebracht haben.

Tabelle 3. Das Design Management Institute (DMI) zählt neun Kriterien auf, mit denen sich der Erfolg von Design wirtschaftlich messen lässt. Diese Merkmale können helfen, die Bedeutung, die der Einsatz von Design innerhalb von Unternehmen besitzt, zu verbessern und zu messen. (*Lockwood*, 2007)

Tabelle 3: Neun Kriterien, um den Erfolg von Design wirtschaftlich zu messen

Einfluss auf das Kaufverhalten/Innovation	Time-to-Market/Prozessoptimierung
Eröffnung neuer Strategien/neuer Märkte	Kostenersparnis/Kapitalrendite (ROI)
Emotionale Kundenbindung an Produkte und Dienstleistungen	Kundenzufriedenheit
Ansehen/Bekanntheit/Markenwert	Entstehung von Kundenkreisen
	Ökonomische, ökologische und soziale Nachhaltigkeit/gutes Design kommt allen zugute

Quelle: DMI, 2007

1. Der iF Award ist eine international anerkannte Auszeichnung für überragende Designer – ein Qualitätssiegel für Produkte und Dienstleistungen und ein Symbol für gutes Design und innovatives, unternehmerisches Denken.

2, 3, 4. Das Design Museum (unten und unten rechts) ist der britische Design-Champion der Kultur, sowohl bezogen auf die Geschichte des modernen Designs als auch auf zeitgenössische Innovationen im Design. Die Ausstellungen spiegeln Aufbruchstimmung, Entfaltung, Erfindungsreichtum und Impulse in Design, Architektur und Mode des 20. und 21. Jahrhunderts wider. Das Design Museum ist der größte britische Anbieter von Bildungsmaterialien zu Design und fungiert als Bindeglied zwischen Designern, Industrie und Ausbildungssektor. Weltweit führende Designer und Architekten werden regelmäßig zur Teilnahme an öffentlichen Events und Ausstellungen eingeladen.

1

International
Forum
Design

2

3

4

Investition in hervorragende Designqualität

Der Erfolg von Design lässt sich auch anhand von Vergleichspunkten wie Konkurrenz, unabhängige Gutachten, Pressestimmen und Designauszeichnungen bemessen. Als Beispiel dafür, wie eine Leistung im Design bei der Vergabe von Auszeichnungen bewertet wird, lassen sich die Kriterien des iF Concept Award heranziehen: Designqualität, Innovationsgrad, Visualisierung der Nutzung/Schnittstelle, Zielgruppenorientierung, Aufgaben und Zielsetzungen, Ausarbeitungsgrad, gesellschaftliche Relevanz/Eignung, Umweltverträglichkeit, Prinzipien universellen Designs, Materialwahl, Funktionalität, Sicherheit, Benutzerfreundlichkeit.

Nicht immer gehört die Messung des Designwerts jedoch zum Aufgabenbereich des Designmanagers und seinen Projekten. Die Entscheidung für ein Projekt erfolgt häufig über Rentabilitätskriterien im Rahmen einer umfassenderen Geschäftsentscheidung oder eines strategischeren Business Case. Für den Designmanager kommt es allerdings in erster Linie darauf an, dem Design eine Stimme zu verleihen und bestmöglich darauf hinzuwirken, dass der Wert des Designs innerhalb des organisatorischen Rahmenkonzepts wahrgenommen wird.

Legible London („Lesbares London"):
Ein neues Wegweisungssystem für
Fußgänger in der britischen Hauptstadt

Legible London ist „Teil eines integrierten Verkehrsinformationsprogramms für die Innenstadt Londons, mit dem man, unabhängig von den gewählten Verkehrsmitteln, seine Routen planen und finden kann".
(*Yellow Book*, 2007)

Das System besteht momentan aus 19 Straßenschildern, Karten in Wartehäuschen und Schildern in der U-Bahn-Station Bond Street sowie gedruckten Stadtteilführern und Audio Maps. Dadurch sollen Straßeninformationen koordiniert werden mit den Richtungsangaben an den U-Bahn-Ausgängen, den Informationen in Buswartehäuschen und einer gedruckten Fußgängerkarte, damit die „bisher bruchstückhaften Informationen für Fußgänger in ein einheitliches, verlässliches, zusammenhängendes und verbindliches System verwandelt werden" (<www.legiblelondon.info>).

Der Bereich um die Bond Street im Londoner West End wurde für den ersten Testlauf des Projekts ausgewählt, da Londons Dachorganisation des Verkehrssystems, Transport for London (TfL), und die Privatwirtschaft zugesagt hatten, die Bedingungen und die Beschilderung für Fußgänger in dieser Gegend zu verbessern. Das belebte Viertel zieht Londoner, Besucher und Touristen mit Geschäften, Museen, Galerien, Hotels, Restaurants und Unterhaltung an.

Zu Fuß in London

Mit dem „Walking Plan for London" beabsichtigt Londons Bürgermeister, seine Stadt zu einer der attraktivsten der Welt für Fußgänger zu machen: „Den Fußgängern wird der Weg zu den wichtigsten Attraktionen gewiesen. Überflüssige Schilder werden entfernt, damit man sich auf den Straßen durch gut erkennbare Informationen leicht zurechtfindet"
(*Yellow Book*, 2007).

Die Applied Information Group (AIG), ein Team von Fachleuten im Bereich Informationsdesign, führte gemeinsam mit Lacock Gullam die erste Studie zur Beschilderung in der Londoner Innenstadt durch und entwickelte das Design und das endgültige Informationssystem für den Prototypen von Legible London. AIG ist auf Entwicklung und Management von Kommunikationsdesignprojekten sowie auf Entwicklung und Förderung der Informationsarchitektur in der realen Welt und in den interaktiven Medien spezialisiert.

Bei der Studie zur Verkehrsleitplanung wurden im Londoner Innenstadtbereich 32 verschiedene Ausschilderungssysteme für Fußgänger gefunden. Häufig verließen sich die Menschen zur Orientierung auf den U-Bahn-Plan. Dieser stellt jedoch Orte nicht maßstabsgetreu dar, sodass die Entfernung zwischen zwei Stationen meist falsch eingeschätzt wird. Weiterhin ergab die Studie, dass sich viele Leute davon abhalten lassen, zu Fuß durch London zu gehen, weil sie der Meinung sind, dies dauere im Vergleich zu anderen Fortbewegungsarten lang und sei kompliziert.

fallstudie

1, 2, 3, 4. Mit Legible London, das von der City of Westminster, dem Bürgermeister von London sowie Transport for London (TfL) finanziert wird, wollte man ein zuverlässiges, einheitliches System bereitstellen, das den Menschen, die zu Fuß in der Stadt unterwegs sein möchten, bessere Informationen bietet (unten und unten rechts). „Der Legible-London-Fußgänger (unten Mitte) ist leicht zu erkennen; er wurde vom allgemein-gültigen Symbol für das Gehen abgeleitet" (unten links), (*Yellow Book*, 2007).

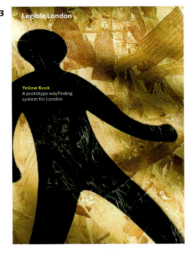

Umgebungsdesign

Die 19 neu entworfenen Schilder aus Stahlblechemaille für das Projekt Legible London wurden an strategisch wichtigen Orten und Kreuzungen im Londoner West End aufgestellt. Gleichzeitig entfernte man insgesamt 46 Objekte, deren bisherige Funktion in das neue Leitsystem integriert wurde; so konnte der Schilderwald auf den Straßen reduziert werden. „Der Ersatz redundanter, ungenutzter Informationen durch eine geringere Anzahl sinnvoller Designs verbessert das Straßenbild und verringert die Verwirrung der Fußgänger", ist im *Yellow Book* zu lesen, der Begleitbroschüre, die die Entwicklung von Legible London und seine visuelle Sprache erläutert.

Ein Beschilderungssystem

Als Teil des neuen Systems wurde eine „Familie von Schildertypen für Fußgänger" eingeführt. der der Stadtplan zugrunde liegt. Die Monolithen (breite, fest verankerte Schilder mit Orientierungshilfen) und die Minilithen (schmale, fest verankerte Schilder mit Orientierungshilfen) dienen sowohl als Umgebungskarten wie auch zur Wegweisung. Sie enthalten gemeinsame Designelemente, die dem Benutzer helfen, mit der Zeichensprache des Leitsystems vertraut zu werden und sich ein Bild von der Gegend zu machen. Zu den verwendeten Elementen gehören.

• das „**Fußgänger**"-Symbol in einem gelben Streifen oben auf dem Schild, das bereits von Weitem gut erkennbar ist.

• die **Adressenangabe** in der gleichen Schriftart, Farbe und Benennung wie in den gedruckten Stadtplänen.

• **Richtungsangaben** zu benachbarten Londoner Bezirken, Vierteln und Gemeinden (den sogenannten „Villages") oder zu interessanten Punkten. Zudem wird auf Touristenattraktionen in der Nähe hingewiesen, die nicht im Blickfeld liegen.

• **eine Übersichtskarte**, die dem Betrachter größere Streckenentfernungen und längere Gehzeiten nennt.

• **ein detaillierter Umgebungsplan**, der alles im Umkreis von fünf Gehminuten anzeigt und die Sehenswürdigkeiten in Sichtweite nennt.

• **ein Straßenverzeichnis** in alphabetischer Reihenfolge und mit Verweis auf den Plan.

Auf jedem neuen Schild werden das Farbsystem, die Symbole, Pläne, Straßenverzeichnisse und Richtungsangaben einheitlich verwendet, damit möglichst viele Menschen mit unterschiedlichen Voraussetzungen – Menschen, die sich in der Stadt nicht auskennen, Pendler, Menschen mit eingeschränkter Sehfähigkeit, Rollstuhlfahrer oder Touristen, deren Muttersprache nicht Englisch ist – möglichst umfassende Informationen erhalten.

Designelemente

Typografie: AIG verwendete die Schrift „New Johnston" von Transport for London, die ursprünglich 1916 von Edward Johnston für das Londoner U-Bahn-System entwickelt wurde. Auch hier setzte man also auf Einheitlichkeit und bediente sich dabei der Tatsache, dass die Nutzer des öffentlichen Nahverkehrs in London bereits mit dieser Schrift vertraut sind, weil sie überall in der Stadt zu finden ist. Auch das britische Blindeninstitut (RNIB) wurde hinzugezogen. Es empfahl, eine Schriftgröße von mindestens 12 pt zu verwenden, wo immer möglich, um die Lesbarkeit für Menschen mit Sehbehinderung zu verbessern.

Der Text muss sich laut Bestimmung immer deutlich von der Hintergrundfarbe abheben (System Service Information Standard). Auf den Londoner Straßenschildern werden in der Regel Großbuchstaben verwendet. AIG entschied sich dafür, diese Konvention zu übernehmen, da sie für alle Benutzer, deren Muttersprache nicht das römische Alphabet verwendet, einfacher sei. Im *Yellow Book* steht dazu: „Solchen Besuchern dürfte es leichter fallen, eine Verbindung zwischen den Straßenangaben auf den Karten und diesen Straßenschildern herzustellen" (2007).

Farbsystem: Die ersten Muster der Schilder und Pläne verwenden im Interesse optimaler Lesbarkeit kontrastreiche Farben, und zwar entweder einen dunkelblauen Hintergrund mit weißer oder gelber Schrift oder einen gelben Hintergrund mit schwarzer Schrift. Bei den Druckspezifikationen werden die TfL-Farben anhand des CMYK-Farbmodells und des Pantone Matching Systems (PMS) bestimmt, während Angaben zum Lack anhand des NCS-Farbsystems (Natural Colour System) erfolgen.

Piktogramme: Die Piktogramme, die Transport for London benutzt, wurden so gestaltet, dass sie allen Verkehrsmitteln innerhalb der TfL-Gruppe als Referenzquelle dienen können. Sie basieren auf dem britischen Standard für Piktogramme und sollen sowohl klar in ihrer Bedeutung als auch einheitlich in ihrem Design sein.

Für den Testlauf von Legible London wurde auf den Orientierungsschildern das „Fußgänger"-Symbol der TfL als Erkennungszeichen verwendet. Es ist bereits aus einiger Entfernung gut erkennbar. Symbole sind besonders für Menschen mit Behinderungen sehr hilfreich, die so erkennen können, wo sich Stufen, Rampen und behindertengerechte Toiletten befinden (*Yellow Book*, 2007).

fallstudie

Umgebungskarten: Die Karten für den Prototyp von Legible London enthalten genaue Angaben über das Verhältnis zwischen Entfernung und Gehzeit, damit Menschen mit eingeschränkter Mobilität besser abschätzen können, wie lange sie brauchen, um ein gewünschtes Ziel zu erreichen, und wo sich unterwegs geeignete Rastplätze befinden, an denen der Fußmarsch unterbrochen werden kann. 3-D-Abbildungen zeigen wichtige Bauwerke und Denkmäler und ermöglichen ein intuitiveres Lesen der Karten (*Yellow Book*, 2007). Gedruckte Karten können in den U-Bahn-Stationen mitgenommen werden. Die Benutzer finden darauf dasselbe Design und dieselben Verweise wie auf den Karten der Schilder.

Richtungsangaben weisen den Weg zu benachbarten Bereichen und Touristenattraktionen, die vielleicht nicht im Blickfeld liegen. Unten auf jedem Schild wird mit einem eingravierten Pfeilsymbol gezeigt, in welcher Richtung Norden liegt. Die Straßenverzeichnisse sind alphabetisch geordnet und enthalten Querverweise zu den Karten auf den Schildern und zu den gedruckten Karten.

Bewertungsmethode

In Untersuchungen, die vor und nach der Einrichtung durchgeführt wurden, ließen sich die Vorteile eines hochwertigen kartengestützten Leitsystems für Fußgänger auf der Straße bewerten und der Erfolg eindeutig nachweisen. Das Projekt verfolgte drei Zielsetzungen: (1) die Öffentlichkeit mit Hinweisen für Fußgänger messbar besser über das Stadtviertel zu informieren, was der lokalen Wirtschaft, dem Verkehrsnetz und der öffentlichen Gesundheit zugutekommt, (2) den Business Case von TfL durch die Umsetzung des Projekts zu bestätigen und damit Legible London als Vorzeigeprojekt zu etablieren und (3) ein hochwertiges Leitsystem zu liefern, das in ganz London einheitlich und systematisch eingesetzt werden kann und den Bedarf an einem derartigen Leitsystem für Fußgänger bestätigt.

Es wurde eine Mischung aus qualitativen und quantitativen Methoden angewandt, darunter 600 Verhaltensbeobachtungen und 100 begleitete Spaziergängen mit Aufgabenstellungen, Studien mit Testgruppen und 2600 Interviews. Zur Beurteilung und Bewertung der Qualität des Fußwegenetzes wurde das national anerkannte Auditsystem für Fußgänger, Pedestrian Environment Review System (PERS), genutzt. Dabei stellte man messbare Verbesserungen fest; so gaben beispielsweise 62 % der Befragten an, das System würde sie dazu anregen, mehr zu Fuß zu gehen.

Der Abschlussbericht zum „Walking Plan for London" würdigte die Notwendigkeit, eine sichere, attraktive und zugängliche Umgebung zu schaffen, die einerseits die Erfahrungen der Londoner Bürger auf der Straße und andererseits ihre Einstellung zum Zufußgehen verbessert. Prognosen zufolge steigt die Bevölkerungszahl Londons bis 2025 um 800 000 Einwohner an. Dass mehr Wege zu Fuß zurückgelegt werden, ist wichtig, um die Nachfrage, die sonst bei dem bereits heute überlasteten Verkehrssystem entstehen würde, in den Griff zu bekommen. Die Initiativen sind zudem Teil eines ehrgeizigen Plans, das West End vor den Olympischen Spielen 2012 in London zu sanieren und Besucher dazu zu ermuntern, sich abseits der ausgetretenen Pfade zu begeben.

Das neue Beschilderungssystem, das derzeit auf weitere Bereiche Londons ausgedehnt wird, verändert die Erfahrungen der Menschen beim Besuch der Stadt – so entdecken sie nun, dass ein Viertel viele versteckte Einkaufsmöglichkeiten und Terrassenlokale zu bieten hat und ein anderes reich an Kulturgeschichte ist.

AIG zufolge ist Legible London weltweit das größte koordinierte Leitsystem für Fußgänger und unterstützt einen globalen Kulturwandel hin zu einer nachhaltigeren Nutzung unserer Großstädte.

einblicke in die praxis

Sorena Veerman
PARK

Die niederländische Beratungsfirma PARK unterstützt Unternehmen bei der Leitung ihrer internen Designgruppe oder ihrer externen Designpartner. Die meisten Auftraggeber von PARK sind Design Directors mittlerer bis großer Produktionsbetriebe mit eigener Designabteilung.

Designkompetenzen:
Methoden, Instrumente und Prozesse

„Engagiert im Dienste unserer Auftraggeber und des Berufs. Beharrlich bei der Bewältigung von Herausforderungen und der Entwicklung passender langfristiger Lösungen, auch wenn dies gelegentlich schwierig sein kann. Mit ganzheitlichem und kreativem Denken sowie mit scharfsinnigen Visualisierungen überraschen. In der Beziehung zu den Kunden, aber auch angesichts der Aufgaben der Firma immer authentisch und persönlich sein.

Als Beraterin bei PARK sehe ich mich vielen Herausforderungen gegenüber. Die genannten Qualitäten ermöglichen es mir und meinen Kollegen, mit vielen verschiedenen Auftraggebern im Bereich Designmanagement zu arbeiten. Wir bauen zu ihnen eine persönliche Beziehung auf und unterstützen sie dabei, ihren eigenen Kunden und Anwendern bessere Produkte und Erfahrungen zu liefern.

Ich arbeite an Projekten, die sich über ein bis fünf Jahre erstrecken. In dieser Zeit helfe ich den Unternehmen, ihr Design besser zu organisieren und zu integrieren. Der lange Zeitrahmen ist nötig, um zu gewährleisten, dass Veränderungen der Strategien, Organisationen oder Prozesse vom Auftraggeber entwickelt und umgesetzt werden, bevor wir unsere Tätigkeit beenden.

Den Wert des Designs durch eine veränderte Herangehensweise zu steigern, die Führungsrolle des Designs zu präzisieren und eine bessere Integration des Designs und seiner Prozesse zu gewährleisten erfordert häufig eine Veränderung der Unternehmenskultur – und das geht nicht von heute auf morgen.

Für das Management dieser Projekte definiert PARK vier Schlüsselphasen: Analyse, Kreation, Entwicklung und Umsetzung. Manche Projekte umfassen alle vier Phasen, andere weniger. Für mich hat jede Phase ihre eigenen besonderen Herausforderungen. In der Analysephase beispielsweise muss ich relevante Informationen sammeln, ihre Bedeutung beurteilen und die wichtigen Verbindungen definieren. Meine spezifische Herausforderung jedoch besteht darin, die Analyse so bald wie möglich in den richtigen Zusammenhang zu stellen. Wenn ich mich beispielsweise mit Geschäftsführern und Projektmanagern von Grundfos über das Management von Design unterhalte, steuern meine Fragen die Antworten, die ich bekomme. Daher muss ich die Fragen sehr sorgfältig formulieren, um die wirklich wichtigen Informationen zu erhalten.

In der kreativen Phase geht es darum, die Richtung festzulegen. Hier besteht die Herausforderung darin, die Firma ganzheitlich im Blick zu behalten und zunächst eine allgemeine Lösung zu definieren, die ein grobes Bild zeigt. Später, in der Entwicklungsphase, tauche ich dann in die Details ein. In dieser Phase muss ich dafür sorgen, Instrumente und Materialien zu entwickeln, die für die internen Stakeholder – Manager und Mitarbeiter – relevant sind.

Dabei ist es normalerweise meine größte Herausforderung, Stakeholder des Projekts im passenden Augenblick und mit der richtigen Vorgehensweise einzubeziehen. Bereits in der Analyse- und Kreationsphase muss ich Beziehungen zu den entscheidenden Personen aufbauen und ihr Interesse für das Projekt wecken, um sicher zu sein, dass ich in der Entwicklungsphase ihr Wissen und in der Umsetzungsphase ihre Energie voll nutzen kann, ohne Zeit zu verlieren oder auf zu viel Widerstand zu stoßen.

Intern unterstützt mich dabei in jeder Phase die ‚Toolbox' von PARK. Unsere Toolbox beschreibt unsere alltäglichen Vorgehensweisen. Die einzelnen Tools können groß sein und beispielsweise die Entwicklung eines Designstils für ein Produkt beschreiben; sie können aber auch klein sein und beschreiben, auf welche Art sich Ergebnisse eines Workshops visualisieren oder anregende Trainingsworkshops organisieren lassen. Die Toolbox animiert mich, mein Wissen mit Kollegen auszutauschen; zudem gibt sie mir während der Organisation von Projekten immer wieder Anregungen.

Sorena Veerman
Beraterin bei
PARK advanced
design management,
Niederlande

Neben der Beratungstätigkeit betreue ich das European Student Network von PARK mit 15 bis 20 Masterstudenten aus Designmanagement-Programmen in acht europäischen Ländern. Die ESN-Studenten unterstützen PARK bei der Durchführung von Projekten im Designmanagement und in der Forschung. Ich vermittle Aufträge und Workshops in Unternehmen, damit die Studenten die Herausforderungen des Designmanagements unter echten Bedingungen erleben. Die Unternehmen gewinnen dadurch frische Denkansätze von angehenden Designmanagementprofis.

Die Arbeit mit begeisterten Studenten, die voller neuer Ideen stecken, ist sehr erfrischend und anregend. Durch mein Coaching gelingt es ihnen besser, ihre Ideen und die Realität der Geschäftswelt in Einklang zu bringen.

Diese verschiedenen Initiativen und Projekte, unsere unterschiedlichen internationalen Auftraggeber sowie der internationale Wissensaustausch machen PARK zu einer äußerst dynamischen Firma, in der sich Designmanagement umfassend erforschen und ausschöpfen lässt."

einblicke in die praxis

Wen-Long Chen
Nova Design

Nova Design ist eine der größten eigenständigen Beratungsfirmen für Design im großchinesischen Raum. Nova Design fing als Designstudio in Taipeh, Taiwan, an. Inzwischen hat die Firma kräftig expandiert und beschäftigt über 230 Mitarbeiter in sechs Niederlassungen weltweit, von Sondrio (Italien) über San José (USA), Shanghai, Xiamen, Taipeh bis Ho-Chi-Minh-Stadt (Vietnam).

Der Designprozess: Prototypenentwicklung im Dienst der Innovation

„Um global zu handeln, anstatt jede strategische Geschäftseinheit (SGE) eigenständig arbeiten zu lassen, entschied ich mich als CEO (Geschäftsführer) und Präsident von Nova Design für eine andere Vorgehensweise. Ich bin stark von der buddhistischen Philosophie beeinflusst, die besagt, dass alles voneinander abhängt, relativ ist und ineinandergreift; daher betrachte ich das Management von Disziplin und Freiheit als eine Möglichkeit, zwei Seiten der Innovation zu erkunden. Nova Design bestärkt die Designer darin, sich auf drei Schlüsselkompetenzen zu konzentrieren, damit sie in zwei scheinbar unterschiedlichen und doch nebeneinander bestehenden Kulturen Erfolg haben: auf das berufliche Können, die Integration der Ressourcen und den Wert des Wissens.

Meiner Meinung nach entspringt großes Design aus dem Innovationsmanagement. Bei Nova Design können die Designer ihr Fachwissen selbst voranbringen, beispielsweise ihre CAD-Fähigkeiten, die Forschungsanalyse oder ihre Zeichenkompetenzen. Mit hervorragenden Fähigkeiten kann ein Designer einen stärkeren Beitrag zu einem Designprojekt leisten, wenn er Fachkenntnisse aus verschiedenen Quellen einbringen kann.

Wenn schließlich fachbereichsübergreifendes Denken und Wissen in ein besseres Design einfließen, kann ein Designer mit derartigen Fähigkeiten bei Nova bis zur Führungsebene aufsteigen. Dort trägt er dazu bei, der Strategie eines Designprojekts Form zu verleihen.

Während seines 20-jährigen Bestehens hat Nova Design den Prozess der Produktentwicklung mit einem umfassenden digitalen System des Wissensmanagements verändert. Ein solches System trägt dazu bei, passives Wissen in aktives Wissen zu verwandeln und die Lernphase jedes Designers beträchtlich zu verkürzen. Zusätzlich bietet es zwei Wege, der Produktentwicklung des Auftraggebers Innovationswert zu verleihen: indem es diese ständig wachsende Datenbank zur Verfügung stellt und den Nova-Kunden einen Rundumservice bietet. Das System aktualisiert sich ständig selbst, parallel zur Entwicklung des Web 2.0. In China sind über eine Million Studenten an Designschulen eingeschrieben, und jedes Jahr verlassen über 200 000 Absolventen diese Schulen.

Bei meinen häufigen Besuchen in chinesischen Designschulen konnte ich beobachten, dass diese große und ständig weiterwachsende Kraft des Designs die Art und Weise verändern wird, in der Design auf dem Weltmarkt eingesetzt wird.

Im Gegensatz zum konventionellen Verfahren, bei dem die Nachfrage vom Endkunden und Anwender ausgeht und die Designer sich mit den Marktanbietern in eine Reihe stellen, werden die Kunden und Anwender schon bald selbst an der Gestaltung der Produkte mitwirken. Ein solcher Prozess wird offener und demokratischer sein, der Designwert wird etwas mit der Bereitstellung und Ausführung integrierter Lösungen zu tun haben.

Im Zuge dessen, dass sich die Designer von ihrer rein durch ihre Qualifikation definierten Rolle zu ‚Solution Providern' weiterentwickeln, die kundenspezifische Lösungen anbieten, wird sich auch die Begriffsdefinition von Design verändern. In der chinesischen Designerausbildung ist ein grundlegender Wandel unvermeidlich. Bereits heute kann man überall in China eine dynamischere Designkultur beobachten.

Nehmen wir als Beispiel den letzten Autosalon in Shanghai 2009. Er ist nicht nur die drittgrößte Automobilausstellung der Welt, er machte China auch weltweit zum wichtigsten Automarkt. Große chinesische Autohersteller ergriffen die Gelegenheit, stolz einige Konzeptautos zu zeigen, die von ihren hauseigenen Teams entwickelt wurden. Geelys Konzeptauto, der Intelligent Geely, stieß dabei auf besonderes Interesse der internationalen Medien. In einigen Kommentaren hieß es sogar, der IG sei ein potenzieller Konkurrent für den Smart.

Wen-Long Chen
CEO und Präsident von
Nova Design, China

Im Fokus des Designs beim Konzeptauto Geely IG steht die Zielgruppe, die am urbanen Lebensstil Shanghais Freude hat. Nachhaltiges Design Thinking spielt beim Design dieses Fahrzeugs eine große Rolle. Zu den besonderen Merkmalen gehört die Anlage als Dreisitzer: Der Fahrersitz mit dem Lenkrad befindet sich vorne in der Mitte, während zwei normal große Sitze und ein Kindersitz hinten angeordnet sind. Dieses Design kommt Märkten mit Rechts- wie mit Linksverkehr entgegen und vergrößert den nutzbaren Innenraum beträchtlich.

Dies war das erste Projekt, das von dem chinesischen Automobilhersteller Geely zusammen mit Nova Design entwickelt wurde. Nova initiierte einen hausinternen ‚Design Hive' zum Projekt, bei dem Designer aus Taipeh, Shanghai und Sondrio (Italien) gemeinsam tätig wurden und in webgestützten Beratungen Brainstorming betrieben, um Konzepte zu entwickeln, zu erforschen und Feedback darauf zu erhalten. Anschließend folgten die Stadien Modellieren in Ton, Reverse Engineering, Master Models und ME-Design. Mittels computergestützter Methoden (CAID/CAD/CAM) wurden zwischen Sondrio (Italien), Taipeh und Shanghai Änderungen am Design in Echtzeit vorgenommen."

Dr. Miles Park

University of New South Wales, Sydney, Australien

einblicke in die praxis

Soll Produktdesign zweckdienlich und leicht anwendbar sein und außerdem erfolgreich die sich verändernden Bedürfnisse der Menschen erfüllen, muss zunächst das Käuferverhalten verstanden werden. Adaptives Design, das aus nutzergenerierten Inhalten, Open-Source-Software und interaktiven Websites im Internet lernt, stellt einen Ansatz für Designlösungen dar, die kontextrelevant, situationsspezifisch und durch den Anwender selbst rekonfigurierbar sind.

Designplanung: adaptives Design

„Die Palette der Tätigkeiten im Produkt- und Industriedesign ist umfassender und abwechslungsreicher geworden, sie umfasst heute mehr als die reine Entwicklung von Produktformer und Ausarbeitungen für die Produktion. Diese Fokusverschiebung betrifft nicht nur das Design physischer Produkte, sondern auch die Gestaltung von Dienstleistungen, Erlebniswelten und sogar Geschäftsmethoden. Firmen wie IDEO sind dafür bekannt geworden, das Feedback von Käufern und Anwendern sowie ihre Mitwirkung in den Designprozess zu integrieren. Dieses Vorgehen haben sie aus Bereichen wie der Anthropologie übernommen, um die Bedürfnisse, Erfahrungen, Verhaltensweisen, Wahrnehmungen und Erwartungen der Anwender besser zu verstehen.

Durch genauere Einblicke in das Anwenderverhalten kann Design sinnvoller, brauchbarer und hinsichtlich der Anwenderbedürfnisse erfolgreicher gestaltet werden, zudem regt es zu weiteren Innovationen an. Im Industriedesign ergeben sich daraus neue Möglichkeiten, für Auftraggeber in Wirtschaftsbranchen tätig zu werden, die in einem so strategischen Umfeld üblicherweise nicht auf Design setzen. Dazu gehören auch gemeinnützige, soziale Unternehmen und einige Bereiche im Dienstleistungssektor der freien Wirtschaft. Auch hier bietet IDEO lehrreiche Fallbeispiele wie das Projekt ‚Keep the Change' für die Bank of America oder das Projekt ‚The Blood Donor Experience' (die Erfahrung des Blutspenders) für das amerikanische Rote Kreuz.

Aus dem Einsatz neuer Designtechniken, mit denen man das Verhalten von Käufern und Anwendern durchschauen möchte, ergeben sich weitere Möglichkeiten zur Innovation des Designs. Hier ist etwa das wachsende Interesse daran zu nennen, wie Design zur ‚Steuerung' des Anwenderverhaltens eingesetzt werden kann. ‚Verhaltensdesign' beispielsweise kann genutzt werden, um durch Werbung für energiesparende Geräte zu einer Verhaltensänderung im Sinne der Nachhaltigkeit den Anstoß zu geben. Anhand eines Energieverbrauchsmessers wie dem WATTSON, der von drei RCA-Absolventen entworfen wurde, können die Menschen erkennen, wie viel Strom sie zu Hause verbrauchen, und werden dazu ermahnt, unnötige Lampen und Geräte auszuschalten.

Durch die Weiterentwicklung der Steuerung des Verbraucherverhaltens etablieren sich zunehmend neue Trends und Praktiken im World Wide Web (WWW). Unter dem Begriff Web 2.0, der eine Kombination von Elementen wie nutzergeneriertem Inhalt, Open-Source-Software und Anwendermitwirkung beinhaltet, verlassen sich beliebte Seiten wie Flickr, YouTube, Facebook, Wikipedia und eBay auf eine sich ständig weiter entwickelnde Designarchitektur, wobei der User die Inhalte (den Content) gestaltet. Dadurch, dass die Produkte für den Benutzer adaptierbar werden und so dessen individuellen Umständen und sich wandelnden Bedürfnissen Rechnung tragen können, bieten sich neue Innovationsmöglichkeiten im Industriedesign. Firmen können eine engere Beziehung zu ihren Kunden aufbauen, die Produkte deren Bedürfnissen genauer anpassen und, insbesondere in schnelllebigen Sektoren wie der Unterhaltungselektronik, für eine längere Lebensdauer der Produkte sorgen.

Ein adaptives Produkt ist ein Produkt, das der Designer absichtlich ‚unfertig' entwickelt – sodass es ‚offen' dafür ist, vom Benutzer fertiggestellt zu werden. Der Benutzer wird in einem fortwährenden Prozess, der kontextbezogen, situationsspezifisch und rekonfigurierbar ist, zum Mitproduzenten beim Design des Produkts. Hierfür müssen Verfahren zur Userbeobachtung und zum Produkttest im wechselseitigen Austausch zwischen Designer und Benutzer in den Designprozess integriert werden.

Dr. Miles Park
Hauptdozent
Industriedesign,
University of
New South Wales,
Sydney, Australien

Inoffiziell werden solche Tätigkeiten bereits von vielen Websites und Magazinen ausgeführt, die Hobbygestaltern Tipps geben, wie sie Produkte neu zuordnen, neu konfigurieren und hacken können, um so Gewährleistungen zum Erlöschen zu bringen und die Kontrolle über die Produkte zu übernehmen. Mit den Worten von <Makezine.com>: ‚Wenn Sie es nicht öffnen können, gehört es Ihnen nicht.' Im formalisierten und strategischen Geschäftsumfeld findet man die Anwendung dieser Prinzipien bereits. Dort bilden sie die Schnittstelle zwischen Design und Kommunikationsmitteln wie Computern und Handhelds, sodass die Anwender die Art, wie sie mit den Geräten interagieren, selbst entwickeln, anpassen und verändern können."

Management im Überblick

Wirtschaftswissenschaften

Die Wirtschaftswissenschaften sind eine Sozialwissenschaft, die sich damit befasst, wie die begrenzten Ressourcen unseres Planeten am besten verwaltet werden können, um die grenzenlosen Wünsche der Menschen zu erfüllen. Sie behandelt die konjunkturelle Situation und die Wirtschaftspolitik sowohl in einzelnen Ländern als auch auf der ganzen Welt (sogenannte Inlands- und Weltkonjunktur) und ist von grundlegender Bedeutung für die Entscheidungsfindung der Unternehmen hinsichtlich ihrer Geschäfte und Finanzen.

Adam Smith, gemeinhin als Vater der modernen Volkswirtschaftslehre und des Kapitalismus bezeichnet, beschrieb die Triebkräfte des Eigeninteresses und des Gemeinwohls als Motor der Wirtschaft: „Bei der Verfolgung seines eigenen wirtschaftlichen Vorteils wird der Mensch wie von einer unsichtbaren Hand (des Wettbewerbs) geleitet, um den Interessen der Gesellschaft zu dienen." In seinem Werk *Der Wohlstand der Nationen* (1776) benannte er die „Arbeitsteilung" (zwischen Menschen verschiedener Gesellschaftsschichten, die unterschiedliche qualifizierte Aufgaben erfüllen) und das damit verbundenen Anwachsen der Produktion als den Weg, um „den Wohlstand der Nationen" zu steigern.

Das Wirtschaftssystem

Unter einem Wirtschaftssystem versteht man das „Netz der Geschäftsbewegungen, von denen die Wirtschaft zusammengehalten wird" (Heilbroner und Thurow, 2002). Ihre Antriebskräfte sind Angebot und Nachfrage: wie die Waren und Dienstleistungen bereitgestellt, produziert, vertrieben und konsumiert werden, die die Kunden wünschen, und wie die wirtschaftlichen, sozialen und moralischen Anreize geschaffen werden, auf die die Menschen ansprechen (Levitt, 2005).

Anreize üben starken Einfluss auf das Verhalten und die Vorlieben des Einzelnen aus. Dies gilt vor allem für eine „Marktwirtschaft" wie den Kapitalismus, in dem es nur in geringem Maß staatliche Eingriffe oder zentrale Planung gibt und in dem alle wirtschaftlichen Entscheidungen und die Preisgestaltung darauf beruhen, wofür sich die Menschen und Unternehmen eines Landes entscheiden. Anbieter fertigen oder produzieren Waren und Dienstleistungen, sorgen also für das Angebot, während die Kunden den Wert bestimmter Waren und Dienstleistungen hoch genug schätzen, um dafür zu bezahlen, und auf diese Weise Nachfrage schaffen.

Die Volkswirtschaft agiert auf zwei Ebenen:

Die *Mikroökonomie* bezieht sich auf Angebot und Nachfrage von Menschen, Unternehmen und Wirtschaftsbranchen. Sie befasst sich damit, wie Einzelpersonen, Unternehmen und Märkte unter einer Reihe verschiedener Bedingungen und Vorschriften zusammenspielen.

Tabelle 4. Anhand einer STEEP-Analyse kann beurteilt werden, wie sich veränderte Umstände und zukünftige Trends in Gesellschaft, Technologie, Wirtschaft, Umwelt und Politik auf den Bedarf auswirken. So können geeig-nete Schritte unternommen werden, um die voraussicht-liche Nachfrage nach bereits bestehenden Produkten und Dienstleistungen zu befriedi-gen und neue Geschäftsideen zu entwickeln.

(Quelle: nach ARUP „Drivers of Change", ARUP Foresight and Innovation)

Tabelle 4: STEEP-Analyse: Vorhersage gesellschaftlicher Veränderungen und künftiger Trends

Gesellschaft	Technologie	Umwelt	Wirtschaft	Politik
Alternde Bevölkerung	Biometrische Identifizierung	Hochwertige Wegwerfprodukte	Verschuldung privater Haushalte	Ethisch einwandfreie Investitionen
Bildung für alle	Vernetzte Communitys	Ökologischer Fußabdruck	Demokratisierung des Luxus	Global Governance (Weltordnungspolitik)
Künftige Haushalte	Energieversorgung	Gefährdete Arten	Digitale Währung	Renten
Ganzheitliches Wohlbefinden	Identifizierung mithilfe elektromagnetischer Wellen (RFID)	Energie- und Wasserverbrauch	Welthandel	Überwachungsgesellschaft
Bevölkerungsverteilung	Wearable Computing (Arbeit mit tragbaren Computersystemen)	Verstädterung	Outsourcing	Handelsblöcke

Der Markt mit seinem Angebot an Waren und Dienstleistungen unterliegt Schwankungen, und dies gilt auch für Preise und Qualitäten, die von der Nachfrage abhängig sind. Ein knappes Angebot sorgt in der Regel für höhere Preise, verstärkter Wettbewerb fördert die Qualität.

Die *Makroökonomie* ist der Bereich der Volkswirtschaft, der sich mit dem gesamtwirtschaftlichen Verhalten befasst, also mit der wirtschaftlichen Aktivität auf nationaler Ebene. Sie verfolgt Variablen wie Arbeitslosigkeit, Inflation sowie das Spar-, Ausgaben- und Investitionsniveau. Des Weiteren untersucht sie den Kapitalfluss in und aus den Ländern, d. h. das Bruttoinlandsprodukt (BIP), eine Maßeinheit für den Wert aller Waren und Dienstleistungen, die innerhalb der Grenzen eines Landes (von In- und Ausländern) produziert werden.

Produktion von Waren und Dienstleistungen

Die Produktion von Waren und Dienstleistungen setzt einen regelmäßigen Vermögensfluss oder ein regelmäßiges verfügbares Einkommen (um zu kaufen und zu verkaufen) sowie Ressourcen (um zu produzieren) voraus. Diese Ressourcen – oder „Produktionsfaktoren" – sind meist Grund und Boden (natürliche Ressourcen), Arbeitskräfte (gelernte und ungelernte Menschen) sowie Kapital (Werkzeug, Maschinen und Gebäude, in denen hergestellt und produziert werden kann). Unternehmer und Unternehmen bringen die Produktionsfaktoren zusammen, um ein Ergebnis zu erzielen – Produkte und Dienstleistungen, die von den Menschen gewünscht und gebraucht werden. So entsteht Nachfrage, die den Markt für genau dieses Ergebnis bildet.

Produktionsfaktoren

Zunächst entscheiden die Unternehmen, wie die Produktionsfaktoren organisiert werden, um die gewünschten Ergebnisse erzielen. Danach analysieren sie die Produktionskosten und die erforderliche Kapitalrendite (Return on Investment/ROI). Je nachdem, was der Markt trägt und wie die Preisentscheidungen der Konkurrenten aussehen, setzen sie dann ihren eigenen Preis fest.

Die Produktion kann durch den „Skaleneffekt" unterstützt werden. Damit ist der Kostenvorteil eines Unternehmens gemeint, das größere Mengen produziert, sodass jede einzelne Produktionseinheit weniger Produktionskosten verursacht (Ivanovic und Collin, 2005).

Im Zuge des Managementprozesses *und* der Ermittlung von Restriktionen, Trade-Offs (Zielkonflikten, die Kompromisse erfordern) und Risiken wird entschieden, wie ein Wertzuwachs zu erzielen ist. Besteht auf dem Markt eine ausreichend hohe Nachfrage nach diesem „Mehrwert", dann sind die Verbraucher bereit, den Marktpreis zu bezahlen; ist dieser Marktpreis höher als die Produktionskosten, erzielt das Unternehmen Gewinn.

Der Wirtschaftsprozess ist ein beständiges Abwägen verschiedener Risiken. „Die Firmen müssen entscheiden, was sie produzieren, wie und wo sie produzieren, wie viel sie produzieren und zu welchem Preis sie die Produkte verkaufen. Dabei haben sie alle mit denselben Unsicherheiten zu kämpfen wie die Verbraucher" (Wheeler, 2002).

Wachstum und Volkswirtschaft

Regierungen, Länder und Regionen, die erfolgreich Anreize für Start-ups und Wachstumsunternehmen schaffen, tragen gleichzeitig dazu bei, dass die Arbeitslosigkeit gesenkt wird, neue Arbeitsplätze entstehen und das Einkommens- und Ausgabenniveau steigen.

Das Ergebnis ist letztlich ein gesamtwirtschaftliches Wachstum. Die Volkswirtschaft entwickelt sich beständig weiter, neue Wirtschaftszweige wie die Internetbranche, die Wissens- und Informationsbranche und die Kreativbranche sind Motor für neue Unternehmens- und Geschäftsmodelle.

Vielfach können diese neuen Modelle die Möglichkeiten, die sich aus den technischen Fortschritten und den Auswirkungen der zunehmenden Globalisierung ergeben, gewinnbringend einsetzen.

Diagramm 4: Die Progression des ökonomischen Werts

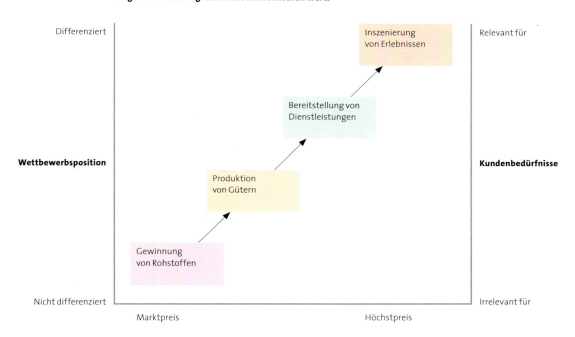

Diagramm 4. Dieses Diagramm illustriert die Progression des ökonomischen Werts. Basierend auf der Entwicklung der „Erlebniswirtschaft", steigt jedes folgende Angebot im Wert, da der Käufer es als relevanter für seine Wünsche empfindet. Durch Differenzierung der Angebote – etwa die Anpassung an Kundenwünsche – können Unternehmen einen Höchstpreis verlangen. Dieser basiert auf dem wahrgenommenen emotionalen Wert, nicht auf dem Marktpreis der Konkurrenz.
(Quelle: Pine und Gilmore, 2000)

Betrieb und Unternehmen

Ein Unternehmen ist ein System, das die Tätigkeiten eines Wirtschaftsbetriebs ausführt. Organisationsstrukturen, die gebildet werden, um Betriebs- und Unternehmenstätigkeiten auszuführen, fungieren in einem externen Zusammenhang (hier werden Geschäftsidee, Aufgaben und Geschäftsziele entwickelt) und in einem internen Zusammenhang (hier wird geplant, wie mit den vorhandenen Mitteln die Ziele erreicht werden können).

Der Geschäftsbetrieb des Unternehmens

Das Ziel jeder Geschäftstätigkeit ist laut Peter Drucker die „Erschaffung des Kunden": Zunächst wird eine Kundennachfrage ermittelt und dann ein Produkt oder eine Dienstleistung angeboten, die diese Nachfrage befriedigt. Ausgangspunkt für die Geschäftsleitung ist nicht das angebotene Produkt oder die angebotene Dienstleistung und auch nicht die Marktnachfrage, sondern die Frage, was die Kunden als wertvoll betrachten und welche Anreize es für ihr Verhalten und ihre Kaufentscheidung geben könnte (Drucker, 2005).

Das „Kerngeschäft" eines Unternehmens basiert auf den Besonderheiten, deretwegen es gegründet wurde: den Stärken bezüglich Können, Wissen, Fertigkeiten, den Faktoren, die es von der Konkurrenz abheben, und den Gründen, weshalb es Erfolg oder Misserfolg hat. Bei Überlegungen, inwiefern Unternehmen sich weiterentwickeln können, sollte dieses Kerngeschäft regelmäßig gründlich unter die Lupe genommen werden – in Bezug auf die Kunden, die Ansatzpunkte zur Differenzierung, die Profit Pools (Gesamtgewinne), die Kompetenzen und die Unternehmenskultur (Zook, 2007).

Die Geschäftsidee und alle damit verbundenen Produkte und Dienstleistungen müssen so beschaffen sein, dass die Kunden sie wertschätzen und bereit sind, dafür zu bezahlen. Die Investitionen müssen gegenüber den erzielten Gewinnen gerechtfertigt sein (Kosten-Nutzen-Analyse).

Zwar werden alle Unternehmen mit dem Ziel gegründet, Gewinne zu erzielen – den eigenen Betrieb zu finanzieren oder zu wachsen und die Forderung der Anteilseigner nach einer Kapitalrendite (ROI) zu befriedigen. Jeder Betrieb hat jedoch auch ein Leitbild (heute oft als „Mission" bezeichnet), eine Vision und Werte, die darüber bestimmen, wie er agiert. Dies stiftet für den Betrieb über finanzielle Gewinne hinaus Sinn, der beispielsweise darin besteht, der Gesellschaft zu nutzen.

In der Regel verfügen Fachleute in der Industrie vor allem über Expertenwissen auf bestimmten Gebieten. Die Expertise, die Designer und Designmanager in ein Unternehmen einbringen, liegt hingegen eher in ihren frischen Gedanken, kreativen Ideen sowie ihren Einblicken und Erfahrungen, die auch über Branchengrenzen hinausgehen.

Diagramm 5. In seinem Buch *Wettbewerbsstrategie* (1983) beschreibt Michael Porter allgemeine strategische Vorgehensweisen, die Firmen verfolgen sollten, um einen Wettbewerbsvorteil zu erringen, wie die Tabelle illustriert: (1) Kostenführerschaft – Vorsprung des niedrigen Preises; (2) Differenzierung – Abgrenzung von der Konkurrenz durch eine Besonderheit oder ein Alleinstellungsmerkmal (USP); (3A) Kostenfokus – Fokus auf einen engen Markt oder eine Marktnische und (3B) Differenzierungsfokus – Abgrenzung, die von Konkurrenten nicht ohne Weiteres imitiert werden kann.

Diagramm 5: Aufbau eines Wettbewerbsvorteils

Art des Wettbewerbsvorteils

Breiter Zielmarkt	1. Kostenführerschaft	2. Differenzierung
Wettbewerbsziel		
Enger Zielmarkt (Marktnische)	3A. Kostenfokus	3B. Differenzierungsfokus

Diagramm 6: Porters Modell der Wertschöpfungskette

Gewinnspanne

Unternehmensinfrastruktur

Personalmanagement

Technologieentwicklung

Beschaffung

| Beschaffungslogistik | Produktion | Vertriebslogistik | Marketing & Vertrieb | Kundenservice |

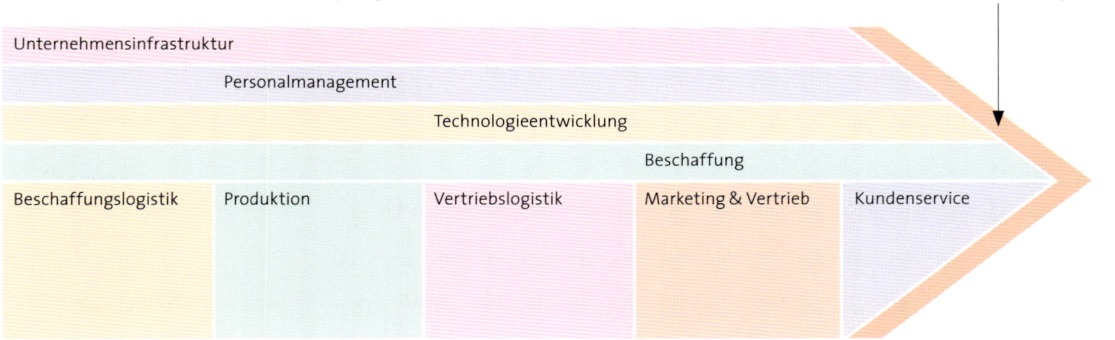

Diagramm 6. Mit Porters Modell der Wertschöpfungskette lässt sich systematisch untersuchen, wie sich Wettbewerbsvorteile entwickeln, und ermitteln, wo innerhalb eines Unternehmens die Wertsteigerung erfolgt. Die Wertschöpfungskette basiert auf der Abbildung der Geschäftsprozesse eines Unternehmens, wobei eine Firma, die etwas herstellt oder Dienstleistungen anbietet, als System mit vielen Untersystemen betrachtet wird. Jedes Untersystem hat seine Inputs, Umwandlungsprozesse und Outputs, die die Beschaffung und den Verbrauch von Ressourcen beinhalten. Kosten und Gewinne werden davon beeinflusst, wie gut die verschiedenen Aktivitäten innerhalb der Wertschöpfungskette ausgeführt werden.

Diagramm 7. Porters Fünf-Kräfte-Modell ist ein Rahmenmodell der Wettbewerbsstrategie, das die externen Faktoren aufzeigt, die die Rentabilität innerhalb einer Branche beeinflussen. Es versucht abzubilden, wie Wettbewerbsvorteile erreicht werden können, indem die Bedingungen der Branche in die Strategie und die Wertschöpfungskette des Betriebs integriert werden.

Der Branchenkontext

Jedes Unternehmen agiert innerhalb einer Branche neben anderen Unternehmen, die direkt oder indirekt um die Zeit, die Aufmerksamkeit und das verfügbare Einkommen ihrer potenziellen Kunden konkurrieren. Die Betriebe streben ständig danach, Wettbewerbsvorteile zu erringen, in der Regel durch Differenzierung (oder Festlegung einer Alleinstellung) oder durch Preis- und Kostengestaltung. Porter (1983) sagt dazu: „Eine Wettbewerbsstrategie ist die Suche nach einer günstigen Wettbewerbsposition innerhalb einer Branche, genau dem Schauplatz, wo der Wettbewerb stattfindet. Die Wettbewerbsstrategie zielt darauf ab, eine gewinnbringende und tragfähige Position gegenüber den Kräften zu erreichen, die über den Wettbewerb in der Branche entscheiden."

Unternehmen, die neue Ideen entwickeln, halten nach bisher nicht befriedigten möglichen Marktnachfragen oder Kundenbedürfnissen Ausschau: nach Marktlücken oder völlig neuen Märkten. Sie nutzen Chancen, die sich aus veränderten Umständen – in Gesellschaft, Technologie, Wirtschaft, Umwelt oder Politik – ergeben, und positionieren ihr Angebot so, dass es eine aktuelle oder erwartete Nachfrage befriedigen kann. Bei der Ermittlung der Marktchancen hilft eine Wettbewerbsanalyse. John Kay (1995) zufolge wird Wettbewerbsfähigkeit dadurch bestimmt, wie gut die Merkmale eines Unternehmens den Herausforderungen entsprechen, denen es gegenübersteht. Mithilfe einer SWOT-Analyse (die Stärken, Schwächen, Chancen und Gefahren eines Markts oder einer Firma ermittelt) können Ideen für eine strategische Neuausrichtung und für Marktchancen entwickelt werden.

**Diagramm 7:
Porters Fünf-
Kräfte-Modell**

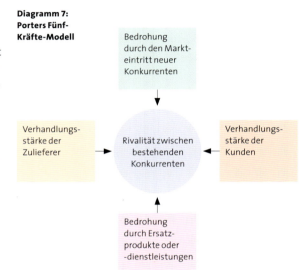

76

Das Geschäftsmodell

Das Geschäftsmodell eines Unternehmens legt dar, auf welche Weise die Geschäftsidee, die Herausforderung und das Ziel des Unternehmens zu den verfügbaren Chancen des Markts passen und welche Handlungen unternommen werden sollen, die dem Unternehmen nützen (z. B. Gewinn zu erzielen). Das Geschäftsmodell steuert die Strategie, nach der das Unternehmen durch Nutzung interner Kräfte und Ressourcen (z. B. Kernkompetenzen, Leistungsvermögen und Kapazitäten) sein Ziel erreichen soll. Die Strategien werden dann auf einen Managementplan übertragen, der Ziele, Ergebnisse und zentrale Erfolgsfaktoren im Detail angibt.

„Design muss immer zunächst das Gefühl des Menschen auf eine Weise ansprechen, dass er eine Beziehung dazu herstellen kann. Anschließend wird diese Beziehung in ein greifbares Produkt oder eine Dienstleistung übertragen, und im Idealfall fügt man am Ende noch eine kleine Überraschung hinzu, um die Aufmerksamkeit zu belohnen."
John Maeda

Der organisatorische Kontext

Unternehmen werden intern durch gemeinsame Überzeugungen, Werte und Geschäftspraktiken zusammengehalten, die im Unternehmensleitbild festgelegt sind. Die Vision des Unternehmens ist das übergeordnete Ideal, auf das alle Geschäftsaktivitäten zugeschnitten sind (Ivanovic und Collin, 2005). Man kann davon ausgehen, dass sich die Menschen eher von einem Unternehmen, seiner Kultur und seinen Produkt- und Dienstleistungsangeboten angezogen fühlen, wenn es eine Vision hat. Die Vision besitzt auch großen Einfluss darauf, welches Verhalten und welche Aktivitäten die Stakeholder – Mitarbeiter, Geschäftspartner, Aktionäre – vom Unternehmen erwarten. Wally Olins zufolge „ist die Vision die Kraft, die das Unternehmen antreibt. Sie ist das, wofür das Unternehmen steht, woran es glaubt" (Olins, 2008).

Es gibt neuerdings viele junge Unternehmen mit sozialem Anspruch, die die „kommerziellen" Wirtschaftsinstrumente zwar nutzen, aber weiterreichende Ziele verfolgen, die der Gesellschaft und der Umwelt zugute kommen sollen. Diese Firmen beziehen die langfristigen ökologischen Auswirkungen ihrer Tätigkeit in ihre Entscheidungen ein. Derzeit müssen sich viele junge Unternehmen fragen, was für eine Art von Betrieb sie eigentlich sein möchten.

Managementprozess

Der Motor hinter jeder unternehmerischen Entscheidung ist die Strategie. Strategien sollen nachhaltige Wettbewerbsvorteile schaffen – sowohl durch kurzfristige Planung, Entscheidungsfindung und Umsetzung im Tagesgeschäft als auch durch eine langfristige Vision, in welche Richtung sich der Betrieb entwickeln soll.

Strategie

Eine Strategie beinhaltet die Vorgehensweisen und Ressourcen, die nötig sind, um der Vision des Unternehmens gerecht zu werden. Sie ist eine „Absichtserklärung, die definiert, wohin man langfristig möchte" (Bruce und Langdon, 2001). Die Strategie beschreibt, wie die Planung des Unternehmens hinsichtlich der Erfüllung des Leitbilds und der Vision aussieht, und wird auf Betriebsziele, strategische Pläne und erforderliche Zwischenergebnisse übertragen, die die verschiedensten Bereiche eines Unternehmens betreffen.

Die strategische Ausrichtung des Unternehmens – wie es von der aktuellen in die erwünschte künftige Position gelangen soll – wird durch die Beantwortung von drei Schlüsselfragen bestimmt: (1) Wo stehen wir derzeit? (2) Wohin wollen wir? (3) Wie kommen wir dorthin? Das Wesentliche an der Strategie ist laut Michael Porter (1996) die Entscheidung, was man nicht tun möchte. „Ohne Trade-Offs bestünde keine Notwendigkeit, sich zu entscheiden, und damit auch keine Notwendigkeit für eine Strategie", konstatiert er.

Strategien wirken in einem Unternehmen auf drei Ebenen: Die *Unternehmensstrategie* setzt das Gesamtziel und die Gesamtausrichtung des Unternehmens fest und ist auf Vision und Leitbild abgestimmt. Die *Geschäftsstrategie* definiert kurzfristige und langfristige Zielvorgaben für alle Geschäftsfelder (z. B. Produkt- oder Dienstleistungsgruppen oder -sparten) und Geschäftsbereiche (z. B. Marketing, Finanzwesen und Design). Die *operative Strategie* schließlich legt die Vorgehensweise, die Durchführung, das Tagesgeschäft und die Bereitstellung der Produkte und Dienstleistungen fest.

Auf allen Strategieebenen sind Leitlinien definiert, wie Manager den unternehmerischen Notwendigkeiten zu einer Wertsteigerung verhelfen können. Die Strategie diktiert, wie auf jeder Hierarchieebene des Unternehmens diejenigen Ziele und Strategien entwickelt werden können, die für die jeweilige Funktion relevant sind, und welche Verfahrensweisen gewählt werden müssen, um die Gesamtziele zu erreichen.

Diagramm 8 zeigt, wie beim strategischen Management das Verständnis für die Position eines Unternehmens, für seine zukünftigen Entscheidungen sowie für die Art und Weise, wie Strategien in die Tat umgesetzt werden, zusammenspielen.

Strategische Aufstellung: Einfluss der externen Umwelt, der internen Ressourcen und Kompetenzen und der Erwartungen der Stakeholder auf die Strategie.

Strategische Entscheidungen: Verständnis für die Grundsätze der künftigen Strategie sowohl auf Unternehmens- als auch auf Geschäftsbereichsebene und für die Optionen der Strategieentwicklung sowohl in Bezug auf die Richtung, in die sich die Strategie bewegen könnte, als auch auf die Entwicklungsmethoden.

Von der Strategie zum Handeln: Erfolgsorientierte Organisation, Verknüpfung von Strukturen und Organisationsprozessen sowie Hervorheben der Bedeutung des Herstellens und Erhaltens interner und externer Beziehungen und Grenzen.
(Quelle: Johnson und Scholes, 2006)

Diagramm 8:
Das strategische Management von Unternehmen

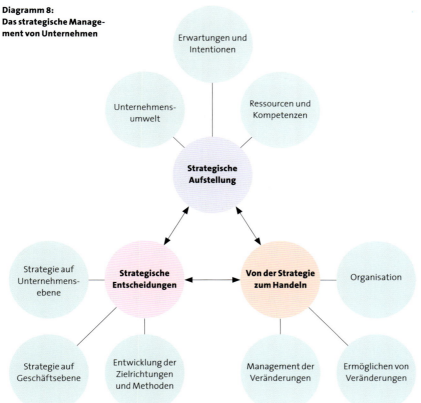

Kernkompetenzen

Jedes Unternehmen verfügt über Aktiva (wie Gebäude, Maschinen und finanzielle Mittel) und Ressourcen (wie Arbeitsprozesse und Arbeitskräfte) sowie über Kompetenzen und Fähigkeiten in bestimmten Bereichen. Diese besonderen Stärken bilden die Schnittstelle zwischen den „wertschöpfenden" Leistungen einer Firma und dem Markt von Käufern, Verbrauchern und Anwendern, mit denen das Unternehmen Gewinn erzielen kann.

Prahalad und Hamel (1990) zufolge ist die Kernkompetenz eines Unternehmens seine besondere Fähigkeit, durch die ein Wettbewerbsvorteil gegenüber der Konkurrenz erlangt wird. Eine Kernkompetenz verschafft dem Kunden einen Nutzen, ist für Konkurrenten nur schwer nachzuahmen und lässt sich auf viele Produkte und Märkte ausweiten. Dazu gehört auch das „kollektive Wissen" – Erfahrungen, Know-how und Fähigkeiten, die jemand mitbringt (Prahalad und Hamel, 1990). Kernkompetenzen können zur Schaffung von Endprodukten führen, sie können aber auch Prozesse oder Schritte einer Lieferkette als Teil von Betrieben innerhalb einer größeren Unternehmensstruktur darstellen.

Firmen streben mithilfe ihrer jeweiligen Kernkompetenzen nach Wachstum. Laut John Kay (1995) „beruht der Erfolg eines Unternehmens darauf, dass seine Geschäftsbeziehungen nach außen und die besonderen Kompetenzen innerhalb der Firma effektiv zusammenpassen". Im Rahmen einer Unternehmensstrategie müssen deshalb zunächst die besonderen Fähigkeiten innerhalb der Firma ermittelt und die Märkte ausgewählt werden, die optimal zu diesen Stärken passen. Durch wirksame Strategien können sie dann ausgeschöpft werden.

Auch „Value-for-Money-Strategien" (Wertsteigerung bei gleichzeitiger Kostenreduzierung) können neue Wachstumsmöglichkeiten erschließen. Wenn sich die externen Marktbedingungen verändern, müssen Unternehmen darauf möglicherweise mit einer Veränderung ihrer Kernkompetenzen reagieren. Likierman (2007) zufolge „muss sich ein auf Dauer erfolgreicher Betrieb als ‚Unternehmung' und nicht als ‚festes Wirtschaftsgut' verstehen. Er muss sich anpassen, um zu überleben."

Um fortzubestehen, muss der Betrieb möglicherweise mithilfe eines internen Audits stille Reserven und Kompetenzen ermitteln, die zu einer Reorganisation, Neuerfindung oder Neupositionierung des Unternehmens führen Zook (2007) bestätigt, wo stille Reserven häufig zu finden sind: in unterbewerteten Geschäftsplattformen, ungenutzten Erkenntnissen über die Kunden und nicht optimal eingesetzten Fähigkeiten der Mitarbeiter.

1. Die in London ansässige Firma mOma glaubt, dass es „ohne einen guten Morgen keinen guten Tag geben kann". Sie bietet fertiges Frühstück zum Mitnehmen an. mOma vertreibt die Produkte über Kioske und andere Verkaufs- stellen an Orten, die viel von Pendlern frequentiert werden, wie Bahnhöfen. Ihre Stände ziehen Pendler an, die „ihr Frühstück nun nicht mehr ausfallen lassen müssen".

2. Als Reaktion auf die sich verändernden Marktbedin- gungen und Kundennachfra- gen erforscht, testet und prüft mOma neue Produktgruppen. Produkte wie ihr Obstsalat kommen besser an als „Kaffee und Croissant", das Standard- frühstück für Pendler.

3, 4, 5. Die Produkte sind gesund, sättigend, ohne künstliche Zusätze und schmecken köstlich – was die Firma mit dem Slogan „Energie für Menschen in Bewegung" bewirbt.

1

2

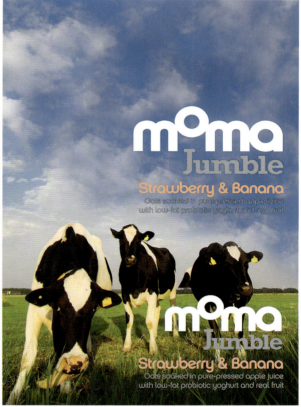

3

4

5

Betriebs- und Unternehmensplanung

Peter Drucker (2005) zufolge „hat das Management die Aufgabe, Ergebnisse vorzulegen". Das Vorlegen von Ergebnissen erfordert, dass Zweck, Vision und Strategie auf allen Ebenen des Unternehmens umgesetzt werden – auf unternehmerischer, geschäftlicher und operativer Ebene – und dass das Vorgehen passend für jede Ebene geplant, koordiniert, angepasst und überprüft wird.

Unternehmensplanung

Das Tagesgeschäft eines Unternehmens zu organisieren ist ebenso wichtig, wie die Richtung zu bestimmen, in die der Betrieb sich langfristig entwickeln soll, um seine Zukunftsfähigkeit zu sichern.

Die Betriebs- und Unternehmensplanung bildet den Rahmen, um das Potenzial einer neuen Geschäftsidee auszuschöpfen, ob nun bei einem Einzelprojekt oder in Bezug auf das gesamte Unternehmen. Diese Planung ist „die Kunst der Entscheidung, wohin der Betrieb gehen soll und wie er am besten dorthin gelangt" (Cohen, 1997). Sie legt außerdem die Struktur fest, innerhalb derer die Möglichkeiten, die der Markt bietet, durch ein koordiniertes Vorgehen umsetzbar sind. Die Unternehmensplanung berücksichtigt alle internen Geschäftspraktiken sowie die „Analyse von Prozessen, Informationssystemen, Ressourcen und Teamfähigkeiten, die ein Unternehmen in die Lage versetzen, im Rahmen seiner Fähigkeiten und Kompetenzen zu planen" (Bruce und Langdon, 2001). Die Vorgehensweisen werden auf Unternehmensebene, Geschäftsbereichsebene und operativer Ebene geplant, jeweils mit den individuell festgelegten Strategien, Zielsetzungen und Erfolgsmessgrößen.

Auf Unternehmensebene geht es um die Festlegung der strategischen Richtung und darum, wie mithilfe der Kernkompetenzen Werte geschaffen werden können. Die Geschäftsbereichsebene agiert sowohl unabhängig als auch kooperativ übergreifend in den Geschäftsbereichen (oder Abteilungen), um die Strategien auf Unternehmensebene zu unterstützen und nachhaltige Wettbewerbsvorteile aufzubauen. Geschäftsbereiche dienen dazu, eine bestimmte Funktion, einen Aspekt oder eine Unternehmenstätigkeit umzusetzen – etwa Marketing, Personalwesen, Vertrieb, Design oder IT. Zur operativen Ebene gehören Produkte, Projekte, Auftraggeberteams oder geografische Bereiche. Diese Ebene hat die Aufgabe, die Geschäfts- und die Unternehmensstrategie zu unterstützen. Für jede Ebene existieren konkrete Zielvorgaben, Zielsetzungen und Erfolgskriterien.

Früher waren große Unternehmen relativ unflexibel organisiert, mit hierarchischen Strukturen und klar definierten, funktional getrennten Geschäftsbereichen (wie Marketing, Finanzwesen, Betrieb, Technik, Personalwesen) sowie operativen Projekt- oder Programmsparten. Diese Bereiche verfolgten einen festgelegten Zweck und verfügten über definierte Ressourcen, Zuständigkeiten, Ziele, Verantwortlichkeiten und Erfolgsmessgrößen. In kleinen Betrieben ist es jedoch üblich, dass Projekte von einem Netzwerk von Mitarbeitern – Einzelpersonen, Teams oder Arbeitsgruppen – ausgeführt werden: Projekt- oder Prozessteams teilen sich eine ganze Palette an Zuständigkeiten und Arbeitszielen und werden aus Mitarbeitern verschiedener Bereiche rekrutiert.

Diagramm 9. Eine Strategie wirkt innerhalb eines Unternehmens auf drei Ebenen, wie in diesem Diagramm dargestellt: auf der Ebene des Gesamtunternehmens (zuständig für die Unternehmensstrategie), auf der Ebene der Geschäftsbereiche (zuständig für die Erfüllung der Geschäftsstrategien) und auf der Ebene der operativen Bereiche (betraut mit der operativen Strategie).

Diagramm 9:
Die drei Ebenen, auf denen eine Strategie wirkt

Strategieebene des Gesamtunternehmens

Strategieebene der Geschäftsbereiche

Strategieebene der operativen Bereiche

Der Businessplan

Im Businessplan wird die Strategie für die Realisierung einer neuen Geschäftsidee oder Unternehmung festgelegt. Darin wird beschrieben, wohin das Geschäft gehen soll; zudem spielt der Plan eine wichtige Rolle für den „Pitch", die Wettbewerbspräsentation, mit der Ressourcen, Bündnisse, Partner und die Unterstützung durch Stakeholder gesichert werden sollen. Zudem dient er dazu, die Unternehmensziele zu formulieren, diese dem Team zu vermitteln, Investitionen und Kredite zu ermöglichen und gegebenenfalls einen Vorstand und Aktionäre zu gewinnen. Ein guter Businessplan basiert auf einer Reihe von Überlegungen und Analysen: Welche Marktlücke kann das Unternehmen bedienen (Marktforschung)? Welche Voraussetzungen müssen erfüllt sein, um den Betrieb einzurichten und erfolgreich zu führen (Ressourcenplanung)? Welche Prozesse und Partnerschaften sind erforderlich, intern und extern? Welche Schritte müssen begangen werden, um mit dem Betrieb beginnen zu können?

Die Zielgruppe des Businessplans sollte besonders sorgfältig unter die Lupe genommen werden, denn für den Verkauf der Idee und die Sicherung der Unterstützung ist es von entscheidender Bedeutung, dass die Zielgruppe gut verstanden wird. Wenn es um die Einführung eines neuen Geschäftsbereichs oder eines neuen Produkt-/Dienstleistungsangebots geht, kann der Business Case auf eine unternehmensinterne Zielgruppe zugeschnitten werden. Handelt es sich um ein völlig neues Geschäft oder Unternehmen, kann er auch auf eine externe Zielgruppe zugeschnitten sein. Guy Kawasaki (2004) glaubt, dass „ein guter Businessplan die detaillierte Version eines Agenturpitch ist – im Gegensatz zu einem Pitch, der die detaillierte Version eines Businessplans darstellt".

the centre of Cairo and started teaching English to 125 students from the Islamic Studies department. The project aims to produce graduates who not only excel in Islamic studies but are also able to communicate a moderate Islam around the world.

The Al-Azhar project also includes a quality assurance dimension, helping the university to achieve international benchmark standards in its teaching and curriculum design. This is resulting in a number of new UK university relationships, including an exchange programme between the University of Sheffield and the Department of Medicine for Women at Al-Azhar and an exchange of Al-Azhar deans with British academic institutions, focusing on quality assurance.

Al-Azhar is keen to develop the current project with us to engage other Islamic studies centres across the region. In doing so we would be creating new opportunities for thousands of students in the region, improving the quality of education and increasing intercultural understanding around the world.

Income trends
Measured in millions

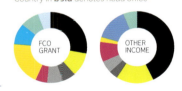

8.6	13.8	2007–08
7.2	13.3	2006–07
6.1	12.9	2005–06
5.0	12.8	2004–05

- Grant income
- Other income

The region has received a significant increase in grant in line with corporate priorities. This will further increase in 2008–09. Overall, income has grown owing to an increase in English teaching across the region and an increase in client-funded project work in Libya.

Country share of income
Measured in millions
Country in **bold** denotes head office

FCO GRANT

OTHER INCOME

	FCO GRANT	OTHER INCOME	TOTAL
● EGYPT	2.0	5.0	7.0
● **JORDAN**	1.0	2.3	3.3
● LEBANON	0.6	0.5	1.1
● LIBYA	0.6	1.6	2.2
● MOROCCO	0.9	1.3	2.2
● PALESTINIAN TERRITORIES	1.6	0.1	1.7
● SYRIA	0.9	2.0	2.9
● TUNISIA AND ALGERIA	0.7	1.0	1.7
● REGIONAL BUDGET	0.4	0.0	0.4
TOTAL	8.6	13.8	22.4

2. Der British Council ist Großbritanniens internationale Organisation für Bildung und Kultur. Er hat Dienststellen in über 100 Ländern, unterteilt in elf Regionen. Der Jahresbericht (gegenüberliegende Seite), erstellt von der Designergruppe Navig8, vermittelt die Strategien, Prioritäten, Ziele und Hoffnungen jeder Region, die jedoch insgesamt mit der Vision, dem Zweck und dem Leitbild des British Council übereinstimmen – dem Aufbau kultureller Beziehungen.

Tabelle 5: Struktur eines typischen Businessplans

Titel	Inhalte oder Ideen
Einführung	Kontaktdaten der Gesellschaft, Zusammenfassung
Beschreibung der Gesellschaft (falls diese bereits besteht)	Unternehmensform, Hauptaktivitäten, Hintergrundinformationen, Organisationsstruktur, Schlüsselpersonen (sowohl Einzelpersonen als auch externe Mitarbeiter/Zulieferer)
Branche und Markt	Rahmenbedingungen und Chancen
Geschäftsidee	Was soll wie erreicht werden (Strategie)?, Zielgruppe
Umsetzung	Wie können Zweck und Chance gewinnbringend verknüpft werden?
Alleinstellungsmerkmal (USP) des Angebots	Worin unterscheidet sich das Angebot von anderen Angeboten?
Wettbewerbssituation	Wer sind die Konkurrenten innerhalb der Branche oder in Bezug auf die künftigen Kunden?
Marketing- und Vertriebsplan	Wie können Zielgruppe, Anwender und Verbraucher erreicht werden, wie kann das Angebot auf den Markt gebracht werden?
Finanzplanung	Wachstumserwartungen, Aufstellung der Gewinne, Prognosen und Kapitalrendite/ROI (soweit relevant)
Kapitalbedarf	Erforderliche Geldmittel, Quellen für diese Geldmittel (Eigen- und Fremdkapital)
Risiko	Potenzielle Probleme und Anerkennungen
Aktueller Stand	Nächste Schritte
Anhänge	Finanzierungsplan (Gewinn-und-Verlust-Rechnung, Bilanz, Cashflow-Prognose, Aktiva, Betriebskapital) Normalkostenplan (Umsatzprognose, Umsatzkostenprognose, Gewinnspannen) Gemeinkostenplan (Zusatzkosten)

Quelle: nach Cohen (1997) und Kawasaki (2004)

Managementpraxis

Um die Visionen und Ziele innerhalb eines Unternehmens umzusetzen, müssen Ressourcen, Arbeitsverfahren und Menschen bereitgestellt und koordiniert werden – horizontal wie vertikal. Die Rollen und Zuständigkeiten von Einzelnen und Teams sowie die vorhandenen Motivationen, Anreize und Belohnungsmechanismen definieren die gesamte Unternehmenskultur und Unternehmensführung. Da Designmanager im Allgemeinen gewohnt sind, spartenübergreifend zu arbeiten und viel Verständnis für das Design von Produkten und Dienstleistungen sowie für Kundenorientierung mitbringen, sind sie prädestiniert, zusätzliche Chancen der Wertsteigerung außerhalb der üblichen Abteilungsziele zu erkennen.

Unternehmenskultur und Organisational Behaviour

Jedes Unternehmen verfügt über interne Strukturen und Rahmenbedingungen, innerhalb derer Arbeitsprozesse ablaufen und Waren und Dienstleistungen auf den Markt und zum Verbraucher gebracht werden. Wie motiviert und engagiert die Angestellten ihre Aufgaben erfüllen, hängt signifikant von der Unternehmenskultur ab. Wirkt sie unterstützend für die strategischen Ziele des Unternehmens und integriert sie individuelle und unternehmerische Anreize und Verhaltensweisen, führt dies in der Regel zu einem starken Zugehörigkeitsgefühl der Mitarbeiter und dem Wunsch, eine gemeinsame Vision und gemeinsame Werte zu erfüllen. Sie fördert zudem eine Atmosphäre, die es den Angestellten ermöglicht, auf allen Ebenen Mehrwert zu schaffen.

Peter Druckers Managementansatz befasst sich vor allem damit, wie Manager aus ihren Mitarbeitern das Beste herausholen können, insbesondere hinsichtlich Produktivität und Rentabilität. Seine fünf Schlüsselprinzipien des Managements sind: (1) Ziele setzen, (2) organisieren, (3) motivieren und kommunizieren, (4) Leistungsbewertungen erarbeiten und (5) die Menschen und ihre Persönlichkeit fördern, wie Hutton und Holbeche zusammenfassen (2007).

Diagramm 10:
Audit von Unternehmenskultur und Organisational Behaviour

| Leitbild | steuert unsere | Ziele | erreicht durch Erfüllung | kritischer Erfolgsfaktoren | gemessen mittels | Schlüsselkennzahlen für den betrieblichen Erfolg |

Organisationssysteme und -prozesse

Die Strategie auf Unternehmensebene ist der Motor für die Strategie auf Geschäftsbereichsebene, die wiederum die Strategie auf der operativen Ebene diktiert – durch übergeordnete, langfristige und unmittelbare, kurzfristige Ziele, kritische Erfolgsfaktoren (KEF) und „Key Performance Indicators" (KPI). Kritische Erfolgsfaktoren sind diejenigen Faktoren, die für den Erfolg entscheidend sind, „Key Performance Indicators" sind betriebliche Schlüsselkennzahlen und zeigen den Erfolg einer Leistung an (Umsatz pro Mitarbeiter, Gewinn vor Steuern etc.). Beide haben Clark (2008) zufolge beträchtlichen Einfluss auf das sogenannte „Organisational Behaviour" – darauf, wie Menschen sich innerhalb von Organisationen verhalten. Da Anerkennung normalerweise motiviere, bildeten diese Maßzahlen Anreize, sich im Unternehmen zu engagieren und erfolgreich zu sein, so Clark weiter.

Die Verknüpfung von Vision, Leitbild, Zielen, kritischen Erfolgsfaktoren und betrieblichen Schlüsselkennzahlen zeigt einem Unternehmen, wohin es geht (Leitbild und Zweck), was getan werden muss (übergeordnete und kurzfristige Ziele) und welche Handlungen und Ergebnisse den Erfolg definieren (Erfolgsfaktoren und Leistungsindikatoren). All dies soll für das Unternehmen direkt und für den Kunden indirekt zu einer Wertsteigerung führen (Clark, 2008). Die kurzfristigen Zielvorgaben sind quantifizierbar, konkret, messbar, erreichbar, relevant und zeitgebunden. Übergeordnete, langfristige Ziele hingegen sind nur qualitativ messbar und daher zeitlich weniger genau festgelegt.

Diagramm 10. Wie gut arbeitet ein Unternehmen? Designmanager können die Unternehmensziele unterstützen, indem sie dafür sorgen, dass neue Denkansätze gefördert werden, um Aufgaben, Ziele, kritische Erfolgsfaktoren und betriebliche Schlüsselkennzahlen zu erfüllen (gegenüberliegende Seite). *(Quelle: Clark, 2008)*

Diagramm 11. Gewohnheiten sind verinnerlichte Prinzipien und Verhaltensmuster, die den Erfolg des Einzelnen oder des Unternehmens unterstützen oder behindern. Coveys Buch *Sieben Wege zur Effektivität* (1992) befasst sich mit den Gewohnheiten – der Schnittstelle von Wissen, Können und Wünschen (unten) – und der persönlichen Entwicklung von der Abhängigkeit (geleitet, genährt, unterstützt) über die Unabhängigkeit (selbstständig, fähig, selbstbeherrscht) zur Wechselbeziehung (Teamwork, Kooperation, Kommunikation). *(Quelle: nach Covey, 1992)*

Diagramm 11:
Audit von Organisationssystemen und -prozessen

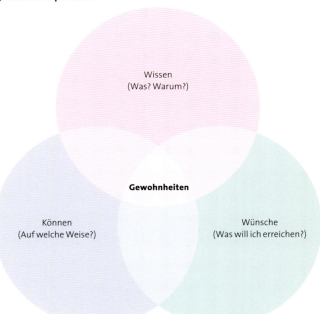

Wissen
(Was? Warum?)

Gewohnheiten

Können
(Auf welche Weise?)

Wünsche
(Was will ich erreichen?)

Zwischenmenschliche Beziehungen

Jedes Unternehmen benötigt klare, tragfähige Führungsstrukturen und Menschen mit dem nötigen Wissen und den nötigen Fähigkeiten, um das Unternehmen effizient und effektiv zu leiten. Um die potenziellen Chancen und Geschäftsbeziehungen in unternehmerischer wie in gestalterischer Hinsicht ermitteln und optimal nutzen zu können, ist sowohl eine unabhängige als auch eine vernetzte Arbeitsweise innerhalb kleiner und großer Organisationseinheiten erforderlich. Wenn Teams gut zusammenarbeiten und motiviert sind, erleichtert das die Identifikation aller mit dem Projekt erwünschten Ergebnisse und letztendlich auch das Erreichen der Ergebnisse selbst.

Innerhalb eines Unternehmens wird von den einzelnen Mitarbeitern und Teams gute Arbeit erwartet. Die Schlüsselqualifikationen (oder Schlüsselkompetenzen) guter Designmanager – Eigenschaften, die jedes Unternehmen bei seinen Angestellten fördern kann – sind Zeitmanagement und Termintreue, Präsentationsfähigkeit, Kommunikationsfähigkeit (in Wort und Schrift), Delegationsfähigkeit, Führungs- und Managementqualitäten, Teamfähigkeit, Motivationsfähigkeit, Beziehungsmanagement, die Einbeziehung von Stakeholders, Geschick im Personalmanagement sowie die Fähigkeit, Konflikte zu lösen.

Menschen, die über „emotionale Intelligenz" verfügen, also fähig sind, ihre eigenen Gefühle und die anderer zu verstehen, die Gefühle anderer bei ihren Entscheidungen zu berücksichtigen und auf Gefühle anderer mit Bedacht zu reagieren, sind normalerweise teamfähiger (Goleman, 1997). Goleman hat die folgenden fünf „Bereiche" der emotionalen Intelligenz ermittelt: (1) die eigenen Gefühle kennen, (2) mit den eigenen Gefühlen umgehen können, (3) sich selbst motivieren können, (4) die Gefühle anderer erkennen und verstehen und schließlich (5) Beziehungen managen, d. h. mit den Gefühlen anderer zurechtkommen.

Tabelle 6: Zehn Schritte zu effektiver Teamarbeit

Schritt 1: Orientierungsphase	**Schritt 6: Teamleistung überprüfen**
Miteinander bekannt werden	Bewertung durchführen
Schreiben der Team-Charta	Diskussion
Dokumentation beginnen	Weitere Schritte beschließen
Schritt 2: Rollen zuweisen	**Schritt 7: Arbeit abschließen**
Teamfunktionen überprüfen	Fertigstellung anstreben
Rollen zuweisen	Probleme bewältigen
Zuständigkeiten klären	Ergebnisse dokumentieren
Schritt 3: Richtlinien festlegen	**Schritt 8: Ergebnisse veröffentlichen**
Günstiges Teamverhalten besprechen	Kommunikationsziele festlegen
Teamrichtlinien erarbeiten	Kommunikation planen
Team-Charta ergänzen	Ergebnis präsentieren/veröffentlichen
Schritt 4: Arbeitsplanung	**Schritt 9: Team belohnen**
Hauptziele festlegen	Meilensteine des Teams feiern
In Aufgaben unterteilen	Anerkennung für das Team innerhalb
Aufgaben planen	des Unternehmens schaffen
Schritt 5: Arbeit durchführen	**Schritt 10: Fortsetzung**
Regelmäßige Treffen	Team auflösen
Update zum aktuellen Stand	Team umstrukturieren oder
Miteinander kommunizieren	Team erneuern
Probleme angehen	

Quelle: Rees, 1997

Tabelle 6. Effektive Teamarbeit ist in drei Phasen gegliedert: sich organisieren, Ergebnisse erzielen und das Projekt abschließen. Teams brauchen eindeutige Zielvorgaben und die Möglichkeit, durch Anleitung oder gemeinsames Streben zu Einigkeit zu gelangen. Ressourcen und Unterstützung müssen zur Verfügung stehen, Zusammenarbeit und Kommunikation sollten angeleitet werden. In der Regel geschieht dies durch einen Projekt- oder Designmanager. Tabelle 6 zeigt die geeigneten Schritte, die zu guter Teamarbeit führen.

Unternehmensführung

Gute Verwaltungssysteme und -prozesse ermöglichen ein effektives Management des Tagesgeschäfts. Designmanager, die etwas von Unternehmensführung verstehen, können auch leichter neue Einsatzmöglichkeiten für Design aufzeigen.

Outsourcing

Firmen verlagern Aufgaben nach außen, für die sie intern nicht über Kapazitäten oder Kompetenzen verfügen oder die extern erfolgreicher, effizienter und fachmännischer erfüllt werden können. So können sie sich auf ihre Kernkompetenzen und Kernaktivitäten konzentrieren. Outsourcing trägt zur Reduzierung der Kosten und des Mehraufwands bei und ermöglicht eine konkurrenzfähigere Preisgestaltung. Es stärkt zudem die Wettbewerbsposition, beispielsweise durch bessere Lieferwege der Produkte und Dienstleistungen an die Kunden. Bei Designprojekten werden häufig Freiberufler und Vertragspartner eingesetzt, da sie ihre professionellen Designkompetenzen flexibel und kostengünstig für kurzfristige Projekte zur Verfügung stellen.

Rechnungen und Aufträge

Um Waren und Dienstleistungen von Zulieferern zu beschaffen, vergeben die Kundenunternehmen normalerweise Aufträge, in denen beschrieben ist, was benötigt wird. Die Zulieferer stellen dafür Rechnungen aus. Auftrag und Rechnung enthalten Informationen über die Auftragsnummer, die Firma und die Person, die den Auftrag erteilt hat, Steuernummer, Lieferzeitpunkt, Bestellmenge und Preis, gegebenenfalls Mehrwertsteuer und Umsatzsteuer-Identifikationsnummer, das Zahlungsziel und den Zinssatz, falls die Rechnung nicht fristgerecht bezahlt wird.

Verträge

Ein Vertrag ist eine formelle und rechtsverbindliche Erklärung, dass zwei Parteien zusammenarbeiten möchten. Er entsteht durch die Abgabe eines Angebots und die gesicherte Annahme dieses Angebots; die Annahme kann schriftlich oder mündlich erfolgen oder sich aus dem weiteren Verhalten ergeben. Es ist jedoch ratsam, Verträge immer schriftlich festzulegen, um Meinungsverschiedenheiten und Streitigkeiten möglichst gering zu halten. Üblich sind in der Designbranche Verschwiegenheitserklärungen und sonstige Verträge, die den Schutz des geistigen Eigentums gewährleisten, Vereinbarungen zum Nutzungsrecht, Arbeits- und Auflösungsverträge sowie Lieferverträge für Waren und Dienstleistungen.

Soll und Haben

Betriebe benötigen eine vorausschauende Führung ihrer Soll-und-Haben-Konten, ob für Geschäfte mit Banken, Zulieferern oder für Einkommenssteuerfragen. Beantragt ein Betrieb einen Kredit, wird seine Kreditwürdigkeit durch eine Bonitäts- oder Kreditwürdigkeitsprüfung ermittelt. Auskünfte zur Bonität eines Unternehmens erteilen beispielsweise Banken oder Wirtschaftsauskunfteien. Das Ergebnis hat Einfluss auf die Kreditbedingungen, die angeboten werden. In der Regel werden für einen Kredit Zinsen zu einem effektiven Jahreszinssatz erhoben. Wer einen Kredit aufnehmen muss, sollte versuchen, mit dem Kreditgeber realistische Rückzahlungstermine zu vereinbaren, nach Möglichkeiten der Konsolidierung suchen und sich beraten lassen – bevor die Insolvenz droht.

1. Das Statement of Financial Activities – die Aufstellung von Einnahmen und Ausgaben – des British Council. Es ist vorgeschrieben, dass ein unabhängiger Prüfer, der nicht zum British Council gehört, bestätigt, dass die Finanzberichte den bilanzpolitischen Grundsätzen der Organisation und den Richtlinien des britischen Finanzministeriums entsprechen.

2. Das interne Kontrollsystem des British Council zielt eher darauf ab, Risiken auf einem vertretbaren Niveau zu halten, als jegliches Ausfallrisiko zu eliminieren. Es beruht auf einem stetigen Prozess, der vorhandene Risiken für Strategien, Absichten und Ziele ermittelt und priorisiert, die Wahrscheinlichkeit und die möglichen Auswirkungen der Risiken bewertet und diese effizient, effektiv und wirtschaftlich sinnvoll managt.

Risikomanagement

Risikobewusstsein und die Fähigkeit, Risiken zu erkennen, abzuwägen und zu bewältigen, gehören zu den Schlüsselelementen von Führungskompetenz. Einzelpersonen und große Unternehmensstrukturen besitzen unterschiedliche Toleranzniveaus, was Risikoübernahme, Risikoakzeptanz und Risikoablehnung angeht. Wird ein neues Projekt in Angriff genommen, lohnt es sich, festzustellen – nicht zu mutmaßen –, wie hoch die Risikobereitschaft eines Unternehmens ist.

Für Auftraggeber, Designagenturen und Zulieferer stellt eine neue Zusammenarbeit immer ein Risiko dar. Deshalb sollte Zeit investiert werden, um Vertrauen und eine funktionierende Kommunikation aufzubauen; dies erhöht die Chancen auf eine langfristige Geschäftsbeziehung. Große Unternehmen führen vor der Aufnahme neuer Geschäftsbeziehungen oft eine „Risikoanalyse" durch, um ihr finanzielles Risiko oder das Risiko einer Rufschädigung zu reduzieren. Manager, die für die Beschaffung von Waren und Dienstleistungen zuständig sind, machen ihre Entscheidung zur neuen Zusammenarbeit davon abhängig, ob ein Risiko in Kauf genommen, reduziert oder ausgeschlossen werden soll.

Geschäftserfolg

Ebenso wie es verschiedene Möglichkeiten gibt, Wert zu schaffen, gibt es auch verschiedene Wege, Wert zu messen. Wie sieht Erfolg aus? Wie misst man unternehmerischen Erfolg? Wie bewerten wir den Erfolg einer Firma? Welche Kennzahlen zur unternehmerischen Leistung lassen sich am besten auf Managementprozesse anwenden und spielen vor allem auch im Bereich Design eine Rolle?

Wert

John Kay (1995) zufolge wird „die Leistung eines Unternehmens anhand seiner Fähigkeit gemessen, eine Wertsteigerung zu erreichen – einen Output, der mehr wert ist als der eingesetzte Input". Was wir wertschätzen, kann jedoch je nach kulturellem und regionalem Standort unterschiedlich sein; in den USA beispielsweise hat man meist die Profite im Blick, während in Europa eher die Verbesserung der Lebensqualität im Mittelpunkt steht.

Leistungsmessung

Unternehmen nutzen Schlüsselkennzahlen (Key Performance Indicators/KPIs), um wichtige Ziele oder kritische Erfolgsfaktoren zu erreichen und um zu beurteilen, wie erfolgreich sie arbeiten. Leistung gibt jedoch an, wie gut eine Aufgabe erfüllt wurde, und nicht, ob eine Tätigkeit erledigt wurde oder nicht. Die Schlüsselkennzahlen müssen SMART sein: Spezifisch, Messbar, Ausführbar, Relevant und Terminiert. Wie alle Managementinformationen müssen sie im Sinne des Kosten-Nutzen-Verhältnisses gerechtfertigt sein.

Zur Erfolgsmessung gehören sowohl quantitative (numerische) als auch qualitative Kriterien – wie etwa Größe, Marktanteil, Rentabilität, Shareholder Value (Unternehmenswert), (technische) Effizienz, Ansehen und zunehmend auch Innovationsfähigkeit. Es ist üblich, Leistung in Geschäftsprozessen zu überwachen und Feedback einzuholen, um immer bessere Waren- und Dienstleistungsangebote zu entwickeln – aber auch, um Kapital-Reinvestitionen und Neubewertungen der Erfolgskriterien anzuregen. Welche neuen Messmethoden könnten eingesetzt werden, um Erfolge noch genauer widerzuspiegeln?

Schutz des Geschäftswerts von Design

Offiziell registrierte, gesetzlich geschützte und genutzte kreative oder immaterielle Werte innerhalb eines Unternehmens – also geistiges Eigentum wie Namen, Bilder, Begriffe, Design, Musik und Text – können als zusätzliche Einnahmequellen verwertet werden. Dies kann ihren Wert in der Wahrnehmung innerhalb eines Unternehmens steigern. Ein Beispiel: Durch die Registrierung und den Schutz der Idee für ein innovatives Produkt oder eine neuartige Dienstleistung müssen andere Firmen, die dasselbe Produkt oder dieselbe Dienstleistung anbieten möchten, einen Lizenzvertrag abschließen oder die Rechte erwerben. Der Schutz kreativer und intellektueller Werte ist eine wertvolle Form des Wettbewerbsvorteils, da er andere Firmen daran hindert, das Angebot zu kopieren, zu produzieren oder in anderer Form „an sich zu reißen". Geistiges Eigentum kann in Form von Warenzeichen, Copyrights, Patenten, Lizenzvereinbarungen, Designrechten und Eigentumsübertragungen registriert werden.

1, 2, 3. Der Geschäftsbericht des British Council zeigt eine Möglichkeit, unternehmerische Leistung zu messen. Nach der Durchführung seiner Programme im Ausland wird der Erfolg der Organisation durch ein Punktesystem angegeben. Es bildet den Einfluss ab, den der British Council ausübt, zeigt, wie viele Menschen er erreicht, wie viele an den Programmen teilnehmen und wie zufrieden die Kunden und Stakeholder sind. Die Untersuchungen beziehen sich auf sechs Aspekte (unten). Gemessen werden die Ergebnisse im Vergleich zum Vorjahr sowie im Vergleich zur Zielvorgabe des aktuellen Jahres (ganz unten). Dadurch lassen sich Trends ablesen und zukünftige Leistungen verbessern.

1

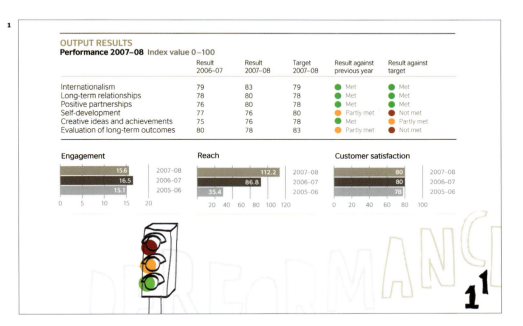

2

3

MAS Holdings: Ethischer Einzelhandel mit Unternehmergeist

Unternehmen, die ihr Management auf die Bedürfnisse der Gemeinde abstimmen, in der sie angesiedelt sind, können ihre Vision und ihre Werte authentisch in die Realität umsetzen und sowohl im Unternehmen als auch in der Gesellschaft echte Veränderungen bewirken. Mit einem Umsatz von 700 Millionen US-Dollar ist die MAS Holdings Südasiens größter Dessoushersteller und der am schnellsten wachsende Anbieter professioneller Sportbekleidung in der Region. Das Unternehmen agiert weltweit und beschäftigt Designstudios und 28 Produktionsanlagen von Weltrang, in denen ein internationales Team aus 45 000 Menschen tätig ist.

Die MAS Holdings ist nicht nur ein operativ erfolgreicher Betrieb, sondern hat sich zudem einer ethischen und nachhaltigen Geschäftspraxis verschrieben. Sie engagiert sich dafür, Sri Lanka zum Standort Nummer eins für ethische Kleidung zu machen. Die Wertschöpfungskette ihrer weltweiten Transaktionen reicht nahtlos von der Konzeption bis zur Lieferung, einschließlich einer preisgekrönten Verschmelzung von Forschung und Innovation, Design und Entwicklung, hoher Fertigungsqualität und Rohstoffversorgung. Ihre SGE (strategischen Geschäftseinheiten) sind nach WRAP zertifiziert (d. h. sie entsprechen den Kriterien der Worldwide Responsible Accredited Production) und haben als einziger Betrieb der Region Topbewertungen. Holcim (2008) zufolge machen die Herstellung und der Export von Bekleidung zwei Drittel von Sri Lankas Industrieproduktion aus.

Die MAS-Sparten

Die Brüder Mahesh, Ajay und Sharad Amalean gründeten die MAS Holdings im Jahr 1987. MAS Intimates (eine Sparte, die sich auf Dessous spezialisiert hat) entstand erst 2005. Mit einem Jahresumsatz von 260 Millionen US-Dollar ist es die größte Sparte und „strategischer Lieferant" von Nike, Marks & Spencer und Victoria's Secret. Die Unternehmen arbeiten zusammen an der Bewältigung allgemeiner Herausforderungen wie der Chancengleichheit und der Unterstützung örtlicher Gemeinden. Aus sozialen Erwägungen entschloss man sich, die Fabriken in ländlichen Gegenden in der Nähe der potenziellen Arbeitskräfte zu bauen, mit dem nutzbringenden Ziel, Geld in die Gemeinden zurückfließen zu lassen und besser ausgebildete, glücklichere und loyalere Angestellte zu erhalten, die in der Nähe ihres Wohnorts arbeiten können.

MAS Active ist der am schnellsten wachsende Anbieter professioneller Sportbekleidung und modischer Freizeitbekleidung in der Region; er beliefert als Joint-Venture-Partner Speedo, als strategischen Geschäftspartner Nike und außerdem weitere führende Marken wie Adidas und Columbia. Das Unternehmen eröffnete in Sri Lanka die erste Niederlassung speziell für Bademoden und produziert dort Schwimmbekleidung für die Olympischen Spiele. Zusätzlich beliefert es nationale und internationale Sportler mit hochmoderner, leistungssteigernder Sportbekleidung, so auch das Weltmeisterteam Sri Lankas im Kricket.

1

1. Design und Innovation sind die Schlüsselfaktoren für den Erfolg von MAS. Das Unternehmen, das starke Wertschöpfungspartnerschaften aufgebaut hat, arbeitet eng mit seinen Kunden zusammen und bietet während des gesamten Produktionsprozesses, von der Konzeption bis zur Herstellung, Unterstützung an (<www.masholdings.com>). MAS beliefert Nike mit seiner professionellen Sportbekleidungslinie MAS Active (links).

2

2. MAS Eco Go Beyond ist eines von mehreren Programmen im Rahmen von Maßnahmen unternehmerischer Sozialverantwortung (Corporate Social Responsibility/CSR). Es vermittelt den Schulkindern der Gemeinden die Prinzipien der Nachhaltigkeit (links) und unterstützt so die Gemeinden, das Unternehmen selbst, den Sport und die Umwelt. Das Anliegen von MAS besteht darin, die Lebensbedingungen der Menschen zu verbessern, indem man Bildung, Infrastruktur und nachhaltigen Lebensunterhalt fördert und den Menschen hilft, ihr Potenzial auszuschöpfen und ein starkes Zusammengehörigkeitsgefühl zu entwickeln (<www.masholdings.com>).

3. Das MAS-Programm Women Go Beyond: Als Teil dieser Initiative bietet das Computerzentrum in der Slimline-Fabrik von MAS kostenlose sechsmonatige IT-Schulungen für Maschinisten und ihre Familien an.

3

fallstudie

4

4. Unternehmerische Sozialverantwortung (CSR) steht bei MAS im Mittelpunkt. Die Realisierung einer ethischen Unternehmenspolitik ist ein wichtiger Teil der Vision. MAS sichert sich seinen guten Ruf und die guten CSR-Referenzen beispielsweise dadurch, dass das Unternehmen gesunde Arbeitsbedingungen in den ländlichen Gebieten schafft, in denen viele seiner Arbeiter und Angestellten leben. So hebt es sich positiv von seiner Konkurrenz ab. Dieses Bild ergibt sich aus einem kürzlich in der Zeitschrift *World Business* erschienen Artikel über MAS und die ethische Politik des Unternehmens.

Unternehmenskultur

Mit einer progressiven Managementkultur möchte das Unternehmen MAS „die Menschen auf allen Ebenen fördern". Angestrebt wird, „die Messlatte dafür, welche ethischen Standards und Geschäftspraktiken in Welthandelsunternehmen akzeptiert werden, kontinuierlich höherzuhängen". Dies schlägt sich nicht nur in wirtschaftlichem Erfolg nieder, sondern auch in besseren Leistungen hinsichtlich Umwelt und Gesellschaft. „Ein Kernpunkt unserer Philosophie ist es, das Wohlergehen unserer Mitarbeiter zu garantieren und dabei auch ihre Rechte und Mitwirkungsmöglichkeiten zu berücksichtigen. Unsere Arbeitsprinzipien, wie schlanke Betriebssysteme und -prozesse, verleihen unseren Mitarbeitern von der ersten Hierarchiestufe an Autorität" (<www.masholdings.com>).

Das Tempo der Produktentwicklungsprozesse hilft dem Unternehmen, Maßstäbe für den Wettbewerb zu setzen und Wettbewerbsvorteile zu realisieren.

MAS in der Verantwortung

Für MAS bedeutet unternehmerische Verantwortung (Corporate Responsibility/CR), „das Richtige zu tun". Von Anfang an wurde soziale Nachhaltigkeit in der Firma großgeschrieben. Dadurch kann MAS bei der Zusammenarbeit mit Geschäftspartnern in CR-Schlüsselinitiativen als „verantwortliches Unternehmen" auftreten. Zudem kann MAS innerhalb dieses Kontexts seine Programme glaubwürdig einordnen und zu einem Teil der Gemeinden werden, in denen es angesiedelt ist.

Die CR-Schlüsselinitiativen von MAS sind: MAS Women Go Beyond (Qualifizierung von Frauen in der weltweiten Bekleidungsindustrie) und MAS Eco Go Beyond (Unterweisung der jungen Generation in Nachhaltigkeit).

Strategische Partnerschaften

MAS sucht aktiv nach strategischen Partnerschaften, die für beide Seiten produktiv und rentabel sind. Das Unternehmen betrachtet Design und Innovation als Schlüsselfaktoren für seine starke Wettbewerbsposition; sie spielen eine wichtige Rolle bei der Stärkung von Wertschöpfungspartnerschaften, bei der Zusammenarbeit mit den Endkunden und bei der Förderung der Design- und Entwicklungsprozesse von der Konzeption bis zur Produktion. Das Team für Design und Entwicklung bei der MAS-Tochter MAS Active bringt „leistungsstarke Wertschöpfungspartnerschaften mit regionaler Präsenz, einer Einbindung der Zulieferkette und bestens koordinierten und synchronisierten Prozesskontrollen" hervor (<www.masholdings.com>).

fallstudie

MAS Intimates Thurulie

Als Beispiel seines Engagements in Sachen Nachhaltigkeit hat sich MAS an ein „unternehmerisches Ökovorhaben" gewagt – MAS Intimates Thurulie, die erste Bekleidungsfabrik, die ökologisch fertigt und ihre Energie ausschließlich aus CO_2-neutralen Quellen bezieht.

Die Fabrik, die nach den Prinzipien schlanker Produktion entwickelt wurde, arbeitet rentabel (hinsichtlich Energieeffizienz, Betriebseffizienz und Produktivität), hat ein historisches Industriezentrum zu neuem Leben erweckt und bietet 1300 Menschen vor Ort langfristig Arbeit (Holcim, 2008). Statt einer großen Fabrikhalle wurden hier schlanke Produktionsstandards verwirklicht, bei denen kleinere Produktionsbereiche mit separaten Wertströmen genutzt werden, vom Zuschneiden der Stoffe bis zur Verpackung der fertigen Kleidungsstücke. Zur Verbesserung der Gleichstellung und direkten Zusammenarbeit sind die Produktionsbereiche und Büros optisch miteinander verbunden, ohne Säulen, die den Blick und den Weg versperren. Bei der Festlegung der Baumaterialien galten strenge Auswahlkriterien für das Gebäude, dessen Gestaltung von der Architektur auf Sri Lanka inspiriert ist.

All dies trägt langfristig zur Förderung von Stabilität, Gesundheit und Wohlbefinden bei, sowohl in der Region – sozial, ökonomisch und ökologisch – als auch bei den Menschen selbst. Das Gebäude, das Arbeitsumfeld und der Erhalt des natürlichen Lebensraums verschaffen den Arbeitskräften ein hohes Maß an Schönheit, Komfort, Respekt und Würde; zusätzliche Leistungen wie Firmenbusse, kostenloses Mittagessen, ärztliche Versorgung und Bankdienstleistungen stehen ebenfalls vor Ort zur Verfügung. Damit trägt man der Überzeugung Rechnung, dass „Städte und Gebäude den emotionalen und psychologischen Bedürfnissen entsprechen sollten, indem sie eine anregende Umgebung schaffen, das Bewusstsein für wichtige Werte schärfen, den menschlichen Geist inspirieren und Zusammengehörigkeit in der Gesellschaft vermitteln" (Holcim, 2008).

Die Holcim-Stiftung für nachhaltiges Bauen hat fünf Kriterien definiert, anhand derer gemessen werden kann, wie Bauwerke zu einer nachhaltigen Entwicklung beitragen können: die ausgewogene Berücksichtigung ökologischer, sozialer und ökonomischer Aspekte, die Schaffung sicherer und lebensfreundlicher Wohngegenden, Städte und Großstädte und die Dringlichkeit grundlegender Verbesserungen, die breitenwirksam umgesetzt werden können. Der MAS Holdings und Marks & Spencer ist es gelungen, die Fabrikanlage als „ikonisches Modell einer umweltfreundlichen Produktionsstätte zu präsentieren, die im Design, in der Architektur und im Arbeitsablauf neue Standards gesetzt hat" (Holcim, 2008).

5

6

5, 6. Das Gebäude von MAS Intimates Thurulie ist „ein visionärer Aufbruch, weg von der traditionellen Fabrik, und setzt neue Standards für die Ethik und den Umweltschutz in der Produktion" (Holcim, 2008). Es ist ein Aushängeschild auf dem neuesten Stand für die MAS Holdings, ein „Modellgebäude" für die ökologische Initiative Plan A von Marks & Spencer – eine weltweit bekannte Ikone, die für die Überzeugungen und Werte der MAS Holdings steht.

Ruedi Alexander Müller-Beyeler
TATIN Scoping Complexity

TATIN Scoping Complexity ist ein international tätiges Unternehmen von Fachleuten für die Gestaltung von Veränderung und Innovation.

Managementkompetenzen: Vielschichtigkeit, Veränderung und Innovation

„Automobilhersteller können ausgezeichnete Autos bauen. Sie sind mit Leib und Seele Autoentwickler. Deshalb haben sie wahrscheinlich auch noch Autos im Kopf, wenn sie über alternative Fortbewegungsmittel nachdenken. So kommen sie zwar auf alternative Autokonzepte, aber wahrscheinlich nicht auf revolutionäre neue Ideen, wie beispielsweise die Nutzung des Internets als Reiseinstrument. Die Vorstellung, Menschen könnten im Netz reisen, anstatt am Steuer eines Autos zu sitzen, kann für Automobilhersteller bedrohlich wirken, denn es würde alles infrage stellen, was sie wissen und gut können.

Die Situation der Automobilhersteller zu Beginn des 21. Jahrhunderts ist ein gutes Beispiel dafür, wie Betriebe – auch sehr große Unternehmen – auf ganz konkrete Zwecke ausgerichtet sind. Sie haben Know-how und Kompetenz entwickelt, in der Folge bestimmte Strukturen entworfen und schließlich die Unternehmenskultur entsprechend optimiert. Eine komplette Veränderung durch innere oder äußere Umstände muss auf solche Systeme natürlich irritierend wirken.

Um einschätzen zu können, in welchem Ausmaß Innovationen und Veränderungen innerhalb eines Unternehmens möglich sind, muss ich als Designmanager zunächst genau begreifen, wofür es eigentlich steht. Welche Dinge beherrscht es gut? Wie denkt und handelt es? Welches Geschäftsmodell liegt ihm zugrunde? Passt die neue Strategie, die erwogen wird, tatsächlich? Ich muss verstehen, was ein Automobilhersteller meint – oder nicht meint –, wenn er über Mobilität spricht.

Da Firmen wegen ganz bestimmter Produkte, Dienstleistungen und Verfahren gegründet worden sind und bisher damit erfolgreich waren, muss ich als Designmanager die Tragfähigkeit einer neuen Strategie prüfen, die mir vom Vorstand vorgelegt wird. Tragfähig bedeutet im Einklang mit den Kompetenzen des Unternehmens, beispielsweise was Kompetenz, Struktur und Kultur betrifft. Ist das Unternehmen wirklich willens und in der Lage, etwas Neues zu entwickeln und umzusetzen?

Ist das Unternehmen bereit, Konsequenzen zu tragen und etwas infrage zu stellen, was bisher zum Erfolg geführt hat? Oder möchte es lieber das Gleiche tun, was andere Unternehmen auch tun, also eigentlich gar keine Veränderungen herbeiführen? Möchte der Automobilhersteller wirklich den Menschen zu Mobilität verhelfen oder einfach nur ein neues Auto bauen, das weniger Sprit verbraucht?

einblicke in die praxis

Echte oder umwälzende Innovationen können die Welt verändern und verändern dadurch meist auch das Unternehmen selbst. Daher ist es nötig, dass ein Unternehmen neue Kompetenzen entwickelt, neue Strukturen aufbaut und seine Unternehmenskultur verändert. Als Designmanager muss ich fragen, ob es tatsächlich zu Veränderungen bereit ist, wenn die Strategie nach Innovationen verlangt. Mir muss zudem klar sein, dass ich innerhalb des Unternehmens auch immer eine Art Manager der Veränderung bin. Das bedeutet, dass Designprozesse zugleich auch Veränderungsprozesse sind. Designmanagement kann das Unternehmen langfristig beeinflussen und ihm zu einem Durchbruch verhelfen, wenn ich Methoden anwende, die das Hinarbeiten auf ein Ziel erleichtern und dabei gleichzeitig eine Veränderung innerhalb des Unternehmens ermöglichen, fördern oder mit sich bringen.

Mein Ziel als Designmanager ist es, den Designprozess so zu entwickeln, dass die Umgestaltung vom Unternehmen als Chance anerkannt und angenommen wird. Dann bringt Designmanagement dem Unternehmen doppelten Nutzen.

Ein Designprozess führt erstens zu einem Ergebnis, etwa einem neuen Produkt, einer neuen Dienstleistung oder einem neuen Geschäftsmodell; zweitens kann der Designprozess innerhalb des Unternehmens eine strukturelle, kulturelle und prozedurale Umgestaltung ermöglichen und damit Freiräume für zukünftige Entwicklung schaffen. Das Ergebnis ist dann vielleicht nicht nur ein Auto, das weniger Sprit verbraucht, sondern zugleich ein Unternehmen voller enthusiastischer Mitarbeiter, die weiter in die Zukunft denken möchten."

Ruedi Alexander Müller-Beyeler
Tatin Scoping Complexity, Schweiz

„Echte oder umwälzende Innovationen können die Welt verändern und verändern damit meist auch das Unternehmen selbst."

Joshua L. Cohen
RatnerPrestia

Designmanagement ist ein fächerübergreifendes, gemeinschaftliches Unterfangen. Es zieht Nutzen aus den Bereichen Design, Management, Technik und weiteren Fachdisziplinen, die gemeinsam an innovativen Lösungen im Designbereich arbeiten. Joshua L. Cohen betrachtet Designmanagement aus juristischer Sicht. Er beschäftigt sich mit Designrecht.

Der Managementprozess

„Unter diesem Gesichtspunkt ist der Designprozess weit weniger ein kreatives Unterfangen, das auf die schöne Form abzielt, als vielmehr ein Geschäftsinstrument. Im Erfolgsfall kann er einem Unternehmen wertvolle wirtschaftliche Vorteile verschaffen. Angesichts des globalen Wettbewerbs müssen gestalterische Erneuerer Maßnahmen ergreifen, um diese Vorteile zu stärken. Damit können wichtige Unternehmenswerte gesichert und das Endresultat verbessert werden. Diese Notwendigkeit ist auf alle Aspekte einer Produkt- oder Dienstleistungsinnovation anwendbar und besonders entscheidend bei der Gestaltung von Verbrauchsgütern.

Zunächst streben Designmanager in erster Linie danach, Arbeiten abzuliefern, die aus dem bisherigen Marktangebot herausragen. Von ihnen wird erwartet, dass sie diesen Anspruch erfüllen. Anschließend müssen die Designmanager Wege finden, wie sie aus dem Wettbewerbsvorteil ihres innovativen Designs solide und dauerhafte wirtschaftliche Vorteile ziehen.

Durch den Einsatz bereichsübergreifender, multidisziplinärer Designteams können Designmanager jene Art von Innovationen realisieren, die sich eines nachhaltigen Wettbewerbsvorteils erfreuen. Um damit Erfolg zu haben, müssen Designmanager die Risiken und Rechte bezüglich des geistigen Eigentums beachten, die mit Designinnovationen einhergehen. Durch die Zusammenarbeit mit Anwälten für Urheberrecht können Designmanager einen Wettbewerbsvorteil in Form von strategischer Differenzierung und Sicherung des Copyrights für ihr Design erlangen.

Mit strategischer Differenzierung meine ich geplante und strukturierte Bemühungen, ein einmaliges Design zu schaffen. Die Einmaligkeit – das Alleinstellungsmerkmal – sorgt für eine wertvolle Abgrenzung zu anderen Innovationen im Designbereich und stellt die Beziehung des Designs zu seinen Konsumenten her.

einblicke in die praxis

Designmanager können eine strategische Differenzierung mithilfe eines Handlungskonzepts erreichen, im Rahmen dessen sie frühzeitig entscheiden, inwieweit sich die zukünftige Designlösung am besten von den Konkurrenzangeboten abheben sollte. So gerät die Art der Designelemente ins Visier, die zu leistungsstarken Unterscheidungsmerkmalen auf dem Markt werden können. Im Verlauf des Designprozesses ist es wichtig, regelmäßig zu festgelegten Terminen (Meilensteinen) zu prüfen, welche Urheberrechte man schützen kann. Es kommen verschiedene Arten des Designschutzes in Betracht, mit denen man den Markenwert erhöhen kann und – durch eine Intensivierung der Kundenbindung an das Produkt – den Wettbewerbsvorteil weiter ausbaut.

Bei guter Umsetzung führt strategische Designdifferenzierung zum Eigentumsrecht – oder Urheberrecht – am eigenen Design. Das bedeutet, man erwirbt die Freiheit, ein einmaliges Design zu benutzen und zu vermarkten, ohne mit den Rechten anderer in Konflikt zu geraten, und ist gleichzeitig in der Lage, andere daran zu hindern, dieses Design ebenfalls zu nutzen. Der Schutz des geistigen Eigentums – also die Rechte aus Patenten, Markenzeichen und Betriebsgeheimnissen – sowie die Strategien zur Sicherung dieses Schutzes sollten immer auf langfristige Geschäftsziele zugeschnitten werden.

Joshua L. Cohen
Anwalt,
RatnerPrestia,
USA

Um zu gewährleisten, dass ein innovatives Design auch ungehindert verwertbar ist, sollten sämtliche Risiken frühzeitig ermittelt und riskante Designkonzepte ausgesiebt werden. Falls erforderlich, beraten Anwälte für Urheberrecht die Designmanager, wie sie bei ihrer Arbeit die Verletzung der Urheberrechte anderer Designer vermeiden.

Strategische Differenzierung und die Urheberrechte am eigenen Design tragen zu einem echten Wettbewerbsvorteil bei, der innovative Designs in wertvolle Wirtschaftsgüter verwandelt. Wenn Designmanager sich dessen bewusst sind, wie wichtig die Differenzierung und die Strategien zu ihrer Erreichung in rechtlicher Hinsicht sind, wird das Urheberrecht zum wertvollen Nebenprodukt ihrer erfolgreichen Arbeit. Designmanager dürfen nicht vergessen, dass ein Design zwar schön sein kann, aber trotzdem keinen langfristigen wirtschaftlichen Erfolg bringen wird, wenn es nicht einmalig und geschützt ist."

Kevin McCullagh
Plan

Plan ist eine Beratungsfirma für Produktstrategie. Sie unterstützt Unternehmen bei der Ausarbeitung der nächsten Schritte, indem sie in der ersten Phase der Produktplanung für mehr Klarheit sorgt.

Betrieb und Unternehmen

„Von 1997 bis 2007 erlebten Designmanager zehn gute Jahre. Die Herausforderungen in dieser Zeit waren das Ergebnis positiver Entwicklungen: So rückte das Thema Design auf der Agenda der Manager weiter nach oben, sein Einsatzbereich dehnte sich aus, und die daraus entstehende Komplexität führte zu mehr Verantwortung und Publicity. Ein raueres Geschäftsklima bringt andere Anforderungen mit sich.

Rückblickend kann man sagen, dass zwei Ereignisse im Jahr 1997 die Voraussetzungen für den Aufstieg des Designs schufen. In Großbritannien wurde Tony Blairs New Labour mit dem Auftrag gewählt, Großbritannien zu modernisieren. New Labour hob die kreative Branche rasch an die Spitze der Wirtschaftspolitik. Diese Strategie wurde weltweit in Form zahlloser kreativer Taktiken kopiert. Kreativität und Innovation wurden unter Führungskräften in Politik und Wirtschaft zu Modebegriffen.

Im selben Jahr kehrte Steve Jobs zu Apple zurück. Bald wurde das Unternehmen zu einem Symbol dafür, wie sich durch cleveres Design die Führung in der Innovation übernehmen lässt. Als Berater für Designstrategie in dieser Zeit verlor ich den Überblick, bei wie vielen Markendirektoren die Strategie kaum mehr umfasste als den Ehrgeiz, ‚in unserer Kategorie der Apple zu werden'. Auf die Zeiten, in denen man sich dafür eingesetzt hatte, die Bedeutung von Design bekannt zu machen, folgten nun Phasen, in denen man Anträge aus verschiedenen Wirtschaftsbereichen abwimmeln musste, die sich der Designgesellschaft anschließen wollten.

‚Design Thinking', diese unklar definierte Vorstellung, dass Designer gut dafür qualifiziert sind, eine breite Palette wirtschaftlicher Probleme zu lösen, kann als Kulmination dieser Euphorie gesehen werden.

2007 wurden kritische Stimmen laut; es tauchten Fragen zu den Referenzen der Designer bezüglich Nachhaltigkeit sowie zu ihrem zwanghaften Streben nach oberflächlichen Neuerungen auf. *Business Week* berichtete im selben Jahr über einen ‚Rückschlag für Innovationen'. Die Rezession diente lediglich dazu, die Aufgaben für Designmanager pointierter zu formulieren.

Die Rolle von Design als Patentlösung hat an Geltung verloren. Ein Designmanager formulierte es mir gegenüber kürzlich so: ‚Bei einem Tornado können sogar Truthähne fliegen.' Als der Rückenwind jedoch nachließ, sei vielen Designmanagern nur noch ein Gleitflug gelungen. Die stärkere Einbeziehung in die Führungsstäbe hatte viele ... nun ja ... ziemlich bloßgestellt.

einblicke in die praxis

Die Designmanager dachten zu lange, sie könnten schlauer sein als die MBA (Masters of Business Administration) im Management, und verloren ihr eigentliches Ziel, wirklich gutes Design zu liefern, aus den Augen. Die am weitesten verbreitete Reaktion auf dieses Gefühl unternehmerischer Überforderung ist Umorganisation und Rückbesinnung auf die Grundlagen; viele Designmanager scheinen nur darauf zu warten, die Ärmel hochzukrempeln und sich wieder um das eigentliche Design zu kümmern.

Zwar ist diese Reaktion auf das Gefühl der schleichenden Aufgabenerweiterung verständlich, es besteht jedoch das Risiko, dass einige bedeutende Errungenschaften über Bord geworfen werden. Es ist entscheidend, dass Design nun nicht als Firlefanz der Boomjahre betrachtet wird. Design ist kein Ersatz für eine Geschäftsstrategie, hat jedoch mehr zu bieten als rein ästhetische Erfahrungen. Zu den großen Herausforderungen der nächsten Zeit wird es gehören, strenger und genauer zu definieren, was Design leisten kann und was nicht.

Die Begriffe Design und Innovation wurden durch Überstrapazierung (und Missbrauch) zweifellos eines Teils ihrer Bedeutung entleert, wir sollten jedoch der Versuchung widerstehen, uns nun in neue Modewörter zu flüchten. Es gibt keine Alternative zu einer möglichst genauen Erklärung, wie Design zum Unternehmenserfolg beitragen kann. Wir sollten uns auch nicht scheuen zu erklären, wie schwierig es ist, großartiges Design zu liefern. Es gibt zwar einen Designprozess, dabei handelt es sich jedoch nicht um eine Allzweckmethode, sondern um ein spezialisiertes Verfahren für erfahrene und begabte Designer."

Kevin McCullagh
Direktor, Plan,
Großbritannien

„Die Begriffe Design und Innovation wurden durch Überstrapazierung (und Missbrauch) zweifellos eines Teils ihrer Bedeutung entleert, wir sollten jedoch der Versuchung widerstehen, uns nun in neue Modewörter zu flüchten. Es gibt keine Alternative zu einer möglichst genauen Erklärung, wie Design zum Unternehmenserfolg beitragen kann."

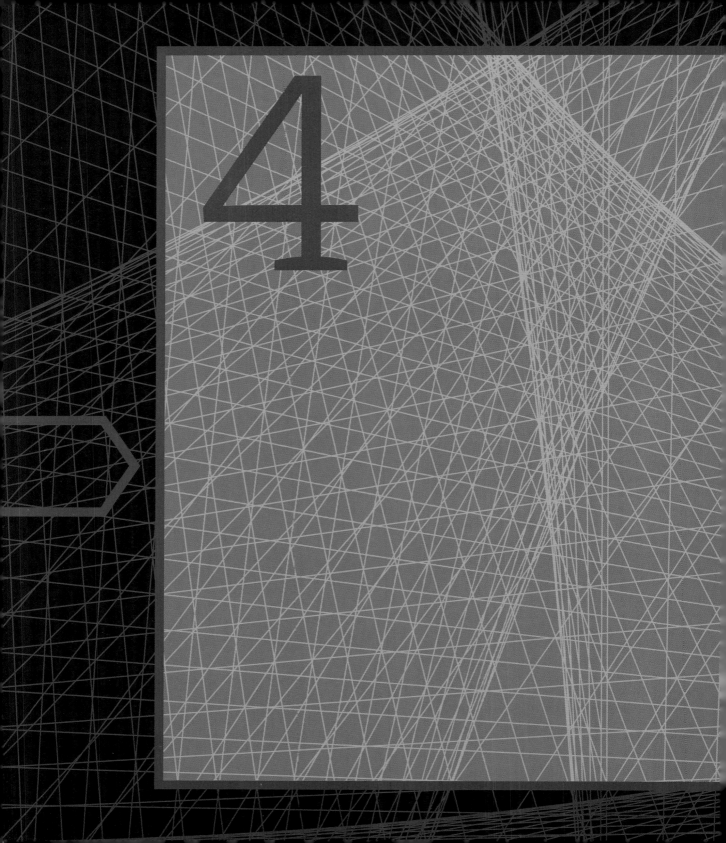

4

Finanz- und Rechnungswesen

Die finanzielle Organisation

Den meisten Designern ist die Welt der Finanzen eher fremd, dabei sind Gespräche über die Finanzen und die effektive Geldverwaltung zur Sicherung des Überlebens jeder Unternehmensform sehr bedeutsam. Designer, die die Grundlagen der Finanzwirtschaft kennen und wissen, wie Leistung dargestellt werden kann und wie Design in diesem Rahmen bewertbar ist, werden mehr Verständnis für Zahlen entwickeln und sich darüber klar sein, wie finanzielle Informationen in Entscheidungsprozessen am besten zu nutzen sind.

Finanz- und Rechnungswesen

Die Finanzwirtschaft ist das Lebenselixier jedes Unternehmens, ohne sie würde ein Unternehmen zugrunde gehen. Finanzwirtschaft befasst sich mit der Geldverwaltung, also damit, wie Geld vom Einzelnen oder von einem Unternehmen beschafft, genutzt und ausgegeben wird. Wer etwas von Finanzwirtschaft versteht, kann den Zustand eines Betriebs durch eine Analyse der Zahlen und der finanziellen Maßnahmen sofort erfassen. Zudem ist er in der Lage, Planungs-, Budgetierungs- und Prognose-Tools zu nutzen, um laufende und künftige Erfordernisse des Unternehmens effektiv zu managen. Wie die Zahlen präsentiert und überwacht werden, hängt von der Struktur und Größe jedes einzelnen Unternehmens ab.

Die meisten großen Unternehmen besitzen eine Finanzabteilung mit den zugehörigen Buchhaltungsverfahren, während in kleineren Unternehmen häufig nur eine Person für alle Buchhaltungs- und Finanzfragen zuständig ist.

Einzelunternehmer übergeben die Organisation der Finanzen einem externen Buchhalter. Trotz ihres klischeehaften, wenig glanzvollen Images haben Buchhalter großen Einfluss auf die wirtschaftlichen Belange und damit letztlich den Erfolg eines Unternehmens. Vereinfacht gesagt, befasst sich die Buchhaltung mit der „Dokumentierung von bezahltem, erhaltenem, verliehenem und geschuldetem Geld" (Ivanovic und Collin, 2005) – also von Ausgaben, Einnahmen, Aktiva und Passiva.

Finanzprozesse

Finanzbuchhaltung (FiBu): Das „externe Rechnungswesen" dokumentiert Geldgeschäfte (durch die Buchführung) und präsentiert die finanzielle Situation des Unternehmens nach außen. Die Betriebsbuchhaltung (oder „internes Rechnungswesen") konzentriert sich dagegen auf die Wertschöpfung des Unternehmens (z. B. durch Gewährleistung effizienter Ressourcennutzung) und dient in erster Linie als Basis für Entscheidungen des Managements.

Rechnungslegung (Financial Reporting): Diese Finanzberichterstattung zeigt, wie erfolgreich ein Unternehmen arbeitet. Sie erklärt Investoren und Märkten die Strategie eines Unternehmens, sie verzeichnet und übermittelt dessen aktuelle finanzielle Lage im Sinne von Vermögenswerten und Schulden. Die Rechnungslegung findet in festgelegten Abständen statt (meist jährlich im Geschäftsbericht). Inhalt und Umfang ist gesetzlich geregelt und hängt von der jeweiligen Rechtsform des Unternehmens ab.

1. Die Nottingham Community Housing Association (NCHA, eine britische Gesellschaft für sozialen Wohnungsbau für Menschen mit Behinderungen) arbeitet mit traditionellen Werten und modernem Ansatz. Dieses Grundprinzip integrierte die Agentur Purple Circle in den Designentwurf für den Geschäftsbericht 2008: Auf die Tradition spielen Buchstaben und Bilder im Retrostil an, das Design erinnert an die Anfänge der NCHA in den frühen 1970er-Jahren.

1

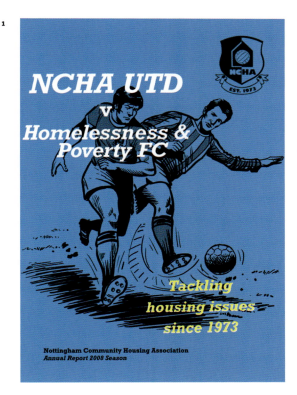

Unternehmensziele

Um die strategischen Finanzziele ihres Unternehmens zu erreichen, arbeiten die meisten Finanzchefs mit dem Vorstand zusammen; für das Tagesgeschäft in Buchhaltung und Finanzwirtschaft sind sie dagegen voll verantwortlich. Ihre Fähigkeiten der Finanzanalyse werden in allen Bereichen des Unternehmen zur Unterstützung bei internen Entscheidungsprozessen und externen Berichterstattungsprozessen eingesetzt.

Auf lange Sicht ist es wichtig, die Finanzstrategie im Kontext der weiter gefassten strategischen Unternehmensziele und in Relation zu den Kunden selbst zu sehen. Andernfalls wäre kurzfristiger Gewinn „um des Gewinns willen" das Ziel, und das könnte die langfristige finanzielle Stabilität und Zukunftsfähigkeit des Unternehmens untergraben.

Designmanager müssen einen Ausgleich zwischen wirtschaftlichen und kreativen Zielen herstellen. Um für das Design Chancen zu schaffen, zu erweitern und zu nutzen, müssen sie gelegentlich die große Bedeutung infrage stellen, die Finanzzahlen bei Entscheidungsprozessen spielen. Grundwissen in finanziellen Angelegenheiten versetzt Designmanager in die Lage, innerhalb eines Managementteams hilfreiche Unterstützung zu bieten und Einfluss zu nehmen.

Muss vielleicht die Art, wie Erfolg definiert und gemessen wird, neu überdacht und verändert werden, damit das Design vorteilhafter erscheinen kann? Gibt es Chancen, neue, designfreundliche Wege zur Wert- und Erfolgsmessung einzuführen?

Finanzbuchhaltung

Jedes Unternehmen muss über seine finanzielle Situation Buch führen und über alle Firmengeschäfte Auskunft geben. Hierzu dienen eine Reihe von Dokumenten oder Finanzberichten, die zum Jahresabschluss gehören.

Finanzberichte

Bilanz: Eine Bilanz dokumentiert den Zustand eines Betriebs zu einem bestimmten Zeitpunkt. Sie konstatiert den aktuellen „Kontostand" des Betriebs zu diesem Zeitpunkt, bezogen auf Aktiva (Grund und Boden, Gebäude, Lagerbestände, liquide Mittel, Forderungen) und Passiva (was der Betrieb schuldet – Verbindlichkeiten, Darlehen, Rückstellungen für künftige Ausgaben). Der Nettoinventarwert, also alle Vermögensgegenstände abzüglich aller Verbindlichkeiten (des sogenannten Fremdkapitals), entspricht dem Eigenkapitel der Eigentümer oder Aktieninhaber (also dem Nettovermögen, das auf die Aktionäre des Unternehmens aufgeteilt ist).

Die Aktiva oder Vermögenswerte (auch als Assets bezeichnet) werden unterteilt in Anlagevermögen (aktueller Bestandswert, Betriebsmittel, Gebäude, Fahrzeuge) und Umlaufvermögen (Warenbestände, Forderungen, Festgeld und liquide Mittel). Der wesentliche Unterschied zwischen beiden ist, dass Umlaufvermögen einfacher und schneller in liquide Mittel verwandelt werden kann.

Zu den kurzfristigen Verbindlichkeiten auf der Passivseite der Bilanz zählen Bankdarlehen und Kontokorrentkredite, Gläubiger und Schulden. Zu den langfristigen Anleihen zählen beispielsweise Hypotheken.

In der Regel entsprechen die Aktiva bzw. Assets (wie Inventar, Betriebsmittel und Gebäude) in der Höhe dem Fremdkapital (wie Bankdarlehen, Gläubiger oder Geld, das Zulieferern geschuldet wird) plus dem Eigenkapital.

Gewinn-und-Verlust-Rechnung: Die Gewinn-und-Verlust-Rechnung nennt die Einnahmen, die Ausgaben und die sich daraus ergebende Rentabilität des Betriebs über einen bestimmten Zeitraum hinweg. Sie zeigt die Aktivitäten an (Ausgaben/Umsatzkosten und Umsatzerlöse), die seit der letzten Bilanz stattgefunden haben. Auf den Gewinn muss Steuer gezahlt werden.

Das Ergebnis der Gewinn-und-Verlust-Rechnung ist die Differenz der erzielten Einnahmen abzüglich der angefallenen Ausgaben. Ist dieser Wert positiv, hat das Unternehmen während des betreffenden Zeitraums einen Überschuss erwirtschaftet, also Gewinn gemacht; ist er negativ, hat es einen Fehlbetrag zu verzeichnen, hat also Verlust gemacht.

Kapitalflussrechnung (Cashflow-Rechnung): Die Kapitalflussrechnung verzeichnet den Geldfluss in einen Betrieb und aus einem Betrieb über einen konkreten Zeitraum (in der Regel ein Jahr). Der Kapitalfluss an sich ist eine häufige Ursache für die Insolvenz eines Unternehmens. Die Summe der Geldmittel, die einem Betrieb durch Verkaufsumsätze zufließen, muss größer sein als die Höhe der Ausgaben. Ist zu wenig Eigenkapital vorhanden, um Situationen wie Zahlungsverzug von Kunden und Auftraggebern, reduzierten Kreditzugang, Anstieg von Kosten oder kurze Zahlungsziele der Zulieferer durchzustehen, kann sich auf den Cashflow auf die Dauer fatal auswirken.

Finanzbuchhaltung: Aufschlüsselung und Dokumentation von Geldgeschäften eines Unternehmens entsprechend bestehender Begriffe, Prinzipien, Buchführungsstandards, gesetzlicher Vorschriften und deren Einhaltung durch Bilanz, Gewinn-und-Verlust-Rechnung sowie Kapitalflussrechnung während und am Ende eines Bilanzierungszeitraums.

Betriebsbuchhaltung: Einsatz der Prinzipien von Finanz- und Rechnungswesen, beispielsweise Analyse von Kosten und Leistungen, um für die Anteilseigner gewinnorientierter und nicht gewinnorientierter Organisationen der öffentlichen Hand und des privaten Sektors Mehrwert zu schaffen, zu schützen, zu erhalten und zu steigern.

Quelle: CIMA, 2005

Auslegung von Finanzberichten

Anhand der Finanzberichte können Investoren und Gläubiger die Leistung eines Unternehmens in der Vergangenheit erkennen, künftige Leistungen prognostizieren und das Potenzial für die künftige Erwirtschaftung von Kapital abschätzen. Die finanzielle „Gesundheit" eines Unternehmens lässt sich durch eine Analyse der Einnahmen, Gewinne und Verluste abschätzen, wenn man damit vertraut ist, wie diese Information für die Entscheidungsfindung (sowie die Hypothesen und Beschränkungen, die ihr zugrunde liegen) genutzt werden. Dies versetzt Designmanager in die Lage, Erkenntnisse beizusteuern und größeren Einfluss zu nehmen.

Rechnungslegung (Financial Reporting)

Bei der Rechnungslegung, dem Financial Reporting, veröffentlichen die Unternehmen Informationen zur Finanztätigkeit ihres Betriebs. Anhand dieser Dokumente, der Finanzberichte, interpretieren die Investoren und Analysten, wie sich die Geschäftsmethoden eines Unternehmens auswirken. Die Finanzberichte werden als Geschäftsberichte und Jahresabschlüsse vorgelegt.

Geschäftsbericht und Jahresabschluss

Im Geschäftsbericht werden den Anteilseignern, den Unternehmensangehörigen und der interessierten Öffentlichkeit die Aktivitäten des vergangenen Jahres mitgeteilt. Der CEO (Firmenchef) leitet den Bericht mit einer Zusammenfassung der Jahresaktivitäten ein, gefolgt von den wichtigsten Finanzeckdaten und einer Übersicht über den Inhalt. Heutzutage werden außerdem vermehrt Informationen zu ökologischen und sozialen Programmen angefügt.

Der Jahresabschluss ist Teil des Geschäftsberichts. Er gibt Auskunft über die allgemeine Finanzlage und enthält die Finanzberichte – insbesondere die Bilanz, die Gewinn-und-Verlust-Rechnung und einen erläuternden Anhang, bei größeren Gesellschaften den vollständigen Jahresabschluss einschließlich Gewinn-und-Verlust-Rechnung, einen Lagebericht, einen Bericht des Aufsichtsrats, Vorschlag und Beschluss über die Gewinnverwendung. Der Jahresabschluss kann auch zur Abschätzung der Nachhaltigkeit künftiger Cashflows herangezogen werden.

In Aktiengesellschaften werden die Aktionäre zur Hauptversammlung (HV) eingeladen. Dort können sie der Führungsspitze Fragen zur Geschäftsführungs- und Managementpraxis stellen.

CSR-Bericht (Bericht zur unternehmerischen Sozialverantwortung)

Alle Einflüsse eines Unternehmens auf Wirtschaft, Umwelt und Gesellschaft sowie die Unternehmensethik werden einem Auditverfahren unterzogen. Ziel der CSR-Berichte ist es, das wirtschaftliche Wachstum mit der sozialen und ökologischen Nachhaltigkeit abzugleichen. Damit soll nachhaltiges Wirtschaften gefördert werden, das ein Gleichgewicht zwischen kurzfristiger Rentabilität und der Schaffung eines langfristig wirtschaftlichen Firmenwerts („Goodwill") herstellt. Ein CSR-Bericht bewertet, wie verantwortungsvoll ein Unternehmen handelt. Häufig wird auf Maßnahmen für strategische und operative Veränderungen eingegangen, die ein Unternehmen umsetzt, um Nachhaltigkeit als Leistungsmotor zu nutzen.

Je nach Unternehmen werden auch Themen wie ethisches Handeln, soziale Verantwortung und Corporate Citizenship (Unternehmensbürgerschaft) im Bericht aufgenommen, was auf eine fortschrittliche Vorgehensweise hindeutet. Wie lassen sich Geschäftsmodelle in geeigneter Form anpassen, um nachhaltiges Wachstum und die Bedürfnisse der Menschen in den Mittelpunkt zu stellen, glaubwürdig Wettbewerbsvorteile aufzubauen und kostensparende Initiativen zu bündeln und gleichzeitig Strategien zu verfolgen, die den CO_2-Verbrauch reduzieren und Energie sparen? Fluggesellschaften sind heute ein Beispiel für eine Branche, die mit der Beantwortung solcher Fragen kämpft.

1, 2, 3. Die Agentur Purple Circle gestaltete den Geschäftsbericht der Nottingham Community Housing Association (NCHA) im Stil einer Vereinszeitschrift, um die Leser zu animieren, sich darin über die Leistungen der Gesellschaft zu informieren (unten und Mitte). Das Format wurde verkleinert, sodass der Bericht handlicher und preiswerter zu drucken ist; abgefasst ist er im Stil einer Fußballreportage. Die Vorstandsmitglieder werden als Team vorgestellt (Mitte). Die Gewinn-und-Verlust-Rechnung und die Bilanz (ganz unten) informieren über Erträge und Aufwendungen bzw. über Aktiva und Passiva der Organisation.

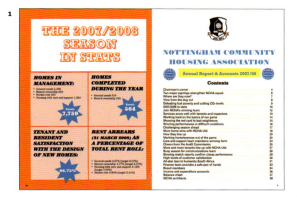

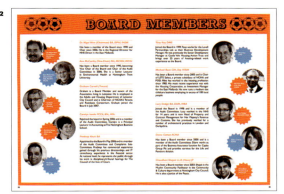

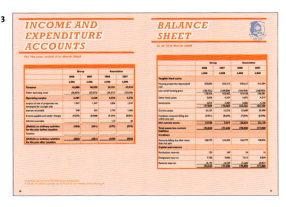

Für viele Unternehmen ist die Erstellung eines eigenständigen CSR-Berichts ein Weg, das Thema Nachhaltigkeit in ihren Geschäftsbericht – und in ihre Geschäftsmodelle – einzubringen. Als Motivation dienen häufig Möglichkeiten, durch Initiativen wie verbesserte Energieeffizienzprogramme Kosten zu reduzieren, die Produktivität zu verbessern und die Einnahmen zu erhöhen. Heutige Designmanager müssen sich solcher neuen Initiativen bewusst sein und darauf vorbereitet sein, deren Prinzipien in ihre Planung zu integrieren.

Finanzkennzahlen

Finanzkennzahlen oder betriebswirtschaftliche Kennzahlen dienen einer raschen Bewertung von Rentabilität, Geschäftstätigkeit, Liquidität und Fremdfinanzierungsgrad sowie der Rendite für die Aktionäre. Investoren nutzen diese Kennzahlen für Prognose- und Bewertungszwecke: Sie versuchen, Leistung und Wachstum eines Unternehmens in finanzieller Hinsicht vorherzusagen und das Unternehmen mit seinen Konkurrenten innerhalb der Branche zu vergleichen. So entsteht eine Basis, von der aus eine Einschätzung erfolgen kann. Es gibt einige einfache Kennzahlen, die Schlüsselaspekte einer Unternehmensleistung erfassen. Sie erleichtern die Kommunikation darüber, wo Beiträge zur Wertschöpfung des Unternehmens erfolgten.

Einige Beispiele sind: Kapitalrendite (Return on Investment/ROI), Rendite, Umsatzrentabilität (ROS), Return on Capital Employed (ROCE), Gesamtkapitalrendite (Return on Invested Capital/ROIC), Eigenkapitalrendite (Return on Equity/ROE), nachhaltige Wachstumsrate, Aufwand-Ertrag-Verhältnis (Cost-Income-Ratio) und Nettogewinnspanne.

Internes Rechnungswesen (Betriebsbuchführung)

Das interne Rechnungswesen konzentriert sich auf die Hierarchiestrukturen und Kontrollsysteme, die gewährleisten, dass für die Stakeholder verschiedene (nicht nur finanzielle) Werte geschaffen werden und dass Ressourcen, Kapital und Finanzberichte so effizient und effektiv wie möglich genutzt werden. Zum internen Rechnungswesen gehören alle Dokumente und Informationen, ob kurz gefasst oder ausführlich, die der Unternehmensführung nützen.

Tabelle 7: Die neun Aufgaben des internen Rechnungswesens

Strategieentwicklung
Planung
Festlegung der Kapitalstrukturen und der Finanzierung
Informationen zu operativen Entscheidungen
Koordination der Geschäftstätigkeiten und Sicherstellung einer effizienten Ressourcennutzung
Leistungsmessungen und Leistungsberichte
Schutz der Vermögenswerte
Berücksichtigung der Verfahren der Corporate Governance (Unternehmensführung)
Risikomanagement und interne Kontrolle

Quelle: CIMA, 2005

Investitionskosten

Um ein Unternehmen leiten und Projekte durchführen zu können, muss Geld ausgegeben werden – für Betriebskosten und Investitionen. Diese werden als Aufwendungen klassifiziert, für die Kapital beschafft und verfügbar gemacht werden muss. Unter Kapital versteht man die Vermögenswerte eines Unternehmens. Investitionen sind erforderlich, um das langfristige Überleben eines Unternehmens zu sichern. Sie werden in der Investitionsrechnung kalkuliert. Geldmittel zur Führung eines Unternehmens werden in der Regel auf zwei Arten beschafft: durch Eigenkapital (Verkauf von Unternehmensaktien, Zuführung von Privatvermögen) oder durch Fremdkapital, also etwa das Aufnehmen eines Bankkredits.

Kosten- und Leistungsrechnung

Es ist wichtig, zu ermitteln, welche Kosten der Betrieb eines Unternehmens, die Herstellung eines Produkts oder die Bereitstellung einer Dienstleistung verursacht. Nur dann lassen sich Strategien der Preiskalkulation festlegen, sodass das Unternehmen Gewinne erwirtschaften kann.

In der Regel stellt ein Unternehmen monatlich eine Kosten- und Leistungsrechnung auf, die aus drei Teilen besteht: (1) Kostenartenrechnung: Welche Kosten fallen im Unternehmen an? (2) Kostenstellenrechnung: Wo fallen diese Kosten an? (3) Kostenträgerrechnung: Wie lassen sich diese Kosten auf Produkte und Dienstleistungen verrechnen? Zu den Daten gehören beispielsweise auch Abschreibungen; dabei wird die Wertminderung eines Vermögenswerts als Ausgabe des Unternehmens anerkannt und erscheint in der Gewinn-und-Verlust-Rechnung als Aufwand. Wertzuwächse werden dagegen als Gewinn angezeigt.

Tabelle 7. Das Chartered Institute of Management Accountants (CIMA) in Großbritannien hat neun Aufgabenbereiche des internen Rechnungswesens ermittelt (gegenüberliegende Seite).

Tabelle 8 zeigt, welche Arten von Kosten in einem Unternehmen anfallen können. Alle Kosten müssen in der Kosten- und Leistungsrechnung verrechnet werden. Einzelkosten lassen sich direkt den entsprechenden Kostenträgern zuordnen, die Gemeinkosten werden dagegen in der Kostenstellenrechnung dokumentiert.

Tabelle 9 zeigt, auf welche Weise die Investitionskosten für Buchhaltungszwecke klassifiziert werden können.

Tabelle 8: Kostenarten, die in der Kosten- und Leistungsrechnung aufgeführt werden

Einzelkosten	Lassen sich konkretem Kostenträger zuordnen, z. B. Rohstoff für ein Produkt
Gemeinkosten	Kein konkreter Kostenträger, z. B. Bezahlung des Pförtners
Variable Kosten	Höhe ändert sich je nach Menge, z. B. Materialkosten, Stromkosten
Fixe Kosten	Bleiben konstant, z. B. Miete, Kfz-Versicherung
Kalkulatorische Kosten	Fallen noch nicht an, z. B. kalkulatorische Zinsen/Miete/Lohn
Primäre Kosten	Produkte, die extern beschafft werden
Sekundäre Kosten	Produkte, die innerbetrieblich hergestellt werden

Tabelle 9: Aufschlüsselung der Investitionskosten

	Definition	Beispiele
Langfristige Aktiva	Anlagegüter, gedacht für einen längeren Gebrauch als für ein Jahr (d. h. langfristig)	Gebäude, Büros, Fabriken, Fahrzeuge, Betriebsmittel, Computer, Möbel
Langfristiges Fremdkapital	Verbindlichkeiten mit einer Anlagedauer von über einem Jahr	Langfristige Anleihen, Hypotheken, Aktien
Kurzfristige Aktiva	Laufendes „kurzfristiges" Arbeitskapital (d. h. Umlaufvermögen minus laufende Verbindlichkeiten)	Lagerbestand, Bargeld, Forderungen/Schuldner, Waren zum Verkauf
Kurzfristiges Fremdkapital	Verbindlichkeiten mit einer Laufzeit unter einem Jahr	Schulden/Gläubiger, Bankanleihen
Materielle Vermögenswerte	„Physisches" Kapitalvermögen	Eigentum, Betriebsmittel, Möbel
Immaterielle Vermögenswerte	„Nicht physisches" Kapitalvermögen	Markenname, Markenwert, Patente, Vertrauen, Goodwill

Projektkalkulation

Projektkosten werden in großen Unternehmen entweder auf Kostenstellenebene verwaltet – manchmal wird eine spezielle Kostenstelle für das jeweilige Projekt eingerichtet –, oder der Projektmanager erstellt eine eigene Projektkostenrechnung. Die Projektebene liegt eine Hierarchiestufe unter den Kostenstellen. Die Kosten und Einnahmen, die auf der Projektebene anfallen, werden im internen Rechnungswesen erfasst und sind nicht Teil der Finanzbuchhaltung. (Im Geschäftsbericht werden sie nur spezifiziert, wenn sie sehr hoch sind. Normalerweise tauchen sie in der Gewinn-und-Verlust-Rechnung sowie in der Bilanz auf.)

In der Regel ist die Geschäftsleitung nur an der Kostenstellenebene interessiert. Projektbudgets und -ausgaben werden mithilfe von Instrumenten und Prozessen des Projektmanagements verwaltet. Anhand der Projektkalkulation können die Manager Budgets erstellen und nachvollziehen, wie viel Projekte kosten. Dabei können sie auch ihre eigenen Kosten sowie weitere Kosten für Unternehmensführung oder Infrastruktur berücksichtigen.

Auf Projektebene erstellt der Projektmanager den Budgetplan, indem er die voraussichtlichen Kosten, beispielsweise der Anzahl der Mitarbeiter an dem Projekt, beziffert und diese Kosten dann im Budget auf Kostenstellenebene einträgt. So erhält er die nötige Grundlage für den Antrag an die Geschäftsleitung auf ein Budget in bestimmter Höhe. Sobald das Budget verabschiedet worden ist, kann es zur Zielkontrolle genutzt werden.

Budgetplanung

Unternehmen arbeiten mit Budgetplänen, um Projektkosten und den Cashflow zu managen und Prognosen über die voraussichtliche finanzielle Entwicklung zu erstellen. Anhand des kalkulierten Budgets lässt sich später feststellen, ob ein Überschuss (Gewinn) oder ein Defizit (Verlust) vorliegt. Normalerweise erfassen Projektmanager während eines Projekts in regelmäßigen Abständen alle anfallenden Kosten und stellen diese Zahlen dem Budget gegenüber. Wurde mehr oder weniger Geld verbraucht, hilft das Budget, nötige Prioritäten zu setzen und Anpassungen vorzunehmen, um das Projekt wieder auf den richtigen Weg zu bringen. Ein Budgetbericht nennt den aktuellen Stand eines Budgets und die bisher getätigten Ausgaben.

In der Regel hat die „Führungsetage" großer Unternehmen eine umfassende Vorstellung davon, wohin das Unternehmen gehen soll, vor allem in Hinblick auf die Einnahmen und die damit verbundenen Ausgaben. Die Geschäftsführung wird über die Manager die prognostizierte Höhe der Einnahmen und Kosten beispielsweise auf der Ebene der Geschäftseinheit und des Projekts ermitteln.

Es gibt zwei unterschiedliche Planungsverfahren eines Budgets. Im ersten Fall werden die Projektmanager befragt, mit welcher Kostenhöhe sie rechnen – ein hierarchisch von unten nach oben aufbauender Ansatz, das sogenannte „Bottom-up"-Prinzip. Im zweiten Fall nennt die Geschäftsführung den Managern den Gesamtbetrag, den sie zur Verfügung haben werden, um ihn auf die erwarteten Kosten umzulegen. Dies bezeichnet man als „Top-down"-Prinzip. In beiden Fällen gehen der Genehmigung des kompletten Arbeitspapiers viele Diskussionen und mehrere Budgetvorlagen voraus.

Tabelle 10. Für die Verwaltung des Cashflows, der Projekt-/Geschäftskosten und für die finanzielle Entwicklung ist es nötig, innerhalb eines Unternehmens verschiedene Arten von Budget gleichzeitig laufen zu haben. Drei dieser Budgettypen werden unten beschrieben. Sie werden im „Gesamtbild" des Unternehmensbudgets berücksichtigt.

Tabelle 11. Budgets werden geplant, um sicherzustellen, dass die kalkulierten Ausgaben gegenüber den erwarteten Einnahmen unter wirtschaftlichem Gesichtspunkt gerechtfertigt sind, wie in der Tabelle (ganz unten) gezeigt.

Tabelle 10: Budgettypen

	Zweck	Beinhaltet
Liquiditätsplan	Die Erzielung eines ausreichenden Barguthabens, um den Geschäftsbetrieb am Laufen zu halten	Alle Ausgaben und Einnahmen (Cashflow) des Unternehmens
Rentabilitätsplan	Die Erzielung von Gewinnen, um zum Wachstum des Unternehmens beizutragen	Erwartete Umsätze und betriebliche (variable und feste) Kosten
Kapitalbedarfsplan, Investitionsfinanzierungsplan	Die Erzielung eines angemessenen Vermögensbestands, um in langfristigen Erfolg zu investieren	Kapitalvermögen/Anlagegüter (Ankäufe und Verkäufe)

Quelle: CIMA, 2005

Tabelle 11: Budgetplanung

Posten	Beispiele	€
Monatliche Einnahmen/ Umsatz	Gebühren, Zahlungen, Sponsoring	
Monatliche Ausgaben	Kosten für den Geschäftsbereich, Umsatzkosten, Fertigungsgemeinkosten (bei Kostenstellen)	
Feste Kosten	Ressourcen, Löhne und Gehälter, Subunternehmer, Miete für Betriebsmittel, Verbrauchsgüter, Zeitschriftenabonnements, Miete und Kommunalabgaben, Licht und Heizung, Versicherung, Verwaltung, Verkäufe und Ausgaben, Ausgaben für Steuer- und Rechtsberatung	
Variable Kosten	Unterhalt, Reisen, Bewirtung, Büromaterial, Druckerzeugnisse, Kurierdienste, Bücher, Betriebsmittel, Material, Marketing, Werbung und PR	
Sonstiges		
Gesamtmonatseinnahmen		
Gewinnspanne	Gewinnaufschlag	
Berechnete Honorare	Dem Kunden in Rechnung gestellte Honorare für Dienstleistungen	
Bruttoeinnahmen	Honorare + Gewinnaufschlag	

Finanzprognose

Im Gegensatz zum Budget, das im Voraus erarbeitet wird, erstellt man die Finanzprognose während des Zeitraums, für den das Budget gilt. Die Prognose basiert auf den Einnahmen und Kosten, die im vorgegebenen Zeitraum bisher angefallen sind. Prognosen werden meist monatlich erstellt und mit dem Budget verglichen, um zu sehen, wie der Geschäftsverlauf in Bezug auf das Budget und die Erwartungen der Geschäftsleitung ausfällt.

Die Kalkulation von Designprojekten

Design ist eine Ressource, für die der Auftraggeber zahlen muss. Dessen Erwartungen einzuschätzen ist nicht einfach, wenn der Preis für eine Arbeit festgesetzt werden muss. Es gibt jedoch einige Richtlinien, wie ein „fairer" Preis zustande kommt.

Wenn eine Designagentur kalkuliert, was die Durchführung eines Projekts kosten wird, betrachtet sie die Kosten, die in Bezug auf Geld, Zeit, Personal, Betriebsmittel und weitere Einsatzmittel anfallen werden. Zu diesen Kosten addiert sie einen Gewinnaufschlag und vereinbart oder verhandelt auf dieser Basis die Gesamtkosten für das Projekt.

Anschließend wird ein Budget bzw. Finanzplan erarbeitet und in vereinbarten Zeitabständen während der gesamten Laufzeit des Projekts kontrolliert. Eine Kostenkalkulation basiert auf (1) früheren Erfahrungen, (2) Benchmarking im Vergleich zu früheren Projekten oder Branchenstandards (z. B. Gehaltsübersichten aus der Designbranche) oder (3) Empfehlungen und Ratschlägen von Beratern und sonstigen Experten für Projektkosten.

Dem Auftraggeber gegenüber wird der Finanzplan selbst nicht unbedingt offengelegt, wohl aber die Aufschlüsselung, wie sich die kalkulierte Rechnungssumme verteilt. In der Regel möchten Auftraggeber im Voraus wissen, wie viel ein Projekt kosten und wofür ihr Geld verwendet wird. Diese Angaben erfolgen normalerweise in Form einer Aufstellung der Ausgaben. Der Auftraggeber möchte vermutlich außerdem wissen, welchen Wert das Designprojekt seinem Unternehmen einbringen wird, da er es ja mit seinem Kapital sponsert oder bezahlt.

Kann eine Designagentur den Nutzen benennen, den ein Projekt einem Unternehmen bringen wird, kann sie eine „Kosten-Nutzen-Analyse" durchführen und einen entsprechenden Preis für ihre Dienstleistungen berechnen. Aus buchhalterischer Sicht lässt sich sagen: Ein Projekt, das als „langfristig" betrachtet werden kann (d. h. dauerhaften Nutzen bringt), kann im Unternehmen mit Kapital ausgestattet werden. Ein Vorteil dieses Vorgehens ist, dass die Kosten über eine Reihe von Jahren abgeschrieben werden, statt nur im laufenden Zeitraum zu Buche zu schlagen.

Um den Stundensatz eines Mitglieds im Designteam zu berechnen (vorausgesetzt, der- bzw. diejenige arbeitet die meiste Zeit an dem Kundenprojekt), teilt man das Jahresgehalt durch 1500 Stunden. Um abzuschätzen, ob ein Auftrag gewinnbringend erfüllt werden kann, lassen sich allgemeine Beratungssätze heranziehen: Reicht das berechnete Auftragshonorar aus, um Zeitaufwand und Zusatzaufwand für das Designprojekt abzudecken?

Diagramm 12. Als Gewinnschwelle oder „Break-even-Point" wird der Punkt bezeichnet, ab dem Gewinn erzielt wird und sich eine Kapitalrendite (ROI) ergibt. Variable und feste Kosten summieren sich zu den Gesamtkosten. Am Break-even-Point entspricht der erzielte Umsatz den Gesamtkosten. Die Bestimmung des Break-even-Points zeigt, wie viele Einheiten verkauft werden müssen, bevor Gewinn erzielt wird.

Diagramm 12: Bestimmung des Break-even-Points

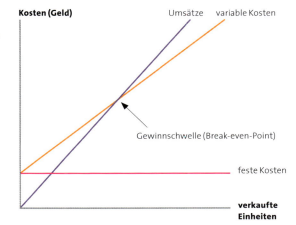

Tabelle 12. Bei der Kostenkalkulation zur Festlegung der Preisstruktur für das Produkt- und Projektangebot sollten voraussichtlich anfallende Kosten nicht unterschätzt werden. Tabelle 12 nennt die aufgeschlüsselten Kosten eines Projekts.

Tabelle 12: Kostenkalkulation, um die Preisstruktur festlegen zu können

	Produktkalkulation	Projektkalkulation	Anmerkung
Zweck	Bestandsbewertung, Kostenplanung und -kontrolle, Festsetzung der Verkaufspreise	Kostenplanung und Kostenkontrolle, Festsetzung der Honorare	Integrierte Kalkulation versus Stückkalkulation
Relevanteste Kosten	Kosten des Geschäftsbereichs, Produktionsgemeinkosten (bei Kostenstellen)	Zeit, Personal (Gehälter/Stundensätze), Betriebsmittel, Produktionsgemeinkosten (bei Kostenstellen)	Die Mitarbeiter können zu Stunden- oder Tagessätzen, Pauschalhonorar oder auf Vorschuss bezahlt werden
Gesamtkosten			
Verkaufspreis			Kosten + Gewinnaufschlag
Bruttomarge			Bruttogewinn
Deckungsbeitrag			Umsatz – variable Kosten
Preis			
Gewinn			

Leistungsmessung

Leistungsmaßzahlen (auch Metriken oder Kennzahlen) sind ein internes Instrument, mit dem Unternehmen die Leistung ankurbeln, selbst wenn die festgelegten Ziele erreicht (oder übertroffen) werden. Sie dienen außerdem dazu, die effiziente und effektive Nutzung der Budgets nachzuweisen.

Zielvorgaben

Langfristiges Ziel der Leistungsmessung ist die Verbesserung der Produkte und Dienstleistungen, die den Kunden angeboten werden. Zielvorgaben sollen durch Anerkennung und Belohnung Erfolgsanreize schaffen; wie eine Firma Erfolg misst und was sie als „wertvoll" definiert, kann jedoch das Verhalten der Mitarbeiter (Organisational Behaviour) stark beeinflussen. Denn in der Regel gilt: „Was gemessen wird, wird auch getan."

Innerhalb eines großen Unternehmens bekommt jeder Geschäftsbereich, jede Abteilung oder jedes Produktportfolio seine eigenen Leistungsvorgaben und Schlüsselkennzahlen (auch bekannt als KPI oder Key Performance Indicators) zugeteilt und ist darüber rechenschaftspflichtig.

Leistungsmessungen und Leistungsvorgaben beziehen sich auf die Budgets (Nachweis des effizienten und effektiven Einsatzes der Finanzmittel), auf Leitbild und Vision des Unternehmens (Nachweis, dass Ziel und Aufgabe des Unternehmens beachtet werden) und auf Geschäfts- und operative Strategien (Nachweis, dass jeder Geschäftsbereich seine Geschäftsziele entsprechend der Unternehmensstrategie definiert). Vorsicht: Der Druck, bestimmte Ziele zu erreichen, kann zu kurzsichtigem und unethischem Verhalten führen. – im Gegensatz zum erwünschten, langfristig geplanten und nachhaltigen Verhalten (Resnick, 2009).

Evaluierung finanzieller Entwicklung

Bei der Evaluierung der finanziellen Entwicklung durch Produkte und Kunden ist es wichtig, mithilfe geeigneter Methoden positive Leistungsmaßzahlen und Zielvorgaben zu erstellen, die sowohl die individuelle Leistung als auch die Leistung des Geschäftsbereichs und folglich der gesamten Unternehmensstrategie anregen – und nicht untergraben. Sonst könnten sich Praktiken wie die Manipulation von Zahlen einschleichen – beispielsweise die falsche zeitliche Zuordnung der tatsächlichen Zahlen, um Erfolge vorzutäuschen (Fisher und Downes, 2009).

Dies passiert häufig, wenn Metrik und Zielvorgaben von außen auferlegt wurden, um die Anforderungen hierarchischer Strukturen zu erfüllen, während das interne Team, das diese Maßnahmen erfüllen muss, weder persönlich noch betrieblich einen Vorteil daraus ziehen kann. Zudem neigen Unternehmen dazu, vergangene Leistungen als Indikator für künftige Leistungen heranzuziehen, anstatt Leistungsvorgaben zu erstellen, die dazu anregen, in die Zukunft zu planen. Wie Likierman (2007) angibt: „Messsysteme sollten eine Situation schaffen, die zu besseren Entscheidungen über den künftigen Kurs des Unternehmens führt und sich nicht ganz oder überwiegend auf zurückliegende Leistungen oder die aktuelle Lage konzentriert."

Für Designmanager ist es besonders wichtig, Wege zu finden – und falls nötig zu erfinden –, wie Leistung am besten gemessen werden kann. Wird der Erfolg von Design zusammen mit dem Erfolg anderer Aspekte gemessen, verbessert sich dadurch unweigerlich die Wahrnehmung von Design als wertvolle Ressource innerhalb des Unternehmens.

Diagramm 13:
Netzdiagramm

strategisch

Einzigartigkeit

finanziell

Nutzerbedürfnis

technisch

Markt

121

Die **Balanced Scorecard** ist ein Instrument zur Leistungsmessung, das auf kurz- und langfristigen, finanziellen und nicht finanziellen Kriterien beruht. Diese erstmals von Kaplan und Norton entwickelte Methode (1997) berücksichtigt die vier Perspektiven der Finanzen, der Kunden, der internen Prozesse sowie der Erneuerung und des Wachstums.

Benchmarking ist eine Evaluierungsmethode, die die Leistung eines Unternehmens mit den Leistun-gen der Konkurrenten auf einem ähnlichen Markt vergleicht. Dahinter stehen die Ziele, Differenzie-rungspunkte zu ermitteln und als Wettbewerbs-vorteil zu nutzen sowie die Leistungsstandards der „Besten" zu erreichen oder zu übertreffen.

Das **Drei-Säulen-Modell** definiert Werte und Kriterien für die Messung und Ausbalancierung wirtschaftlicher Nachhaltigkeit mit ökologischer und sozialer Nachhaltigkeit – „Mensch, Erde, Gewinn". Die Methode ist eng mit der unterneh-merischen Sozialverantwortung (CSR) verknüpft.

Beispiele für qualitative und quantitative Leistungsmessungen:

Qualitativ: Ästhetik, wahrgenommene Qualität, Reputation, langfristiges Lernen und Entwicklung von Fertigkeiten, Beständigkeit, Ergonomie, Sicher-heit, Preis-Leistungs-Verhältnis, Auszeichnungen, unabhängige Gutachten, verbessertes Marken-image, verbesserte Produkt- und Dienstleistungs-qualität, verbesserte Nutzererfahrung, besserer Kundendienst und bessere Kommunikation, Kun-denzufriedenheit, Markenbekanntheit.

Quantitativ: Gewinn und Verlust, Einnahmen, Cashflow, Geldschöpfung, Vertriebskosten, Aktienkurs, Amortisationszeit, Zeitaufwand, Kunden-bindung, Wiedererkennungswert einer Marke, Prozessergebnis, Marktanteil/Markt-durchdringung, Lizenzgebühren, Patente, Kosten-reduzierung/Ersparnisse, Abfallreduzierung, reduzierte Gemeinkosten.

Messung des Werts von Design

1

Um zu ermitteln, wie ein Unternehmen Design bewertet und wie man im Designbereich über Wert spricht, ist es besonders wichtig, andere Kriterien zu finden als die traditionellen finanziellen Kennzahlen. Denn kreative Arbeit lässt sich besonders schwer quantifizieren, häufig können sogar Buchhalter Wert und Kosten nur schätzen.

Wie können Designmanager im Rahmen der finanziellen Eckdaten und der betrieblichen Schlüsselkennzahlen eines Unternehmens Wege finden, um Rendite und Marktanteile zu vergrößern? Wo kann Design zu einer Wertsteigerung führen und dazu beitragen, die Bedürfnisse des Unternehmens, der Gesellschaft und der Umwelt zu befriedigen?

Kapitalrendite

Die Kapitalrendite bzw. der Return on Investment (ROI) gibt an, wie hoch der Gewinn oder die Kosteneinsparungen eines Projekt, einer Initiative oder Ressource im Verhältnis zu den Investitionen sind, die getätigt wurden. In der Regel werden Ziele und Leistungskriterien eines konkreten Vorhabens miteinander in Bezug gesetzt. Das Erreichen (Übertreffen oder Verfehlen) der Ziele und Messvorgaben kann dann Aufschluss über die Kapitalrendite geben.

Die Kapitalrendite (ROI) ist normalerweise eine Finanzkennzahl; es gibt jedoch neue Bestrebungen, die Kriterien zu erweitern – bei der Messung der Kapitalrendite sollen auch die Natur sowie Konzepte hinsichtlich Design, Gesellschaft und Nachhaltigkeit deutlich mehr berücksichtigt werden.

1, 2. Seit den Zerstörungen des Zweiten Weltkriegs hat sich Rotterdam zu einem Zentrum der Stadterneuerung und der innovativen Architektur entwickelt. Das Lloyd-Viertel – ein ehemaliges Hafenviertel nördlich der Maas – wird umgestaltet; es trägt zur Vergrößerung der Vielfalt in Rotterdams Wirtschaft bei, indem es die audiovisuelle Industrie fördert (gegenüberliegende Seite und oben). Die Firma Mei Architects and Planners baute ein ehemaliges Elektrizitätswerk zur „Schiecentrale 25kV" um. Dort befinden sich nun Studioräume für TV- und Kinoproduktionen sowie subventionierte Mietflächen für neu gegründete kreative Unternehmen.
(Quelle: Regarding Rotterdam, 2005 – Mei Architects and Planners/Rotterdam Development Corporation)

Beispiel 1: Designauszeichnungen als Kriterien

In Anerkennung, wie Design zu wirtschaftlicher Entwicklung, gesellschaftlicher Erneuerungen und kultureller Bereicherung beizutragen imstande ist, zeichnet der Design Management Europe Award (DME) hervorragende Leistungen im Designmanagement aus.

Die Auszeichnung basiert auf Kriterien wie Spitzenposition in der Designinnovation (Definition und Umsetzung einer Vision für das gesamte Unternehmen), Anstoß zu Veränderungen mittels Design (Ermittlung signifikanter Veränderungen innerhalb einer Organisation, bei der das Design eine tragende Rolle gespielt hat), herausragende Leistung in der Designkoordination (Nachweis von Fähigkeiten, Verfahrensweisen, Fertigkeiten und Ressourcen) sowie strategische Leistung (Leistungsnachweis auf der Basis von Zielen und Arbeitsergebnissen – sowohl materieller als auch immaterieller Art) (<www.designmanagementeurope.com>).

Beispiel 2: Social Return on Investment (Soziale Investitionsrechnung)

Der Social Return on Investment (SROI) ermittelt, wie die Schaffung sozialer Werte, beispielsweise durch gemeinnützige Organisationen, quantifiziert und in Geld berechnet werden kann. Der Roberts Enterprise Development Fund (REDF) hat ein SROI-Rahmenkonzept geschaffen, das direkte, nachweisbare Kosteneinsparungen und Umsatzanteile ermittelt, die in Zusammenhang mit dem Engagement eines Einzelnen innerhalb eines sozial ausgerichteten Unternehmens stehen.

Beispiel 3: Maßstäbe der Geschäftstätigkeit

Zu den Maßstäben gehören: Anstreben sozialer Erfolge, Erhöhung des Selbstwertgefühls und Verbesserung sozialer Netze oder Stabilisierung der Wohnsituation. Dabei werden auch Investitionen nach sozialen Maßstäben sowie die Kriterien für Wertmessung unter drei Blickwinkeln betrachtet, nämlich dem wirtschaftlichen (Unternehmenswert), dem gesellschaftlichen (Wert der sozialen Zielsetzung) und dem sozioökonomischen (Mischwert) (<www.redf.org>).

In Hinblick auf Nachhaltigkeit erläutern Andrew Likiermans Forschungsarbeiten über Leistungsberichte, warum und wie Organisationen fortschrittlichere Maßnahmen der Geschäftstätigkeit ergreifen sollten, um ihre Berichte nicht nur auf zurückliegende finanzielle Leistungen zu stützen (Williams, in PARC, 2007).

Williams empfiehlt zwei Schlüsselbegriffe, um die bestehenden Leistungsmesssysteme der Unternehmen zu verbessern: Zukunftsfähigkeit (die Fähigkeit des Unternehmens, sein laufendes Geschäftsmodell aufrechtzuerhalten) und Flexibilität (die Fähigkeit des Unternehmens, sein Geschäftsmodell dynamisch neu zu erfinden, wenn sich die Umstände verändern). Beide Elemente „zielen darauf ab, weiter zu schauen als bis zu den Erfolgsmaßstäben von gestern und sich stärker auf die Fähigkeit des Unternehmens zu konzentrieren, sich an die Umstände anzupassen, die in der Zukunft den Erfolg sichern werden" (PARC, 2007).

Dieser Ansatz entspricht deutlich besser dem Vermögen von Designmethoden und -prozessen, künftige Bedürfnisse – der Menschen, der Gesellschaft und der Wirtschaft – aufzudecken und zu vermitteln.

3. Stroom gehört zur Schie-centrale, dem „wild klopfenden Herzen" von Rotterdams audio-visueller Industrie. Dieses Hotel, das auch eine Bar, eine Lounge und ein Restaurant umfasst, dient als Plattform für junge Unternehmer im Mediabusiness.

Das Innere wurde von Stars Design umgestaltet, die hohen Decken und riesigen öffent-lichen Räume eröffneten die Möglichkeit, Aussehen und Atmosphäre des nicht mehr genutzten Elektrizitätswerks dem Hotelkonzept von Stroom anzupassen.

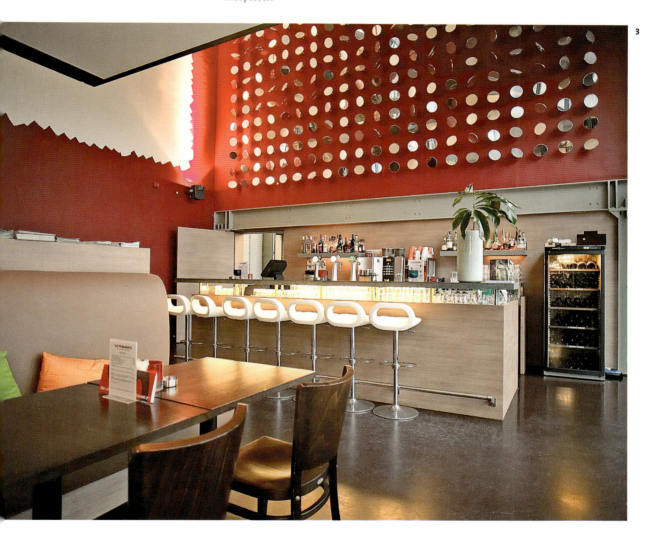

Phelophepa-Gesundheitszug: Schaffung echter Werte

Es gibt viele verschiedene Arten, auf die Unternehmen „Wert" schaffen können. Phelophepa, der erste Gesundheitszug der Welt, bietet seit 1994 preiswerte, gut erreichbare und unbedingt notwendige Gesundheitsdienstleistungen in ländlichen Gemeinden Südafrikas an. Es handelt sich um einen „wundersamen" Gesundheitszug: Er bringt gesundheitliche Erstversorgung direkt zu den armen und benachteiligten Menschen, die abgelegen wohnen und sonst keinen Zugang zu Gesundheitsfürsorge hätten. Der Zug führt Untersuchungen an Bord durch und, was noch wichtiger ist, „Edu-care"-Schulungsprogramme, um Menschen und Gemeinden zu ermutigen, sich selbst um ihre Gesundheit zu kümmern.

Serviceangebot zur Gesundheitsfürsorge

Der Zug möchte insbesondere den Menschen, die arm sind und medizinische Grundversorgung benötigen, Gesundheitsdienste zur Verfügung stellen. Jeder Aspekt der Serviceleistungen ist den Werten Integrität, Menschenwürde und nachhaltiges Wirtschaftswachstum verpflichtet. Fachleute vieler verschiedener Einrichtungen lernen voneinander und arbeiten zusammen, um Augen- oder Zahnbehandlungen und Röntgenuntersuchungen durchzuführen, um zu beraten, zu behandeln und in der Gesundheitsfürsorge tätig zu sein. Zusätzlich werden Krebs-, Diabetes- und TB-Screenings sowie Augenuntersuchungen und Brillen angeboten. Auch Schulungsprogramme („edu-care") stehen zur Verfügung. Schulung und Screening sind die primären Ziele von Phelophepa, um das Bewusstsein der Menschen für die eigene Gesundheit zu wecken.

Geschäftsbetrieb und Finanzierung

Der Zug wird von der Verkehrs- und Logistikgruppe Transnet als privates „Entwicklungsunternehmen" finanziert. Nachdem das Unternehmen sich im Rahmen seiner Tätigkeit zu sozialer Verantwortung verpflichtet hat, gründete es die Transnet Foundation – zuständig für die Sozialverantwortung der Transnet-Gruppe – und erstellte fünf Portfolios mit dem Hauptanliegen, sozio-ökonomische Entwicklungsprojekte umzusetzen. Diese CSR-Portfolios betreffen die Bereiche Bildung, Gesundheit, Sport, Kunst und Kultur sowie in Containern angebotene Hilfsleistungen. Das „containerisierte Hilfsprogramm" ist die kreative Antwort der Transnet Foundation auf die mangelhafte Infrastruktur in ländlichen Gebieten. Das Programm ist innovativ, es nutzt alte oder beschädigte Frachtcontainer, die repariert und für die sozialen Dienstleistungen und Sicherheitsbedürfnisse ländlicher Gemeinden hergerichtet werden.

Der Zug wird zudem von sozial engagierten Unternehmen wie Colgate und Roche sowie weiteren lokalen, regionalen und internationalen Sponsoren unterstützt. Transnet hat rund 15 Millionen Rand (1,9 Millionen US-Dollar) an Kapital investiert, 2009 betrug das monatliche operative Budget schätzungsweise 1,2 Millionen Rand (150 000 US-Dollar). Von den Menschen, die die Leistungen des Zugs in Anspruch nehmen, werden minimale Gebühren verlangt, einige Leistungen sind kostenlos.

1. Der Name Phelophepa ist eine Kombination aus den afrikanischen Sprachen Setswana und Sesotho und bedeutet „gute, saubere Gesundheit". Die „Klinik auf Schienen" ist 360 Meter lang und behandelt derzeit über 180 000 Menschen pro Jahr. 19 Vollzeitmitarbeiter und 36 Medizinstudenten im letzten Studienjahr arbeiten hier zusammen und lernen voneinander; mit modernster Technik behandeln sie über 1000 Menschen pro Woche.

Mit den Worten von Transnet: „Die Planung unserer sozialverantwortlichen Programme ist noch im Entwicklungsstadium; die Geschäftsprozesse sind jedoch auf Transnet abgestimmt, ein Unternehmen, das stolz auf seine Grundsätze der Unternehmensführung, seine Corporate Governance ist." Transnet prüft jedes potenzielle und laufende Programm in Bezug auf Nachhaltigkeit und Auswirkungen – als soziale und finanzielle Investition, aber auch mit Blick auf eine Verbesserung der Wachstumsmöglichkeiten für das Unternehmen wie für die südafrikanische Wirtschaft.

2

3

2, 3. Nach der Ankunft lassen sich die Patienten in einem „Wartebereich" registrieren, um eine Behandlung in Anspruch zu nehmen (ganz oben). Anschließend wird jeder Patient in die für seinen Bedarf geeignete Praxis geschleust – zu einem Zahnarzt, einem Augenarzt oder einem anderen Facharzt (oben).

Design und Marketing

Phelophepas erfindungsreiches Design gewährleistet, dass der Zug während seines fünftägigen Aufenthalts über Strom verfügt: Ein Anschluss an das Stromnetz ist für die Bereitstellung der zahnmedizinischen und medizinischen Versorgung unerlässlich.

Was als eine Initiative mit drei Waggons begann, erstreckt sich inzwischen auf 16 komplett ausgestattete Waggons mit verschiedenen Arztpraxen, Behandlungsräumen und anderen Einrichtungen.

Das Personal und die Studenten haben Zugang zu Handys, Telefonen, Faxgeräten und Internet und verfügen über eine Küche, in der pro Tag 220 Mahlzeiten zubereitet werden können.

Lokalzeitungen und lokale Radiosender unterstützen das Marketing des Zugs, indem sie Anzeigen zu einem symbolischen Preis schalten. Die Marketingmanager von Phelophepa wählen Menschen aus ländlichen Gebieten aus, die eine Beziehung zwischen den Patienten und dem Zugteam herstellen sollen. Die Teams sind jedes Jahr von Januar bis September auf einer festgelegten Strecke unterwegs. An jedem Stopp bleibt der Zug eine Woche lang. Erst nach zwei Jahren besucht der Zug denselben Ort erneut.

4. Die Mitarbeiter – Kranken-
schwestern, Augenoptiker,
Zahnärzte, Apotheker, Psycho-
logen, Schulungsfachleute
und Medizinstudenten im
Abschlussjahr – haben in den
vergangenen 14 Jahren mehr
als eine halbe Million Patienten behandelt.

4

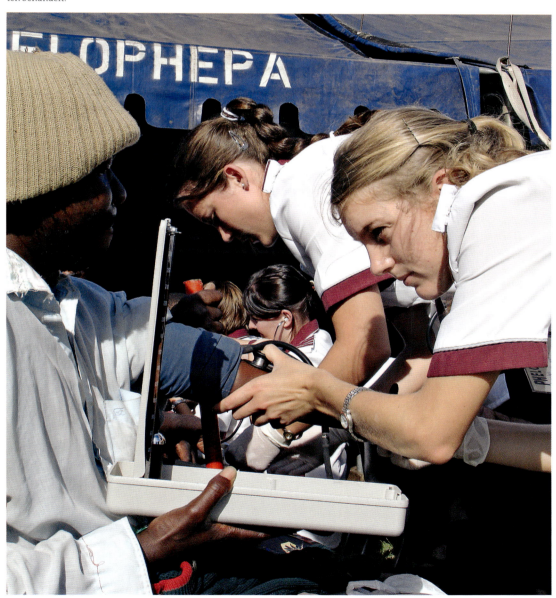

Philip Goad
IDEO

130

IDEO ist eine weltweit agierende Beratungsfirma, die durch Design für Einfluss sorgt. Als Spezialisten für Human Factors, Psychologie, Wirtschaft, Design, Technik und Fertigung liefern die Mitarbeiter von IDEO einen Komplettservice für Produktinnovation und Produktdesign.

Leistungsmessung:
Mithilfe von Design Thinking die Bedürfnisse der Menschen aufdecken und umsetzen

„Heute verfügen Unternehmen und Organisationen über mehr Kundendaten als je zuvor. Ihr Markenauftritt will den Kunden in den Mittelpunkt stellen, und ihre Dienstleistungen sind angeblich äußerst individuell zugeschnitten. Die Wirklichkeit hingegen sieht meist anders aus. Warum ist das so?

Das Problem ist unserer Erfahrung nach häufig ein Problem der Sichtweise: Viele Unternehmen sehen die Menschen nur als ‚Käufer' oder ‚Verbraucher' bestimmter Produkte und Dienstleistungen. Durch die Vergabe vieler Aufträge im Bereich Marktforschung und Marktinformationen versuchen sie, ihren Markt, ihre Kunden und die aktuellen Trends zu verstehen. Solche Informationen sind zwar wertvoll, können ein Unternehmen jedoch unflexibel machen und es zu sehr auf die Welt fixieren, wie sie ist, anstatt zu überlegen, wie die Welt sein könnte. Das ist etwa so, als ob man eine Schnellstraße entlangrast und dabei in den Rückspiegel schaut.

Die Unternehmen erkennen oft nicht, wie komplex und facettenreich die Wirklichkeit ist, wo die verborgenen Bedürfnisse der Menschen liegen, dass sie auf viele verschiedene Arten erfüllt werden können und dass Märkte auf neue und unerwartete Produkte und Dienstleistungen ganz unberechenbar reagieren können.

An diesem Punkt setzt das Design Thinking an, ein auf den Menschen konzentrierter Ansatz der Innovation. Design Thinking setzt sich zunächst mit den Bedürfnissen der Menschen in ihrem Lebensumfeld auseinander. Es macht sich unkonventionelles Denken und die Fähigkeiten des Designs nutzbar, Ideen greifbar werden zu lassen, um erwünschte neue Produkte und Dienstleistungen hervorzubringen, und gleichzeitig sicherzustellen, dass sie technisch machbar und kommerziell brauchbar sind.

Als wir von IDEO mit der Bank of America zusammenarbeiteten, verbrachten wir viel Zeit damit, das Verhältnis der Menschen zum Geld zu verstehen, und zwar sowohl von Sparern als auch von Menschen, die nicht systematisch sparten. Anstatt Testgruppen zu bilden oder Forschungsberichte zu studieren, besuchten wir die Menschen zu Hause und stellten fest, dass vielen das Sparen schwerfiel; schließlich ist Sparen keine Selbstverständlichkeit, und es macht weniger Spaß, als Geld auszugeben. Interessanterweise dachten die meisten bei Geld eher an Zahlen mit vielen Nullen als an Kleingeld. Einige unserer Gesprächspartner nutzten dies sogar zu ihrem Vorteil. Sie hatten eine Sparmöglichkeit gefunden, die ihnen nicht wehtat: Sie sammelten einfach das Kleingeld aus dem Geldbeutel in einem Gefäß.

Diese einfache, aber entscheidende Erkenntnis über das Sparverhalten mancher Menschen wurde genutzt, um eine neue Art Bankkonto zu erfinden, das es den Menschen ermöglicht, bei jedem Einkauf das Wechselgeld anzusparen: Bei Einkäufen per Karte wird der Betrag automatisch auf den nächsten vollen Dollar aufgerundet und die Differenz auf das Sparkonto des Kunden überwiesen. Die Bank verdoppelt den angesparten Betrag nach drei Monaten und gibt am Jahresende Zinsen darauf.

Dieses neue Konto wurde ein Riesenerfolg und schuf eine neue Gruppe regelmäßiger Sparer – und zwar vor allem deshalb, weil sich die Menschen nicht mehr zwischen Sparen und Kaufen entscheiden mussten. Das Handelsergebnis spricht für sich: Innerhalb eines Jahres nach Einführung hatte ‚Keep the Change' (‚Behalte das Wechselgeld') 2,5 Millionen Kunden gewonnen, was sich in über 700 000 neuen Girokonten und eine Million neuer Sparkonten bei der Bank of America niederschlug. Bis Mai 2008 hatten sich acht Millionen Kunden für ‚Keep the Change' angemeldet, was zu insgesamt rund zehn Milliarden US-Dollar Spareinlagen führte.

Offensichtlich lässt sich besseres Einfühlungsvermögen in die Menschen als Sprungbrett für kreatives Nachdenken darüber nutzen, wie die Bedürfnisse der Menschen am besten erfüllt werden können. Es kann einem Unternehmen allerdings schwerfallen und riskant erscheinen, bekannte Wege zu verlassen, insbesondere wenn es nicht sicher weiß, dass für eine bestimmte Idee bereits ein passender Markt vorhanden ist.

Philip Goad
Human-Factor-Spezialist,
IDEO, USA

Ein wichtiges Instrument gegen die Trägheit, die aus dem Zögern beim Ausprobieren neuer Konzepte entsteht, ist Prototyping bzw. Prototypenbau. Dadurch werden neue Produkte und Dienstleistungen schon in einem frühen Stadium fassbar. Dies hilft Menschen aus unterschiedlichen Aufgabenbereichen, beim Erdenken und Entwickeln neuer Konzepte erfolgreich zusammenzuarbeiten. Mit Prototyping erhält man zudem ein Feedback der Endverbraucher, das frühzeitig signalisiert, ob ein neues Produkt oder eine neue Dienstleistung in ihre Lebenssituation passen wird und inwiefern sie noch optimiert werden können. Mit anderen Worten: Prototyping lässt Ideen entstehen und hilft, Risiken zu reduzieren. Je mehr und je früher man Dinge greifbar machen kann, desto besser.

Als IDEO mit der TSA (Transportation Security Administration), einer Bundesbehörde im Geschäftsbereich des US-Heimatschutzministeriums, zusammenarbeitete, um eine neue Sicherheitsroutine für Flughäfen zu entwickeln, war Prototyping ein wesentliches Element. In einer Lagerhalle wurde der Sicherheitsbereich in Originalgröße aus einfachen Materialien wie Schaumstoffplatten aufgebaut. So konnte das Feedback von Personal, Passagieren und Mitgliedern der Regierung eingeholt und ihre Fürsprache für das Projekt gesichert werden."

131

Dr. Thomas Lockwood
Design Management Institute

Dr. Lockwood ist zuständig für alle Managementaufgaben des Instituts, um die internationale Gemeinschaft der Designmanager zu unterstützen. Er hilft Organisationen weltweit, effektives Designmanagement besser zu verstehen und für das Wirtschaftswachstum zu nutzen. Hierzu gehören die Erarbeitung der Forschungsagenda, die Betriebsführung und die Organisation der Mitgliederprogramme weltweit.

Messung des Werts von Design: Die zwingende Notwendigkeit für integriertes Designmanagement

„Die Rolle, die das Design in Unternehmen spielt, hat sich in den letzten Jahren dramatisch verändert. Design wird inzwischen als zentraler Geschäftsvorgang anerkannt, aber auch als Vermögenswert, der für eine signifikante Wertsteigerung sorgen kann. Trotzdem wissen nur wenige Geschäftsprofis – oder in diesem Fall Designprofis – wie Designmanagement funktioniert oder wie Designprinzipien und Design Thinking in ein Unternehmen integriert werden können. Unternehmen, die sich stärker am Design orientieren möchten, müssen ein Synthese zulassen – die Kombination mindestens zweier Elemente, durch die etwas Neues entsteht.

Design wird inzwischen im Geschäftsleben als ein Prozess anerkannt, der zugleich auch Produkt, Kommunikationsmittel oder Umfeld ist. Was heute vielfach als ‚Design 3.0' bezeichnet wird, ist fester Bestandteil des Geschäftserfolgs. Dabei ist nicht wichtig, was Design *ist*, sondern was Design *bewirkt*. Die Rolle des Designers hat sich ebenfalls verändert, vom Lösen einfacher Probleme zum Lösen komplexer Probleme und vom freiberuflichen Arbeiten, konzentriert auf eine einzelne Fachdisziplin, zu einer Zusammenarbeit mit bereichsübergreifenden Teams. Design ist zudem nicht nur ein fester Bestandteil beim Entwickeln neuer Prozesse, Produkte und Dienstleistungen und bei der Ermöglichung von Innovationen, sondern kann außerdem eine signifikante Wertsteigerung des Drei-Säulen-Modells der Nachhaltigkeit bewirken. Die Bereiche Soziales, Wirtschaft und Umwelt – oder Mensch, Gewinn und Erde – sind wichtiger denn je. Der Wert von Design ist unglaublich kraftvoll, vielseitig und weitreichend, genau wie die Aufgaben des Designmanagers.

In meiner Position als Präsident des DMI habe ich einen ‚Makro'-Blick für das internationale Design und seine führenden Vertreter und einen ‚Mikro'-Blick für Einzelspieler und ihre Arbeitsweisen. Es bedarf mehrerer übergreifender Konzepte und Methoden, um eine stärker am Design orientierte Organisation zu entwickeln und Innovationen möglich zu machen.

Entscheidend sind eine klare Strategie und ein funktionierender Plan, um Design und die Prinzipien des Design Thinking in einen Betrieb zu integrieren. Ein designorientiertes Unternehmen zu werden ist eine Herausforderung und braucht Zeit, aber mit der richtigen Planung, etwas Schulung und Geduld ist es einfacher, als es auf den ersten Blick scheint.

Es hat erst einmal nichts mit fertigen Verfahren und Techniken zu tun, sondern mit Eigenverantwortung, der Transparenz von Ideen und Methoden sowie mit Offenheit für Veränderungen. Der wahre Wert von Design liegt darin, dass es alle Arten von Problemen aufdeckt und löst und nicht nur einen Feinschliff an der Oberfläche vornimmt.

Design kann als Erkenntnismöglichkeit mittels Denken und Handeln betrachtet werden – von der Formgebung für Ideen bis zur Art und Weise, wie man etwas tut. Mir gefällt Marco Steinbergs Definition von strategischem Design sehr gut: ‚Normales Design gibt Gegenständen einen Sinn; strategisches Design gibt Entscheidungen einen Sinn', sagt er.[1] Dies erklärt, was Unternehmen erreichen können, wenn sie Design in ihrer Kultur verankern, wenn sie es als Ergebnis und zur Entscheidungsfindung nutzen. So führt Design in Unternehmen zu Wertsteigerung; es löst Probleme, und davon haben Unternehmen jede Menge. Die Kunst besteht darin, die richtigen Probleme zu erkennen und sich dann auf die richtigen Lösungen zu konzentrieren.

Dr. Thomas Lockwood
Präsident,
Design Management
Institute (DMI), USA

Was ist der Unterschied zwischen Design Thinking und Designmanagement? Design Thinking ist in erster Linie ein Innovationsprozess – Teil der noch vagen Anfangssituation und eine großartige Methode, um unbefriedigte Bedürfnisse zu entdecken und neue Produkte und Dienstleistungsangebote zu kreieren. Das Designmanagement ist in der Regel stärker auf das Management und die Anleitung der Prozesse, Arbeitsabläufe und Ergebnisse im Bezug auf Design fokussiert (also Produkte, Dienstleistungen, Kommunikationsmittel, Umfeld und Interaktionen). Eine führende Stellung und eine gute Strategie im Designbereich können als Ergebnisse von effektivem Design Thinking und Designmanagement betrachtet werden. Die Strategie gibt die Richtung und den Zeitplan vor, die führende Stellung kommt dort zum Tragen, wo Design im Unternehmen Verbesserungen und Wettbewerbsvorteile bewirken soll.

Designmanager müssen heute vernetzt und bereichsübergreifend integrieren und kooperieren, um das gemeinsame Aufspüren der zentralen Probleme und die Entwicklung der Lösungen zu fördern, sowohl für die Endkunden als auch für das Unternehmen. Eine großartige Definition für gutes Design lautet: Gutes Design löst die richtigen Probleme."

[1] Aus Steinbergs Vortrag auf der Konferenz des Design Management Institute 2009 in Mailand, Italien.

Krzysztof Bielski
Institut für Industriedesign

Krzysztof Bielski ist derzeit Direktor des Designzentrums am Institut für Industriedesign in Warschau sowie Juryvorsitzender des Wettbewerbs Dobry Wzor (Gutes Design). In jüngster Zeit war er an einer Reihe von Designförderprojekten beteiligt wie den Gdynia Design Days. Außerdem war er Kurator der Ausstellungen „Design for Kids" von Yves Béhar und „Added Value. Global Design from Poland". Krzysztof kommt ursprünglich aus dem Einzelhandelsmanagement, er hat für Marken wie SANYO, IKEA, AHOLD und Habitat gearbeitet und besitzt umfassende Erfahrungen in der Einführung neuer Marken sowie in der Finanzbeschaffung und dem Management von Produktreihen und Eigenmarken.

Wertmessung in der Designerausbildung

„Die Menschen neigen im Allgemeinen dazu, Dinge zu verkomplizieren, die eigentlich ganz einfach sind. Design wird plötzlich als Sofortlösung gesehen, als etwas, was man einfach nur ‚einzustecken' braucht, wenn man ein 100 %iges Ergebnis sucht – ob nun im Betrieb oder bei den Kunden. Während die Welt zunehmend kompliziert beschreibt, was Design verändern kann – auf operativer, taktischer oder strategischer Ebene des Geschäftsmanagements –, braucht die Designausbildung in Polen, wie in vielen anderen neuen Ländern der Weltwirtschaft, einen Multichannel-Ansatz.

In einer starken Wettbewerbssituation mit immer anspruchsvolleren Kunden sowie Unternehmen, die nach immer produktiveren Arbeitsweisen suchen, ist hier Basisarbeit nötig – wie etwa die Erklärung von Begriffen wie ‚Design', ‚Designer' und ‚Industriedesign'. Andererseits muss jedoch auch erklärt werden, welche Rolle Design in einem Unternehmen spielen kann; dazu gehört auch die mögliche Rolle, die das Designmanagement bei der Erfüllung der Unternehmensziele spielen kann.

134

Mit dieser Situation im Hinterkopf und angesichts der Tatsache, dass Design mit Luxus und Mode verknüpft wird, suchen wir nach Anwendungsmöglichkeiten für Design. Was die Ausbildung betrifft, so möchten wir das Verständnis für Begriffe, Bereiche und Prozesse in Zusammenhang mit Industriedesign, Modedesign, Verpackungsdesign, Schnittstellendesign und Informationsdesign erleichtern – wobei Servicedesign und das Design menschlicher Interaktionen wegweisend sind für innovative Anwendungsformen. Der pädagogische Auftrag sollte sich sowohl an die Regierungsbehörden als auch die örtlichen Stadtbehörden wenden, außerdem an ein breites Spektrum von Unternehmen, ob nun produkt- oder serviceorientiert. Designzentren, Designschulen und Designeinrichtungen, die derzeit wie Pilze aus dem Boden schießen, schaffen eine gute Plattform und Atmosphäre für die engagierte Arbeit, die geleistet wird und ständig zunimmt. Alle diese Aktivitäten bilden natürlich einen Markt künftiger Möglichkeiten.

Das Institut für Industriedesign wurde 1950 gegründet; in letzter Zeit erfuhr es neue Impulse und hat nun mittels vielfältiger Aktivitäten und Ausstellungen eine Schlüsselrolle in der polnischen Designerausbildung übernommen. Angeboten werden unter anderem ein Aufbaustudium im Designmanagement, Workshops und E-Learning für Designer und Unternehmen sowie auf Unternehmen zugeschnittene Ausstellungen und Events.

Krzysztof Bielski
Direktor,
Institut für Industriedesign, Polen

Eine der Hauptinitiativen des Instituts ist ein dreijähriges, von der EU finanziertes Projekt namens ‚Design Your Profit', bei dem wir anhand pädagogischer Initiativen eine Plattform für Unternehmen und Designer schaffen. Unternehmen lernen, wie sie Design auf verschiedenen Ebenen in ihre Tätigkeiten integrieren können, während Designer ein Verständnis für die Geschäftswelt bekommen.

Ein weiteres Projekt des Instituts und eine Chance für kleine und mittlere Unternehmen ist die Investition in innovative Vorhaben durch die Anwendung aktueller Schlüsselkonzepte insbesondere im Bereich Design. Die Geldmittel hierzu kommen von der EU, das Projekt wird von der Polnischen Agentur für Unternehmensentwicklung geleitet. Solche Aktivitäten helfen den polnischen Firmen, ihre allgemeine Wettbewerbsfähigkeit zu verbessern, verlangen aber zumindest im ersten Stadium des Projekts auch ein aktives Engagement im Designmanagement. Es ist zu hoffen, dass einige dieser Unternehmen langfristig Maßstäbe für neue Arbeitsweisen setzen werden."

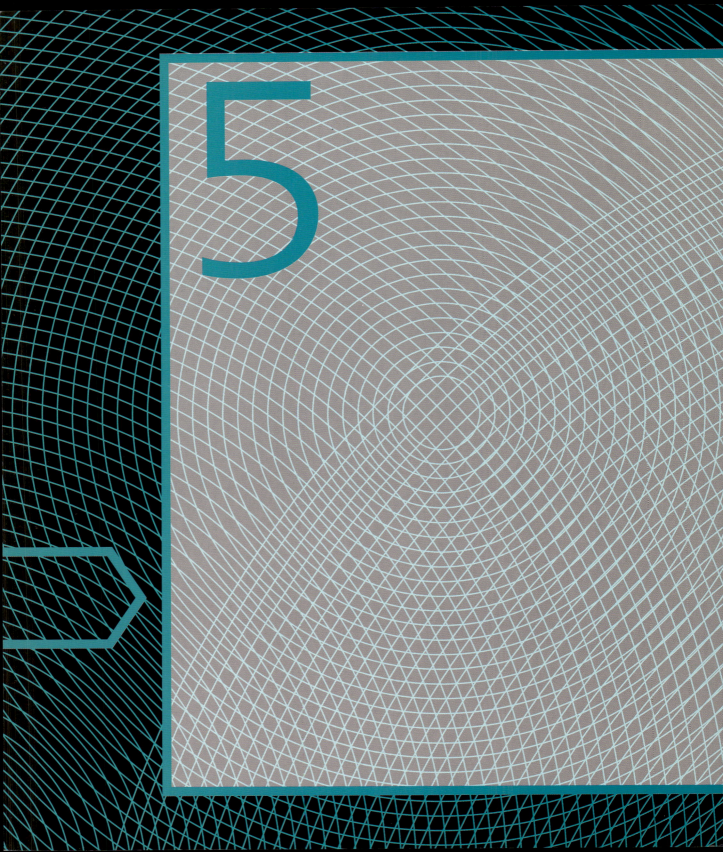

5

Marketing und Markenkommunikation

Nutzer, Käufer und Märkte

Jedes Unternehmen, das eine Beziehung zu seinen Kunden pflegen möchte, um deren Bedürfnisse zu befriedigen, einen soliden Kundenstamm aufzubauen und Einnahmen zu erzielen – und damit der Firma eine Existenzgrundlage zu schaffen –, sollte die Nutzer, Käufer und Märkte auch verstehen.

Das Kaufverhalten

Unter Kaufverhalten versteht man das Verhalten der Menschen, die Waren und Dienstleistungen kaufen, nutzen oder mit ihnen interagieren. Ebenso wie Gefühle und Überzeugungen die Handlungen und die Kaufentscheidungen der Kunden beeinflussen, bilden sich die Kunden auch eine Meinung zu den Marken, die sie im Alltag nutzen, und entwickeln dazu eine emotionale Bindung.

Die Entscheidung, etwas zu konsumieren (oder nicht), kann einerseits von äußeren Faktoren wie dem Preis, der Leistung oder dem Umfeld beeinflusst werden, in der das Produkt oder die Dienstleistung angesiedelt ist, und andererseits von inneren Faktoren wie der Frage, welche symbolische oder emotionale Bedeutung das Marken- oder Produktimage für den einzelnen Verbraucher besitzt. Eine Prognose des Konsumverhaltens ist wichtig für die Unternehmen; sie möchten sicherstellen, ob ihre Produkt- und Dienstleistungsangebote auf dem Zielmarkt erwünscht sind (Kaufanreiz), ob man sich an sie erinnert (Einprägsamkeit) und ob sie zu wiederholten Käufen animieren (Loyalität).

Ein häufig verwendetes Modell zum Kaufverhalten ist das Modell der hierarchischen Abfolge von Wirkungen („Hierarchy-of-Effects Model"), das den Zusammenhang zwischen der Grundhaltung des Verbrauchers und seinem Handeln aufzeigt (Beatty und Kahle, 1988).

Das Modell stellt die verschiedenen Stadien des Kaufentscheidungsprozesses dar: Unwissenheit des Verbrauchers (Produkt ist nicht bekannt), Wahrnehmung (Produkt ist bekannt), Wissen (zu diesem Produkt), Wertschätzung, Bevorzugung, Überzeugung, Kauf – und wiederholter Kauf. Pine (2000) zufolge erwerben Kunden jedoch keine Produkte, sondern Erfahrungen bzw. Erlebnisse. Für erfolgreiche Marken- und Marketingstrategien ist es von entscheidender Bedeutung, ein Markenimage zu entwickeln, das auf das voraussichtliche Verhalten der Kunden ausgerichtet ist.

Der lokale, globale und kulturelle Kontext

Betriebe, Marken und Organisationen beginnen ihre Tätigkeit häufig auf einzelnen „Heimat"-Märkten und expandieren erst nach einiger Zeit in regionalem oder internationalem Rahmen, um ihren Kundenstamm, ihre Erlöse und Marktanteile zu vergrößern. Für eine erfolgreiche Entwicklung und Erweiterung neuer Absatzmärkte weltweit müssen kulturelle Unterschiede sorgfältig geprüft werden, denn der Erfolg in einem Land lässt sich nicht unbedingt auf ein anderes Land übertragen. In der Regel wird bei der Einführung eines Unternehmens, einer Marke, eines Produkts oder einer Dienstleistung auf einem neuen Markt eine andere Marketingpolitik gewählt. So passt man beispielsweise bestehende Marken auf die nationale, multinationale oder globale Marktsituation und den jeweiligen kulturellen Kontext an, nutzt andere Vertriebskanäle und ermittelt Wachstumsbereiche und Marktnischen, die für die jeweilige Region spezifisch sind.

138

1. Porsche 911 Turbo Cabriolet: Auf dem Luxusautomarkt zählt vor allem die Kundenwahrnehmung. Eine Umfrage des Luxury Institute ergab, dass die Marke Porsche mit Leistung, Stil, Hochwertigkeit, Eleganz, Vertrauen und Respekt assoziiert wird. Dem Unternehmen Porsche ist es gelungen, seinen Status unter den Luxusmarken zu halten. Es hat die Marke durch seine Entscheidungen bezüglich Führung und Design weiter gestärkt, hat Produktlinien und Editionen geschaffen, mit denen es seinen Kernwerten und seinen loyalen Fans treu bleibt (Nielson Business Media Inc., 2009).
Foto: © Porsche

1

Diagramm 14: Die fünf Phasen des Kaufprozesses

	Entscheidungskriterien/Involvementgrad	
	Geringerer Preis	Hoher Imagewert
Stark	Komplexes Kaufverhalten	Kaufverhalten, das Abwechslung sucht
Differenzierungsgrad der einzelnen Marken		
Gering	Unstimmigkeit – reduziertes Kaufverhalten	Gewohntes Kaufverhalten

Diagramm 14. Beim Kaufprozess hat Philip Kotler (2006) fünf Phasen ermittelt: (1) das Erkennen eines Problems/Bedürfnisses, angeregt etwa durch einen Bedarf oder Wunsch, (2) das Einholen von Informationen – Nachforschungen werden angestellt, Freunde befragt, Geschäfte aufgesucht, Bewertungen gelesen, (3) das Prüfen von Alternativen, etwa vergleichbaren Konkurrenzprodukten, (4) das Treffen der Verkaufsentscheidung – beeinflusst durch Faktoren wie Alter, Lebensabschnitt, Peergroups – und schließlich (5) das Verhalten nach dem Kauf: Wird die Ware behalten, genutzt, zurückgegeben oder weggeworfen?

Interkulturelles Verständnis und Wissen sorgen dafür, dass Manager und Marketingfachleute empathischer auf kulturelle Unterschiede eingehen und ihr Produkt- oder Dienstleistungsangebot leichter an die Sitten und Gebräuche, Bedürfnisse und Erwartungen anpassen können, die für den jeweiligen lokalen Markt relevant sind.

Capon (2000) hält das Käuferverhalten für ein komplexes Phänomen und sieht auf internationaler Ebene zusätzliche Problemfelder für Marketingfachleute; dazu gehören „Unterschiede in Sprache, Geschmack und Grundhaltung der Menschen auf dem Zielmarkt sowie Unterschiede hinsichtlich der staatlichen Kontrollsysteme, der Verfügbarkeit der Medien und der lokalen Vertriebsnetze … es lässt sich daher schwer im Voraus bestimmen, ob neue oder andersartige Produkte auf einem Absatzmarkt im Ausland auf Akzeptanz stoßen werden".

Zwei Aspekte stellen für globale Marken eine besonders große Herausforderung dar. Zum einen ist dies die Frage, wie globale Marken am besten auf lokal und kulturell relevante Produkte und Dienstleistungen übertragen werden können. Dabei spielt Design eine wichtige Rolle, denn es kann ethnische Besonderheiten widerspiegeln und ausgleichen, während es auf kultursensible Weise das Markenimage stärkt. Zum anderen muss der Designmanager überlegen, wie er die Botschaft mündlich und schriftlich so vermittelt, dass die jeweiligen kulturellen, sozialen, politischen und rechtlichen Besonderheiten berücksichtigt werden.

139

Produktion und Konsum richtig verstehen

Das Internet hat für Produktion, Konsum und den Zugriff auf Waren, Dienstleistungen, Ideen und Interessen neue Wege eröffnet; in der Folge entstanden neue Geschäftsmodelle und neue Möglichkeiten für den Umgang mit den wachsenden Umweltproblemen.

Das Geschäftsmodell „kostenlos"

Traditionelle Wirtschaftsmodelle basieren in der Regel auf Konzepten von Knappheit und begrenzten Ressourcen, Angebot und Nachfrage und der Suche nach Massenmärkten mittels Massenkommunikationsmitteln. Neuerdings wird die Kunden-Anbieter-Beziehung durch Wirtschafts- und Geschäftsmodelle verändert, die statt auf Ressourcenknappheit auf Vielfalt und Fülle setzen.

Chris Andersons Begriff des „Long Tail" („der lange Schwanz") basiert auf der Idee des Überflusses sowie auf der Hypothese, dass eine unendliche Auswahl zu unbegrenzter Nachfrage führt. „Die Möglichkeit, durch das Internet Nischenmärkte zu erreichen, bietet große Chancen ... Hier folgt die Nachfrage dem Angebot: Durch die enorme Vergrößerung der Auswahl scheint auch die Nachfrage nach dieser Auswahl zu wachsen." Zudem sind Marktnischen wegen der geringeren Vertriebskosten rentabel: „Die Verbraucher finden Nischenprodukte, und die Nischenprodukte finden ihre Verbraucher" (Anderson, 2007). Seit „Nischeninteressen" ein Forum erhalten haben, hat sich eindeutig gezeigt, dass „alle diese Nischen addiert einen signifikanten Markt ergeben können" und dass sie „in einem globalen Netzwerk zusammentreffen, wodurch Innovation in noch nie da gewesenem Maßstab stimuliert wird" (Anderson, 2007).

Masseninnovation

Die Menschen im Allgemeinen und die Verbraucher im Besonderen sind, als „Miterzeuger" der Markenerfahrung, zunehmend an der Entwicklung von Marken und dem Meinungsaustausch über diese Marken beteiligt. „We-Think" ist ein von Charles Leadbeater geprägter Ausdruck, der beschreibt, wie wir uns aus einer Welt der Massenproduktion in eine Welt der Masseninnovation und Massenbeteiligung bewegen, wo eine kooperative Kreativität und die gemeinsam genutzte (dezentrale) Power des Internets die Menschen in die Lage versetzen, demokratischer, produktiver und kreativer zusammenzuarbeiten. So wird auch die Gesellschaft offener und demokratischer.

Massenzusammenarbeit

Laut Tapscott und Williams (2007) gibt es eine zunehmende Tendenz, das Internet als „erste weltweite Plattform der Zusammenarbeit" neu zu erfinden. Die Autoren sind davon überzeugt, dass „die Unternehmen beginnen, Produkte und Dienstleistungen auf grundlegend neue Art und Weise zu konzipieren, zu gestalten, zu entwickeln und zu vertreiben", beispielsweise mithilfe von nutzergenerierten Medien (wie YouTube), sozialen Netzwerken (wie Facebook), Modellen der Massenzusammenarbeit, basierend auf direkten Produktionsgemeinschaften, die zusammen Innovationen erreichen (wie Wikipedia), und globalen Bewegungen (z. B. zur Bekämpfung der Klimaerwärmung). Leadbeater (2008) geht davon aus, dass unser Wohlbefinden in Zukunft weniger davon abhängen wird, was wir besitzen und konsumieren, sondern stärker davon, was wir mit anderen teilen und gemeinsam erschaffen können – eine Tendenz, die von den aktuellen Sorgen um die Umwelt begünstigt wird.

1, 2. Das Park Hotel in Neu-Delhi, Indien. Obgleich das Design jedes Hotels anders ist, gibt es einen erkennbaren Park-Stil. Dazu gehört zunächst der Einsatz kräftiger Farben – was der kulturellen Tradition Indiens entspricht; dazu gehört auch die Einbeziehung örtlicher Künstler und Handwerker bei der Entwicklung individueller und handgefertigter Elemente sowie das Anzapfen lokaler Wirtschaftszweige, Begabungen und Fertigkeiten. Drittens ist der Wunsch der Hotelkette offensichtlich, immer auf dem neuesten Stand der indischen Mode zu sein. So werden die Uniformen des Personals und die Musik für die Bar-Lounge von indischen Designern und Musikern produziert.

„Lean Thinking" (Ballast abwerfen)

„Lean Thinking" befasst sich mit der Herausforderung, „wie mit weniger mehr erreicht werden kann" und wie ein Unternehmen dabei seinem Ziel stetig näher kommt, „seinen Kunden genau das zu liefern, was sie wünschen" (Womack und Jones, 2004). Das Konzept ersetzt die Jagd nach Effizienz (in der Regel durch Eliminierung, Reduzierung, innerbetrieblichen Strukturwandel und Kostensenkung) durch die Suche nach Wertschöpfung (durch die Schaffung neuer Arbeit von neuem Wert auf neue Weise). Dort, wo als Nebenprodukt Abfall entsteht, versuchen die Organisationen Wege zu finden, um die Umweltbelastung (etwa durch Abwässer oder Emissionen) möglichst gering zu halten oder den Abfall zu „Wert" zu machen – also zu etwas, wofür die Kunden zu zahlen bereit sind.

„Lean Thinking" stützt sich auf fünf „schlanke" Schlüsselprinzipien, die von Womack und Jones 2004 formuliert wurden. Das erste ist die Feststellung des Werts aus Sicht des Kunden: Inwieweit erfüllt das Produkt, die Dienstleistung oder das Unternehmen die Bedürfnisse, Wünsche, Ansprüche und Erwartungen der Kunden zur rechten Zeit, am rechten Ort und zum rechten Preis?

Zweitens muss der Wertstrom identifiziert werden. Er beschreibt die konkreten Aufgaben oder Phasen, die erforderlich sind, bis das Produkt oder die Dienstleistung zum Kunden gelangt; dabei wird berücksichtigt, (1) welche Phasen den höchsten Wert schaffen und (2) ob unwirtschaftliche Phasen eliminiert werden können.

Drittens muss das „Fluss-Prinzip" umgesetzt werden, d.h., es muss für kontinuierliche und geglättete Produktionsabläufe gesorgt werden. Wäre es effektiver und produktiver, Aufgaben und Tätigkeiten, die von bestimmten Teams oder Abteilungen ausgeführt werden, zu wertschöpfenden Prozessen umzustrukturieren?

Das vierte Prinzip ist das „Pull-Prinzip": Es besagt, dass erst dann produziert wird, wenn der Kunde bestellt oder die Bestände zur Neige gehen – der Kunde selbst „zieht" also den Wert aus dem Unternehmen; Überproduktion und hohe Lagerbestände werden vermieden.

Das fünfte Prinzip schließlich ist das Streben nach Perfektion, wobei alle Stakeholder (Zulieferer, Hersteller, Händler und Angestellte) zusammenarbeiten, um das Produkt oder die Dienstleistung zum Kunden zu bringen.

3. Seit 2002 produziert Porsche den Cayenne, eine fünfsitzige, sportliche Geländelimousine (SUV). Es war ein strategischer Schachzug, das Angebot zu erweitern und so auch völlig neue Kundensegmente auf internationalen Märkten zu eröffnen. Die Einführung der umweltfreundlichen Version, des Cayenne Diesel, 2009 symbolisierte gleichzeitig Porsches Tradition und seine Zukunft – dynamische Leistung und überlegene Sparsamkeit (Nielson Business Media Inc., 2009). *Foto: © Porsche*

Tabelle 13. Diese Tabelle zeigt das Umdenken hinsichtlich der Innovation: Von einem vorrangig durch Herstellung, Technik und Forschungslabors hervorgebrachten Ergebnis ist sie zu einem Phänomen geworden, das auch mithilfe unterschiedlicher Menschen in Bereichen wie der Finanzdienstleistung, der Wohlfahrt und dem öffentlichen Dienst sowie durch Auftraggeber, Märkte und Verbraucher entstehen kann. *(Quelle: Leadbeater, 2006)*

3

Tabelle 13: Die zehn Prinzipien der Masseninnovation

Man sollte in die Schaffung sehr breit gefächerter Innovationspotenziale in öffentlichen und sozialen Bereichen sowie in Wirtschaftsunternehmen investieren.	Bei der Innovation muss es nicht nur darum gehen, wie Produkte erfunden werden, sondern auch darum, wie sie genutzt werden.
Bildungssysteme (von Neugier gesteuert) sollten zur Förderung von Innovationen und nicht in erster Linie für die Industrie gestaltet werden.	Verbraucher und Märkte sollten ebenso zur Innovationspolitik gehören wie Wissenschaftler und Labors.
Niedrige Zugangsbeschränkungen sorgen für wettbewerbsfähige Märkte und eine Kultur der Kreativität.	Innovative Gesellschaften sind erfolgreicher, wenn es darum geht, Ideen in die Tat umzusetzen.
Innovation ist zwangsläufig ein „gemischtwirtschaftliches" Unterfangen: Häufig schaffen öffentliche Plattformen die Basis für private Innovationen.	In innovativen Gesellschaften können verschiedenste Menschen und Ideen zueinander finden, sodass Kreativität entsteht.
Gesellschaften der Masseninnovation fördern das Hinterfragen und Testen von Ideen.	Innovation muss im Mittelpunkt der Geschichte stehen, die eine Nation zu erzählen hat.

Quelle: NESTA Provocation 01, November 2006

143

Marketing

Im Verlauf des Marketings wird geprüft und organisiert, wie Unternehmen für ihre Kunden Wert schaffen – wie sie die Wünsche und Bedürfnisse der Verbraucher durch attraktive Angebote an Waren, Dienstleistungen und Erlebnissen gewinnbringend ermitteln, vorwegnehmen und befriedigen können.

Der Marketingprozess

In einem großen Unternehmen hat die Marketingabteilung die Aufgabe, herauszufinden, was die Kunden wünschen oder brauchen, und dementsprechend eine Lösung für ein Problem zu ermitteln oder auf eine Marktchance zu reagieren.

Dahinter steht der Gedanke, Wertangebote zu schaffen, die auf die Unternehmens- und Geschäftsstrategien, auf den erwünschten Zielmarkt, die Umweltbedingungen und die Positionierung des Unternehmens im Vergleich zu Konkurrenzangeboten ausgerichtet sind.

Marketingexperten treten auf vielerlei Art mit den Verbrauchern in Beziehung, um eine Geschäftsstrategie und einen Businessplan zu entwickeln, inwieweit die Marketingstrategie und der Marketingplan die Gesamtziele des Unternehmens und die Einzelziele der Geschäftsbereiche (z. B. konkrete Ziele für einen Teil der Produkt- oder Dienstleistungspalette) unterstützen können.

Silbiger (1999) zufolge gliedert sich der Entwicklungsprozess einer Marketingstrategie in sieben Phasen: Verbraucheranalyse (Segmentierung der Zielmärkte und Zielverbraucher nach ihren Bedürfnissen, ihren Wünschen und ihrem Verhalten), Marktanalyse (Untersuchung von Marktgröße, Markttrends und Wettbewerbsumfeld), Wettbewerbsanalyse (Auswertung der Konkurrenz, der Differenzierungspunkte, Kernkompetenzen und Stärken, Schwächen, Chancen und Risiken), Vertrieb (Untersuchung der Kanäle und Netzwerke, über die der Zugang zum Zielmarkt erfolgt), Entwicklung eines Marketingmix (eines Aktionsplans, basierend auf den „vier Ps" – Product, Place, Promotion, Price; siehe Seite 148/149) und schließlich Wirtschaftlichkeitsberechnung (Preisgestaltung, Kosten, Gewinnspanne und erzielte Gewinne).

144

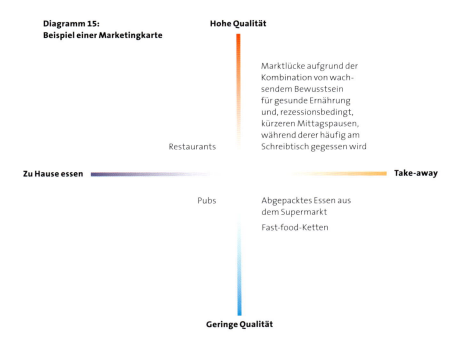

Diagramm 15:
Beispiel einer Marketingkarte

Hohe Qualität

Marktlücke aufgrund der Kombination von wachsendem Bewusstsein für gesunde Ernährung und, rezessionsbedingt, kürzeren Mittagspausen, während derer häufig am Schreibtisch gegessen wird

Restaurants

Zu Hause essen

Take-away

Pubs

Abgepacktes Essen aus dem Supermarkt

Fast-food-Ketten

Geringe Qualität

Diagramm 15. Neue Marktchancen: Diese Marketingkarte liefert ein Bild von dem Markt für Essen und Trinken zur Mittagszeit in Großbritannien in den 1980er-Jahren. Dabei zeigt sich die damals bestehende Marktlücke, ausgelöst durch das wachsende Gesundheitsbewusstsein und längere Arbeitszeiten.
(Quelle: Bragg und Bragg, 2005)

Marktforschung

Der Prozess der Marktforschung beginnt damit, ein Problem zu erkennen und zu definieren, gefolgt von einer Erkundung (wie dem Besuch von Orten und Gesprächen mit Menschen), einer Datenerhebung (z. B. der Durchführung von Umfragen) und deren Auswertung (z. B. eine statistische und Verbraucheranalyse). Die Ergebnisse werden in der Regel in übersichtlicher Form aufbereitet und veröffentlicht, z. B. als Marktforschungsbericht.

Sobald diese Daten evaluiert worden sind, formuliert man einen Marketingplan. Darin werden eine Marktlücke, ein Marktsegment und das Zielpublikum ermittelt, auf das man sich konzentrieren sollte; außerdem nennt der Marketingplan die Ziele und Aufgaben und den Aktionsplan für das Angebot (Produkt oder Dienstleistung) – wo es platziert werden soll (Location), wie es beworben werden soll (durch PR und Werbekampagnen) und wie viel dafür berechnet werden soll (Preisgestaltung).

Marktsegmentierung

Märkte werden in „Segmente" aufgeteilt, um die Zielkunden klarer zu definieren – ihre Verhaltensweisen, Grundhaltungen, Überzeugungen, Persönlichkeiten oder Bedürfnisse. So lassen sich die Marketingmaßnahmen gezielter planen. Es ist die Aufgabe des Marketingfachmanns, zu entscheiden, auf welche Weise das jeweilige Unternehmen, das Produkt oder die Dienstleistung die Verbraucher mit dem angestrebten „Kundenprofil" erreichen kann und ob Marketingstrategie und Marketingplan verändert werden müssen, um alle Marktsegmente anzusprechen.

Märkte können auch eingeteilt werden anhand von geografischen (definiert nach Standort), demografischen (basierend auf der Annahme, dass Menschen eines Wohnviertels ähnliche Gewohnheiten und Verhaltensweisen haben) oder psychogeografischen Faktoren (Annahme von Motivationen für das Kaufverhalten, die vom Lebensumfeld beeinflusst sind), Daten zum Lebensstil (basierend auf Faktoren wie Alter/Lebensabschnitt oder Präferenzen etwa für bestimmte Tageszeitungen). Mosaic ist beispielsweise ein geodemografisches Segmentierungssystem, das die Menschen nach ihrem Wohnort („ländlich" bis „urban") und nach ihrem Wohlstandsgrad in zehn Lifestyle-Gruppen und 41 Untertypen einteilt (<www.experian.de>).

Marktposition

Die Wettbewerbs- und die Produktposition haben großen Anteil an Marketingentscheidungen und sind insbesondere für Designmanager relevant. Da dem Design eine Schlüsselrolle in der Differenzierung der Produkte oder Dienstleistungen von anderen Angeboten zufällt, ist es eine wichtige Quelle für die Schaffung von Wettbewerbsvorteilen. Die Positionierung eines neuen Produkts oder einer neuen Dienstleistung beginnt mit einer Prüfung der allgemeinen Unternehmensstrategie, gefolgt von der Durchführung eines Audits des Produkt- und Dienstleistungsportfolios innerhalb der Organisation sowie außerhalb in einem größeren Wettbewerbsumfeld. Gibt es auf dem Markt einen unbefriedigten Bedarf oder eine Nische? Wie sollte das Angebot positioniert werden, um auf ausgewählten Zielmärkten Anklang zu finden? Wie sieht das Angebot für die Kunden aus? Falls viele konkurrierende Angebote ermittelt werden: Ist das neue Angebot aus Sicht der Verbrauchers nötig? Das Audit prüft auch die Grundeinstellung und das Verhalten der Kunden sowie ihre Beziehung zum Unternehmen und seinen Produkten und Dienstleistungen.

Diagramm 16: Die Boston Consulting Group Portfolio Matrix

	Stark	**Nachwuchsprodukte („Babys" oder „Fragezeichen"):** Produkte mit kleinem Anteil an einem stark wachsenden Markt, die Investitionen und Ressourcen verbrauchen, dabei aber nur wenig Gewinn abwerfen.	**Sternchen („Stars"):** Produkte mit einem großen Anteil an einem stark wachsenden Markt, die Investitionen und Ressourcen schlucken, aber auch große Gewinne erzielen.
Markt-wachstum		**Auslaufprodukte („Poor Dogs"):** Produkte mit einem kleinen Anteil an einem Markt mit geringem, gleichbleibendem oder zurückgehendem Wachstum, die eher Gewinn schlucken, als Gewinn erzielen.	**Melkkühe („Cash cows"):** Produkte mit großem Anteil an einem gering wachsenden Markt. Sie sorgen für die höchste Finanzrendite und sollten regelmäßig überprüft werden, um die weitere Rentabilität sicherzustellen.
	Gering	Gering	Groß

Relativer Marktanteil

Diagramm 17: Die Ansoff-Matrix

	Neu	**Marktentwicklung** Markterweiterung z. B. durch Einführung bestehender Produkte in neue Märkte.	**Diversifikation** Diversifikation über Kernmärkte, Kernproduktlinien oder Kernaktivitäten hinaus (hohes Risiko).
Märkte		**Marktdurchdringung** Erhöhung des Marktanteils oder Marktwachstums, z. B. durch Werbe- und Verkaufsförderungsmaßnahmen oder Preissenkungen.	**Produktentwicklung** Austausch bestehender Produkte in einem bestehenden Markt durch neue oder entsprechend veränderte Produkte.
	Bestehend	Bestehend	Neu

Produkte

Diagramm 16. Die Boston Consulting Group Portfolio Matrix („BCG-Matrix") stellt das Verhältnis zwischen Marktanteil (gegenüber der Konkurrenz) und Marktwachstum grafisch dar und wird zur Planung des Produktportfolios herangezogen. Sie befasst sich mit den verschiedenen Produkten oder Dienstleistungen eines Unternehmens und deren jeweiligen Aufgaben. Dadurch wird gewährleistet, dass Produkte und Strategien eines Unternehmens so gestaltet sind, dass ein kurzfristiger Cashflow ebenso erreicht wird wie das langfristige Überleben.

Diagramm 17. Die Ansoff-Matrix (Produkt-Markt-Matrix) dient der strategischen Planung alternativer Entwicklungsmöglichkeiten des Geschäfts. Sie stellt bestehende und neue Produkte bestehenden und neuen Märkten grafisch gegenüber und liefert Erkenntnisse, wie ein Unternehmen durch die Schaffung neuer Märkte, Produkte und Dienstleistungen den Verkaufserlös steigern kann.

Marketingkommunikation

Die Marketingkommunikation befasst sich damit, wie der „Marketingmix" – die Gestaltung von Produkten und Dienstleistungen, die Vertriebsstrategien, die Kommunikationspolitik und die Preispolitik – mit Leben erfüllt, entsprechend der Marke ausgearbeitet und der Zielgruppe vermittelt werden kann.

Die Marketingbotschaft

Marketingkommunikation (oder MarCom) wird auch als „integrierte" Marketing- oder Markenkommunikation bezeichnet, weil sie viele verschiedene Anliegen unter einen Hut bringt. Sie befasst sich unter anderem damit, wie die Medien und die Botschaften, die mit einer Marke oder einem Unternehmen verbunden sind, ihre Zielgruppe auf genau die Weise erreichen, die für diese am relevantesten ist. Die „Marketingbotschaft" muss schlüssig in alle Kommunikationskanäle integriert werden (die z. B. eingesetzt werden, um die Zielkunden zu erreichen und die Marke zu fördern), sodass die Botschaft eindeutig ist und nicht durch widersprüchliche „Mischbotschaften" für Verwirrung sorgt, was der Marke wiederum schaden kann.

In einer integrierten Kampagne lassen sich Marketingbotschaften über verschiedene Kommunikationskanäle verbreiten, wie etwa Plakatwerbung, Öffentlichkeitsarbeit (PR) oder Direktwerbung. Die klassische („Above-the-line"- oder ATL-)Werbung, die für eine breite Masse leicht erkennbar ist, greift gern auf Massenmedien wie Fernsehen, Rundfunk und Zeitungen zurück, während die nicht klassische („Below-the-line-" oder BTL-)Werbung einzelne Gruppen gezielt anspricht und andere Kommunikationskanäle nutzt, etwa Direktwerbung (per Post und E-Mail), Öffentlichkeitsarbeit oder Verkaufsförderungsaktionen. Weitere Marketingmöglichkeiten sind Aufmachung, Sponsoring, Ausstellungen und Messen, Merchandising und Promotion am Verkaufsort (POS) sowie Internetkampagnen. Welche Marketing- und Vertriebskanäle gewählt werden, um die Kunden zu erreichen, wirkt sich auf die Preisgestaltung und damit letztlich auch auf die erzielten Gewinne aus.

Der Marketingmix

Der Marketingmix ist „die besondere Gruppe von Variablen, die dem Markt zu einem bestimmten Zeitpunkt angeboten werden" (Cole, 1996). Der Begriff bezieht sich im Besonderen auf die Entscheidungen hinsichtlich der „vier Ps": Product, Place, Promotion und Price (Produkt-, Vertriebs-, Kommunikations- und Preispolitik). Beim Marketing für Dienstleistungen kann auf sieben Ps erweitert werden, d.h. zusätzlich auf People (Personal), Processes (Prozesse) und Physical Aspects (Ausstattung) der angebotenen Dienstleistung.

Diagramm 18: Der Produktlebenszyklus

Marktumsatz
(Umsatz, Menge und Gewinn)

Reife:
Die Umsätze erreichen einen Höhepunkt und fallen dann ab.

Wachstum:
Starker Anstieg der Umsätze

Einführung:
Produkt/Dienstleistung kommt auf den Markt.

Degeneration: Die Umsätze gehen stark zurück, das finanzielle Überleben ist gefährdet. Suche nach neuen (z. B. internationalen) Märkten für bestehende Produkte oder Erwägung neuer Verpackung oder neuer Positionierung bestehender Produkte.

Produktlebenszyklus

Diagramm 18. Der Produktlebenszyklus (PLZ) zeigt die vier Stadien im Leben eines Produkts oder einer Dienstleistung. Er demonstriert, wie der Umsatz anfangs steigt, wenn neue Marktsegmente das neue Angebot wahrnehmen und kaufen, bevor die Reife, die Sättigung und schließlich die Degeneration eintreten. Der Zyklus wird genutzt, um Marktreaktionen vorauszukalkulieren und beispielsweise den besten Zeitpunkt zu bestimmen, um eine bestehende Produktlinie durch eine neue zu ersetzen oder in neuer Aufmachung zu präsentieren.

Als Teil der Marketingstrategie eines Unternehmens wird häufig das Fünf-Kräfte-Modell von Porter genutzt, das bereits auf Seite 76 in Kapitel 3 vorgestellt wurde. Es zeigt den Zusammenhang zwischen Kunden, Anbietern, Mitbewerbern und dem Markt selbst und dient als Entscheidungshilfe in Bezug auf den richtigen Marketingmix.

Product (Produktpolitik): Worin gleicht mein Produkt/meine Dienstleistung den Konkurrenzangeboten, worin unterscheiden sie sich?

Place (Vertriebspolitik): Wo werden Produkt oder Dienstleistung verkauft? Wie werden sie vertrieben?

Promotion (Kommunikationspolitik): Wie wird das Produkt oder die Dienstleistung beworben? Wie lässt sich die Bekanntheit steigern, wie werden die Zielkunden überzeugt und an das Produkt erinnert? Benötige ich die Dienste einer Werbe- oder PR-Agentur?

Price (Preispolitik): Wie viel soll das Produkt/die Dienstleistung kosten? Die Preisgestaltung wird beeinflusst von den Kosten, der Gewinnspanne, der Nachfrage, der Wettbewerbssituation, dem von den Kunden wahrgenommenen Wert sowie den Material- und Herstellungsprozessen.

Branding (Markenentwicklung)

Als Instrument der Unternehmenskommunikation verbinden Marken sichtbar und erlebbar die interne Kultur eines Unternehmens, seine Visionen, Werte und Ziele, mit der externen Welt der Zielgruppen, Stakeholder, Verbraucher und Nutzer. Marken bieten eindeutige Merkmale, anhand derer die Kunden ein Unternehmen, ein Produkt oder eine Dienstleistung von konkurrierenden Angeboten unterscheiden können.

Was ist eine Marke?

Eine Marke kann sich auf ein Unternehmen als Ganzes beziehen (wie Procter & Gamble) oder auf eine einzelne Produktlinie oder Dienstleistungsart des Unternehmens (wie die Zahnpasta Blendax). Die Marke kommuniziert eine „Persönlichkeit" – wofür sie steht und was sie zu liefern verspricht – an Zielgruppen wie Kunden, Angestellte und Stakeholder. Wally Olins (2008) nennt vier Funktionen, die eine Marke erfüllt: Erstens fungiert sie als Instrument des Designs, des Marketings, der Kommunikationspolitik und des Personalwesens. Zweitens sollte sie ständigen Einfluss auf jeden Teil des Unternehmens und auf alle seine Zielgruppen haben. Drittens verleiht sie als Koordinationsmittel den Aktivitäten des Unternehmens eine zusammenhängende Struktur. Viertens schließlich macht sie für die Zielgruppen die Strategie des Unternehmens sichtbar und greifbar.

Marken können sich auf konkrete oder auf nicht greifbare Weise in Produkten, Dienstleistungen und Erlebnissen manifestieren. In der Regel ist ein Markenzeichen (oder Logo) ein sichtbares „Kürzel" für die Marke, mit dessen Hilfe man korkurrierende Angebote identifizieren, differenzieren und auswählen kann.

Zu den wichtigsten Aufgaben einer Marke gehört es, dem Verbraucher ein positives „Markenimage" zu vermitteln – einen bleibenden Eindruck, der genau diese Marke mit positiven Werten wie Qualität, Luxus oder Integrität verknüpft, mit Assoziationen also, die für eine erge Bindung des Kunden an die Marke sorgen.

Früher waren Brandzeichen *(brand marks)*, etwa bei Rindern oder Pferden, ein Merkmal für Zugehörigkeit, Beständigkeit und Qualität. Heute wird das „Emotional Branding" (inwiefern können Marken die emotionalen Bedürfnisse und Wünsche der Menschen erfüllen?) zu einem der wichtigsten Konzepte, um eine weltweite Marke zu schaffen, vorausgesetzt, die Empfindungen sind „universell". „Die emotionalen Aspekte der Produkte und ihrer Vertriebssysteme entscheiden letztlich darüber, was die Verbraucher kaufen und welchen Preis sie zu zahlen bereit sind" (Gobé, 2001).

Eine gute Marke schafft Vertrauen. Sie hilft den Menschen, sich zwischen konkurrierenden Angeboten zu entscheiden. Marken, die Vertrauen genießen, können eine starke Markenloyalität aufbauen, indem sie Käufer, Nutzer und Anhänger immer wieder anziehen und sie zu Dauerkunden machen. Bei Unternehmen wie Apple kann dies sogar dazu führen, dass die Menschen zu Fürsprechern der Marke sowie ihrer Produkte und Dienstleistungen werden. Neumeier (2006) zufolge wird die Marke letztlich von Einzelpersonen definiert, nicht von Firmen, Märkten oder der sogenannten breiten Öffentlichkeit – jeder Mensch entwirft seine eigene Version der Marke: „Firmen können diesen Prozess nicht kontrollieren, sie können ihn nur beeinflussen, indem sie die Eigenschaften unterstreichen, die ihr Produkt von anderen unterscheiden."

1. Uniform ist eine führende Beratungsfirma für Marken, Design und digitale Medien, die sich nicht auf eine Fachdisziplin oder eine Branche beschränkt. Die Agentur entwirft Marken, entwickelt Kampagnen und liefert ihre Ergebnisse auf der Basis ihres Ansatzes, der Kreativität und technisches Können verbindet. Bei Uniform arbeitet man mit Leidenschaft, Effektivität, Inspiration, Spaß und Aufmerksamkeit für den Kunden. Die Agentur schätzt ihr Team und dessen Engagement für die Auftraggeber hoch. Man spürt dort eine „gesunde Begeisterung dafür, Dinge zu verbessern". Forschung und Entwicklung sind von zentraler Bedeutung. Das Arbeitsumfeld (unten) inspiriert – hier spürt jeder, wo er steht.

1

Markenentwicklung

Am Anfang der Markenentwicklung steht die Ermittlung einer „Marktposition" oder einer „Marktlücke". Anschließend wird ein Geschäftskonzept erarbeitet – ein Angebot, das diese Marktposition (oder Marktchance) ausfüllen kann. Das Ergebnis, in der Regel ein Produkt, eine Dienstleistung oder eine Geschäftsidee, benötigt eine Identität, die von den Verbrauchern mit der betreffenden Marktposition und dem angebotenen Inhalt identifiziert werden kann (und der Zielgruppe zusagt).

Eine Beratungsfirma oder Designagentur wird damit beauftragt, eine neue Marke zu entwickeln, die die erwünschte Markenwahrnehmung erfüllt. Der erste Schritt besteht darin, einen Markennamen, eine Markenvision und eine Reihe von Markenwerten festzulegen. Wie wird die Marke heißen? Bekommt sie ein Symbol und einen Namen? Wofür steht die Marke?

Markenname und Logo sollten zum Schutz als Warenzeichen eingetragen werden. Die Markenwerte vermitteln das Wesen der Marke – Schlüsselbegriffe, die die Eigenschaften der Marke beschreiben. Die Vision und diese Werte bilden die Basis für alle künftigen Entscheidungsprozesse in Zusammenhang mit der Marke – innerhalb und außerhalb des Unternehmens.

Das Brand Positioning Statement (BPS) gibt an, wo die Marke auf dem Markt positioniert ist und welchen rationalen und emotionalen Nutzen sie dem Kunden verspricht. Es befasst sich mit drei Fragenkomplexen: Wo sind wir und was tun wir (Definition)? Welche Vorteile bieten wir dem Kunden (Leistungen)? Was machen wir anders (Differenzierung)? (Coomber, 2002).

Markenkommunikation

Marken machen sich das Design zunutze, um sich greifbar und erfahrbar auszudrücken. Die „Brand Expression" ist die Übertragung der Vision, der Werte und des Versprechens der Marke in eine greifbare Form, sodass die Kunden die Marke physisch und emotional erleben können.

Brand Touchpoints

Alle Berührungspunkte der Menschen mit einem Unternehmen – sein Logo, die Ladengeschäfte, Büros, Mitarbeiter und Websites – hinterlassen bei den Kunden einen Eindruck. Es ist wichtig, dass diese „Brand Touchpoints" zusammenhängend und einheitlich gemanagt werden, damit positiv besetzte Kundenerlebnisse gewährleistet sind. Brand Touchpoints, die über mehrere verschiedene Kanäle, Medien und Plattformen verteilt sind, erhöhen die Chance, bei bestehenden und potenziellen Kunden einen bleibenden guten Eindruck zu hinterlassen.

Wally Olins zufolge können Marken ihre Kernidee auf vier Wegen ausdrücken, damit ihre „Story" ankommt: durch das Produkt selbst, durch Räume, via Kommunikation und Verhalten (Olins, 1995). Zu den relevanten Touchpoints gehören Hardware (Gebäude, Einzelhandelsgeschäfte, tragbare Kommunikationsmittel, Beförderungsmittel wie Flugzeug und Eisenbahn, Printmaterial und Werbemittel, Verkaufsorte, Events und Festivals) sowie Software/Medien (Netzwerke, digitale Medien und Ambient Media, Websites, Werbekampagnen im Handel und im Internet, Onlinekommunikationsmittel und soziale Netzwerke).

Zum Markenmanagement gehört die Organisation aller Produkte, Marken, unverwechselbaren Markenelemente sowie aller Beziehungen zwischen Anbietern, die an der Vermittlung der Marken beteiligt sind, um das Markenimage, wie es vom Kunden wahrgenommen wird, zu optimieren. Design spielt beim Markenmanagement eine entscheidende Rolle, da es die Marke durch sinnliche Markenerlebnisse „zum Leben erweckt". Die Grundsätze, nach denen Brand Touchpoints zu gestalten sind, werden häufig in Marken- und Designrichtlinien vermittelt. Solche Dokumente erläutern, wie die Erscheinungsformen der Marke umzusetzen sind (und wie nicht).

Markenrichtlinien

Um eine einheitliche Ausdrucksform der Marke zu gewährleisten, legen „Markenrichtlinien" die visuellen Anforderungen und formalen Regeln für die Nutzung der Marke in unterschiedlichen Kontexten fest. Die Verantwortung für den „Markenschutz" liegt in der Regel beim Markenmanager eines Unternehmens, kann jedoch auch einer externen Beratungsfirma für Design oder Marken übertragen werden, die unter Vertrag genommen wird, um die korrekte Umsetzung der Richtlinien zu überwachen.

Markenrichtlinien können den einheitlichen und stimmigen Einsatz der Marke und ihrer Designsprache an verschiedenen Touchpoints regeln. Dazu gehören die Nutzung von Markenzeichen oder Logo in Printmedien und digitalen Medien, Spezifikationen zu Farben und Schrifttypen, Regeln für Co-Branding, Sponsoring oder Franchising sowie Merchandising-Richtlinien für den Handel mit Markenartikeln. Besonders nützlich sind diese Richtlinien in Form von Briefingdokumenten für die Zusammenarbeit mit externen Agenturen und Designberatern.

152

5. MARKETING UND MARKENKOMMUNIKATION
BRANDING (MARKENENTWICKLUNG) « | **MARKENKOMMUNIKATION** | » VISION, WERTE UND MARKEN

1, 2, 3. Die Agentur Ping Pong Design erhielt den Auftrag, die Markenidentität für BKOR, die „Abteilung für Kunst im öffentlichen Raum Rotterdams", zu entwickeln. In Rotterdam entstand gerade eine Marke für die Stadt, und dabei wollte man auch das unschöne Image des Stadtbilds aufpolieren. Ping Pong befasste sich zuerst mit der Bedeutung des Begriffs „öffentlicher Raum" und stellte dabei fest, dass es nicht genügte, den Straßenschildern zu folgen, wenn man sich in einer Stadt zurechtfinden wollte; auch Details und Kuriositäten spielten eine Rolle. „Die Tafel einer Snackbar, der Aufkleber am Laternenpfahl, das übermalte Schild an der Backsteinwand, die stillgelegte Eisenbahnbrücke ohne Gleise; eine endlose Aneinanderreihung von Details und Kuriositäten" – alle wurden laut Ping Pong in die Markenidentität einbezogen: „Wer die Augen offen hält, findet auf jedem Quadratzentimeter Kunst." Die Designs (unten und rechts) können vom großen Poster bis zur Briefmarke in jeder Größe verwendet werden.

2

3

1

153

Vision, Werte und Marken

Eine Marke ist ein Versprechen. Wird Design nicht als finanzieller Aufwand, sondern als Investition behandelt, kann es eine Marke zum Leben erwecken und dadurch nicht nur dem Kauferlebnis des Kunden, sondern auch dem Markenwert selbst zusätzlichen Wert verleihen.

Markenversprechen

Philip Kotler (2007) zufolge müssen die „vier Ps" (Product, Place, Promotion und Price) nach einem stimmigen und konsequenten Konzept gestaltet werden, aus dem klar hervorgeht, welcher unverwechselbare Wert angeboten wird, um die Bedürfnisse der Zielgruppe besser und überzeugender zu erfüllen. Wenn Kotler auch der Ansicht ist, das Marketing sollte die Triebkraft hinter der Geschäftsstrategie sein, so müssen die Entscheidungen dennoch in Zusammenarbeit mit anderen Abteilungen und Bereichen der Organisation getroffen werden, damit der Kunde das gesamte „Wertangebot" und „Markenversprechen" erhält – und zwar auf eine Art, die seine Erwartungen erfüllt oder sogar übertrifft. Das Markenversprechen ist eine Garantie für diese Werte und Überzeugungen sowie für den hohen Grad des Vertrauens, das ein Kunde in das Unternehmen investiert.

Markenwert

Laut Interbrand, einer Beratungsfirma für Marken, ist es für die Festlegung der Geschäftsstrategie ausschlaggebend, über eine genaue Bezifferung des Markenwerts zu verfügen. Interbrand gibt jedes Jahr eine Liste der „Best Global Brands", der wertvollsten Marken der Welt, heraus. Darin werden die Marken wie Vermögenswerte behandelt, und es wird abgeschätzt, wie viel eine Marke in Zukunft voraussichtlich erwirtschaften wird.

Interbrands persönliche Berechnungsmethode hat drei Kernkomponenten: (1) Finanzanalyse (Prognose laufender und künftiger Einnahmen des Geschäftssegments, dem diese Marke zuzuordnen ist); daraus ergibt sich der Geschäftswertbeitrag oder Economic Value Added (EVA). (2) Nachfrageanalyse (Role of Brand Index/RBI); daraus ergibt sich der Anteil der Marke am EVA und ihr Stellenwert innerhalb des Marktsegments. (3) Markenstärkeanalyse (Brand Strength Score/BSS); dabei wird ermittelt, inwieweit eine Marke die Loyalität der Kunden in Form von Wiederholungskäufen und Kundenbindung sichern und aufrechterhalten kann.

Der Markenwert gibt die Wertschöpfung und die positiven Assoziationen an, die ein Verbraucher aufgrund des Markennamens oder des Symbols mit einem Produkt – im Vergleich zu Konkurrenz- oder No-Name-Produkten – verbindet. Der Markenwert lässt sich auf andere Produktlinien oder Dienstleistungen übertragen (Markenausdehnung), da die positive Assoziation (Wiedererkennungswert) die Erfolgschancen erhöht. Wird ein Markenwert zu weit ausgedehnt, z. B. auf eine komplett neue Produktlinie, kann dies den Kunden in der Wahrnehmung der Marke irritieren; es sollte daher sehr sorgfältig geprüft werden.

1. Die Agentur Brand Union erhielt von SABMiller den Auftrag, die Verpackung für Club Colombia neu zu entwerfen (vorher: links unten, nachher: rechts unten), um einen größeren Marktanteil zu gewinnen. Bei einer Marktsegmentstudie zeigte sich die Gruppe eines neuen Verbrauchertyps, der im Kommen ist: des Fans von „worth more"-Bier. Für diese Gruppe konnte Club Colombia als „elegant und anspruchsvoll" positioniert werden und dabei mit Whisky und Wein, aber auch mit Importbier konkurrieren.

2. Der Wert, der sich bereits durch die Verwendung des „tunjo" etabliert hatte – des Goldsymbols, das bei Colombia für Tradition, Herkunft und Kultur steht –, trug dazu bei, den kolumbianischen Stolz, die hervorragende Qualität und das feine Gespür zu beschwören. Das Ergebnis positionierte Club Colombia als erste echte Premium-Biermarke in Kolumbien und konnte sogar die bisher stark vernachlässigte weibliche Zielgruppe erobern. Nach der Neugestaltung einer Werbekampagne und der Umsetzung der neuen Markenrichtlinien stieg der Umsatz im Vergleich zum Vorjahr um 65 %.

1

2

Markenschutz und Markenerhalt

Aktuelle Wirtschaftsmodelle basieren auf der Idee von unbegrenztem Wachstum und unbegrenzter Entwicklung; Fortschritt wird untrennbar mit Expansion assoziiert, nach dem Prinzip „je mehr und je größer, desto besser". In der heutigen Konsumgesellschaft beruht persönliche Identität stark auf Besitz. Vor diesem Hintergrund müssen also die Menschen dazu veranlasst werden, ihre Identität durch das Image zu stärken, das bestimmten Waren und Dienstleistungen anhaftet – durch ein Markenimage, das mit dem Bild harmoniert, welches jemand von seiner Identität und von sich selbst hat. Teure Marken sind beispielsweise exklusiv; sie sprechen zwar viele Menschen an, sind aber tatsächlich nur einer begrenzten Anzahl von Menschen mit hohem Einkommen zugänglich.

Investitionen in Markenentwicklung und Design müssen betreut werden wie jeder andere Vermögenswert eines Unternehmens. Dies kann formell beispielsweise durch das Erstellen von Marken- und Designrichtlinien geschehen oder durch die Bestimmung eines „Brand Guardian" („Markenhüters"), der das effektive Management der Marke sicherstellt. Gesetzlich lassen sich der Wert der Marke und alle damit verbundenen Designwerte durch Registrierung als geistiges Eigentum schützen.

Geistiges Eigentum kann mehrere Formen haben. Patente schützen die technischen und funktionellen Aspekte von Produkten und Prozessen; Warenzeichen schützen den Ursprung von Produkten oder Dienstleistungen; Geschmacksmuster schützen das optische Erscheinungsbild oder die optische Wirkung von Produkten, und das Copyright schützt das Kopieren der originalen, (gewöhnlich schriftlich) „fixierten" Arbeit eines Autors oder einer Firma.

Zipcar: Die Vision des größten Carsharing-Clubs der Welt

Zipcar stellt eine Alternative zum eigenen Auto dar – auf Abruf und im Selbstbedienungsverfahren. Dieser Service bietet Stadtbewohnern und Firmen eine Lösung der signifikanten Park-, Stau- und Verkehrsprobleme, von denen sie geplagt werden.

Das Leitbild von Zipcar – seine Mission – besteht darin, eine neue Form des Kraftfahrzeugverkehrs zu schaffen. Das Unternehmen hat die Vision, seinen Kunden zuverlässig und bequem alternative Verkehrsmittel auf Abruf zur Verfügung zu stellen, als Ergänzung zu anderen Fortbewegungsmöglichkeiten. Auf diese Idee kamen die Gründer 1999 bei einem Besuch in Berlin, wo man damals Autos stundenweise nutzen konnte.

Diese Idee führten sie weiter. Sie statteten ihre Autos mit Funktechnik aus, entwickelten ein unkompliziertes Reservierungssystem und platzierten die Fahrzeuge strategisch günstig in wichtigen Städten und Stadtvierteln. Im Jahr 2000 wurde das System auf den Markt gebracht, sodass es fortan der breiten Masse möglich war, die Autos stunden- oder tageweise zu benutzen.

Kundenvorteile: Gemeinsame Nutzung

Für Menschen, die nicht regelmäßig ein Auto nutzen, ist eine Mitgliedschaft bei Zipcar kostengünstiger und unkomplizierter, als ein Auto zu besitzen, zu leihen oder zu leasen. Zipcar bezahlt ausgewiesene Parkplätze, City-Maut, Wartung, Versicherung und Benzin. Die Mitglieder können genau das Auto reservieren, das sie aus der Fahrzeugflotte haben möchten; diese reicht von Gas-/Elektrohybriden (wie Toyota Prius und Honda Hybrid) bis zu Spitzenmarken (wie Mini Cooper und BMW).

Die Mitglieder profitieren in Form von Komfort, Verfügbarkeit und Kostenersparnis. Die Mitgliedsbeiträge helfen bei der „gemeinschaftlichen Finanzierung" der Autos, während jedem Mitglied zu einem Bruchteil der Kosten jederzeit ein Fahrzeug der Flotte zur Verfügung steht. Zipcar verändert die Einstellung der Menschen zum Autobesitz: Über 40 % der Mitglieder verkaufen ihr Auto oder verabschieden sich von dem Gedanken, ein Auto zu kaufen.

156

1. Zipcar hat das Carsharing in London und über 50 amerikanischen Städten populär gemacht.

1

2, 3. Zipcar unterhält Kooperationen mit Topmarken, Autoherstellern, Universitäten und einflussreichen städtischen und staatlichen Stellen, wodurch dieses Angebot leichter ins Stadtleben integriert werden konnte. Anmelden, reservieren, aufsperren, losfahren (ganz unten): Nach der Onlineregistrierung erhalten Mitglieder ihre Zipcard, mit der sie reservieren und einsteigen können (unten); später stellen sie das Auto wieder auf demselben Parkplatz ab.

2

3

Gestaltung des Nutzererlebnisses

Das Serviceerlebnis wurde für ein spezielles Nutzerprofil entworfen: für Menschen, die in der Stadt leben, aber nicht jeden Tag Auto fahren, oder die kurzfristig ein Auto brauchen, aber nicht unbedingt eines besitzen möchten.

Scott Griffith, der CEO (Geschäftsführer), erklärt, dass „das Dienstleistungsangebot von Zipcar eine Kombination aus Funktechnik und Autos umfasst, die überall in der Stadt stehen, sodass die Nutzer rund um die Uhr und an jedem Wochentag ein Fahrzeug zur Verfügung haben, selbst wenn es nur für eine Stunde ist, ohne selbst eines besitzen zu müssen" (Merholz, 2008). Es wurde ein einfaches System entwickelt, das Spaß macht und höchste Mitbestimmung sichert, insofern als die Mitglieder eine Community bilden, interagieren und über eine Reihe von Kunden-Touchpoints Feedback liefern können – über das Internet, SMS, Callcenter, Geschäftsstellen oder die funkgesteuerten Serviceleistungen der Autos selbst.

Das System ist so gestaltet, dass es die Möglichkeiten von Internet, schnurlosen Kommunikationsmitteln und Onlinecommunitys wirksam einsetzt. An der Windschutzscheibe ist ein RFID-Lesegerät (Funkerkennung) angebracht, und jedes Mitglied erhält eine Plastikkarte mit RFID-Chip. Zipcar kann mithilfe der Mobilfunkmasten jedes Auto verfolgen und lokalisieren. Die Autos sind mit dem GPRS-Datennetz (General Packet Radio Service) verbunden, da es in Großstädten zuverlässiger funktioniert als GPS (Global Positioning System).

fallstudie

158

Das Unternehmen beschäftigt ein engagiertes „Produktteam", das sein Augenmerk auf die Erfahrungen legt, die die Mitglieder mit der Dienstleistung machen – vom ersten Moment, wenn jemand die Website besucht, bis zu dem Augenblick, wenn er die Rechnung prüft (Merholz, 2008). „Dieser Ablauf wird dokumentiert und verfolgt, und wir arbeiten ständig daran, ihn zu verfeinern und zu verbessern." Zu den Situationen, die regelmäßig auftreten, gehören das Betanken des Autos oder die Verwicklung in einen Unfall. Im Rahmen einer Überarbeitung der Materialien im Auto installierte das Produktteam von Zipcar einen „Kopiloten": In jedem Fahrzeug befindet sich nun ein Ringbuch mit laminierten Blättern, in dem mögliche Fragen zum Service behandelt werden.

Das Produktteam arbeitet mit dem Technikteam zusammen, um das Gesamterlebnis der Nutzer zu beobachten und neue Hilfsmittel zu entwickeln. Die Erfahrungen entlang aller Touchpoints werden ständig ausgebaut und evaluiert. Der bei Toyota praktizierte kontinuierliche Verbesserungsprozess *kaizen* (in dem jeder Angestellte Verbesserungsvorschläge für Systeme, Prozesse und Erfahrungen machen kann) wird hier ebenfalls angewandt. Um beispielsweise das Problem in Angriff zu nehmen, wie Strafzettel fürs Falschparken gehandhabt werden sollen, veranstaltete Zipcar einen *kaizen*-Workshop und erhielt dabei Einblicke in Know-how und Sachverstand innerhalb des Unternehmens. Das Ergebnis war ein humorvolles Informationsvideo, das auf der Website für neue Nutzer zur Verfügung gestellt wurde.

Ökologische Vorteile: Gesellschaft und Umwelt

Carsharing ist von Natur aus umweltfreundlich. Da Zipcar als fester Bestandteil des öffentlichen Verkehrssystems wahrgenommen wird, neigen die Mitglieder dazu, die für den jeweiligen Zweck effizientesten Verkehrsmittel zu nutzen (Laufen, Radfahren, Bus, Zug, Taxi oder Carsharing). Das stunden- oder tageweise Bezahlen für ein Fahrzeug verändert das Fahrverhalten und das persönliche Verhaltensmuster: Die Mitglieder gehen öfter zu Fuß oder fahren mit dem Fahrrad; dadurch leben sie gesünder, der Benzinverbrauch und die Emissionen gehen zurück. Jedes Zipcar sorgt für eine Reduzierung um 20 Privatautos; es gibt also weniger Staus, und für Parkplätze werden weniger Grundflächen und weniger finanzielle Mittel benötigt.

Zipcar fördert die Idee des „ökologischen Wachstums" anstatt des „augenfälligen Konsums". Das Wirtschaftsmodell basiert auf den Prinzipien Mieten, Teilen, Zusammenarbeit und Interaktion anstatt auf Besitz, Individualität und Transaktion (Nussbaum, 2008). Der Erfolg der Firma zeugt davon, wie innovative Geschäftsmodelle ihre Ziele und Visionen mit den Werten ihrer Kunden in Einklang bringen können.

Robert Malcolm
Designberater

Robert Malcolm ist Architekt und Innenarchitekt. Er arbeitete für Foster & Associates sowie für Conran & Partners, bevor er sich 2009 als Designberater selbstständig machte.

Globales Design- und Markenmanagement

„Die Park-Hotel-Gruppe ist Indiens führende Kette von Boutique-Hotels. Ihre Eigentümerin, Priya Paul, übernahm die gewaltige Aufgabe, dem Hotelbestand durch die Renovierung des Park Bangalore im Jahr 2000 den Weg ins 21. Jahrhundert zu ebnen. Seither arbeitet sie eng mit ihren Designern zusammen, um einen zeitgemäßen indischen Stil zu entwickeln. Hierzu beschreitet sie neue Wege und lässt modernen mit traditionellem indischem Geschmack verschmelzen. Die Marke wurde zum Synonym für diesen jugendlichen Ansatz, der die Hotels deutlich von ihren Konkurrenten abgrenzt.

Während meiner Zeit bei Conran & Partners war ich in die Projekte in Bangalore, Neu-Delhi und Kolkata eingebunden. Dort wurde die Marke nicht nur durch die Gestaltung der Hotelgebäude und des Umfelds entwickelt, sondern auch durch eine neue grafische Identität des Unternehmens und jedes einzelnen Hotels.

Es gibt ein Park-Hotel-Flair, das auf jedes einzelne Haus angepasst, nicht von ihm kopiert wird. Das Schlüsselelement dabei ist die Vision von Priya Paul, die ihre Designer in verschiedenen Bereichen einsetzt, wo sie sich neuen Herausforderungen stellen und ihr bekanntes Wissen darüber infrage stellen, was für das Hoteldesign geeignet ist und was nicht.

Die Story, die das Design jedes Park Hotels erzählt, ist immer überzeugend und passt zum Standort. Sie dreht sich nicht nur um den Gast und das Designteam, sondern liefert außerdem den PR-Aufhänger für das Marketing des jeweiligen Hotels. Das Park Delhi beispielsweise wurde um die fünf Elemente des Vastu Shastra (der hinduistischen Form des Feng-Shui) konzipiert – Erde, Luft, Feuer, Wasser und Äther (Raum).

Obgleich jedes Hotel anders ist, gibt es einen erkennbaren Park-Stil. Erstens werden im Design jedes Park Hotels kräftige Farben verwendet. Dies ist die Antwort auf das intensive Sonnenlicht, das auf dem Subkontinent herrscht, und entspricht zugleich den kulturellen Traditionen Indiens. Neutrale, blasse Farben, die im Norden geschmackvoll und angemessen sind, wirken in Indien ausgeblichen und fade. Der zweite Aspekt ist die Einbeziehung örtlicher Künstler und Handwerker bei der Entwicklung von Kunstwerken, Möbeln und sonstigen, häufig handgefertigten Einrichtungsgegenständen – einem Schlüsselelement im Design der Park Hotels.

Dieser kundenorientierte individuelle Ansatz beinhaltet dekorativen Verputz, Ziegel und Mosaiken, Stoffe, Gläser, Holzschnitzereien, Metallarbeiten, Gemälde, Skulpturen und sogar den Einsatz von Videos. Das Bekenntnis zur örtlichen Wirtschaft zeugt von gutem Geschäftssinn und wertet die ökologischen Referenzen der Firma auf.

Drittens zeichnet sich die Marke ‚Park Hotel‘ durch den Wunsch der Kette aus, immer auf dem neuesten Stand der indischen Mode zu sein. Indische Topdesigner werden damit beauftragt, die Uniformen des Personals zu entwerfen, und bekannte DJs arbeiten in den Hotelbars und stellen die Musik für die Hotellobby zusammen.

Die Hotelidentität durchdringt alle Ebenen und lässt Gäste und Besucher lustvoll in die Park-Atmosphäre eintauchen. Meine Dienste wurden auf allen Ebenen in Anspruch genommen – nicht nur bei visuellen Fragen, sondern beispielsweise auch hinsichtlich der Speisekarte und der Musik –, um ein komplettes Hotelerlebnis zu gewährleisten.

Auf Bangalore folgten bald die Renovierungsarbeiten in Neu-Delhi, Chennai, Mumbai, Kolkata und Navi. Das Juwel in der Krone der Park Hotels wird das völlig neu erbaute Hotel sein, das derzeit in Hyderabad entsteht – ein Kultgebäude nach dem Design von SOM. Jedes Projekt beschreitet wieder neue Wege, die Marke ‚Park‘ spiegelt sehr genau den raschen wirtschaftlichen und kulturellen Aufstieg Indiens wider.“

Robert Malcolm
Designberater,
Großbritannien

„Die Hotelidentität durchdringt alle Ebenen und lässt Gäste und Besucher lustvoll in die Park-Atmosphäre eintauchen.“

Naoko Iida
Issey Miyake Inc.

Als Absolventin des Studiengangs Designmanagement hat Naoko Iida, die heute in der Modeindustrie tätig ist, selbst erfahren, wie die Grundsätze des Designmanagements angewendet werden können, um eine Markenidentität zu stärken und infolgedessen den Umsatz anzukurbeln.

Vision, Werte und Marken: Designmanagement in der Modebranche

„Die Modeindustrie ist ohne Kunden in Übersee nicht lebensfähig. Daher ist es von zentraler Bedeutung, die richtigen Produkte nicht nur in der richtigen Menge, sondern auch an den richtigen Orten und zur rechten Zeit anzubieten. Um dies zu erreichen, sind eine umfassende Marktforschung und eine effektive Kommunikation mit den Stakeholdern der Industrie ausgesprochen wichtig.

Bei ISSEY MIYAKE INC. (IMI) bin ich für das Auslandsgeschäft von ‚me ISSEY MIYAKE‘ zuständig, wie die Marke auf dem asiatischen Markt heißt. In Europa und den USA wird wegen Problemen mit der Markeneintragung der Markenname CAULIFLOWER verwendet. Meine Arbeit umfasst den Kontakt zwischen IMI und den Filialen und Kunden in Übersee sowie die Leistungsförderung durch die Betonung des Gleichgewichts von Design und Business auf internationaler Ebene.

Jedes Land stellt andere Herausforderungen; die Hauptaufgabe besteht jedoch darin, für jeden Fall die optimale Lösung zu finden, die die Umsätze ankurbelt und die Marke IMI stärkt. In diesem Zusammenhang spielen Marktforschung und Kommunikation eine wichtige Rolle: Die Marktforschung umfasst Faktoren wie Produktentwicklung und Vertrieb, Marketingstrategien und Preisgestaltung sowie Wettbewerbssituation und Verbrauchertrends. Die Kommunikation hat zwei Kernelemente: die erfolgreiche Zusammenarbeit mit allen relevanten Beteiligten und die wirksame Vermittlung der verborgenen Botschaften, die die Marke transportieren möchte. Zusätzlich ist es für mich im Rahmen meines Arbeitsbereichs wichtig, hin und wieder jedes Land zu besuchen und die Ladengeschäfte persönlich zu erkunden, um die Situation zu erfassen, Probleme zu besprechen und Ratschläge anzubieten, wie das Geschäft optimiert werden kann.

Wichtig für den Verkauf der Markenkollektion sind gute Vorbereitung und Kommunikation. Der Verkauf findet alle sechs Monate in Tokio, New York, Mailand, Düsseldorf, Paris und London statt; die Veranstaltung wird von vielen Facheinkäufern besucht. Ich betreue die Einkäufer in Asien und veranstalte Kollektionspräsentationen für drei Filialen in New York, Paris und London. Voraussetzung hierfür ist, sowohl den japanischen Markt als auch den Markt in Übersee zu kennen und umfassend über die neue Kollektion informiert zu sein.

Vorher erstelle ich Kollektionsunterlagen, plane den Versand der Verkaufsware und der Muster, vereinbare Termine mit unseren Kunden, kontaktiere neue Märkte und kalkuliere die Preise. Hierzu treffe ich die entsprechenden Teams, wie die Verkaufsberater, das Marketingteam, das Designteam, den Markenmanager, Kunden und Vertreter der Filialen; interdisziplinäre Kommunikation ist in unserem Team wichtig. Nach der Verkaufsveranstaltung bearbeite ich die internationalen Aufträge und bereite den Export vor. Zudem bitte ich die Filialen und Kunden immer, mir ein Feedback zu jeder neuen Kollektion zukommen zu lassen, das ich anschließend mit dem IMI-Team bespreche, um die Erfolge unseres Unternehmens weiter zu verbessern.

Das Erscheinungsbild der Geschäfte, in denen Designermode verkauft wird, muss die Menschen unmittelbar ansprechen. Jeden Monat schicke ich den Einzelhändlern einen Planungsleitfaden zur optischen Gestaltung, der dem Leitfaden entspricht, den wir in Japan benutzen, um eine einheitliche Markenidentität zu schaffen. Die einzelnen Geschäfte halten sich ab der monatlichen Markteinführung mindestens vier Tage lang an diesen Leitfaden, danach kann jeder Laden passend zu seinen Lagerbeständen oder seiner Verkaufsplanung die Verkaufsfläche individuell präsentieren, allerdings auf der Basis der Gestaltungsgrundsätze der Marke IMI. Das einheitliche Markenfeeling zeigt sich in der gemeinsamen Gestaltung. Zum Erscheinungsbild jedes Ladens tragen aber auch individuelle Werbeaktionen, die Uniformen des Verkaufspersonals und die Art und Weise bei, wie die Kunden bedient werden.

Naoko Iida
Issey Miyake Inc.,
Abteilung Überseegeschäft

Ich versuche immer, die Kommunikation zwischen IMI und den Geschäftspartnern sorgfältig vorzubereiten. Wichtig ist, zu prüfen und zu erkennen, wann, wo und wie die Kunden kaufen möchten, und dann das beste Umfeld zu schaffen, um diese Bedürfnisse zu befriedigen und dadurch die Umsätze und den Marktanteil zu erhöhen. Das Gleichgewicht zwischen Design (der kreativen Kraft der Marke) und Business (dem Marktverständnis) ist besonders wichtig. Erfolgreiche Kommunikation trägt dazu bei, Verständnis für die vorliegende Situation zu entwickeln und gute Beziehungen zwischen Kunden, Filialen und den Stakeholdern aufzubauen, die mit der Marke zu tun haben."

Audrey Arbeeny
Audiobrain

Audiobrain ist Spezialist für Audio Branding. Audrey Arbeeny arbeitet bei Audiobrain als leitende Produzentin; sie hat ihren Traum verwirklicht und die Liebe zur Musik mit ihren kaufmännischen Fähigkeiten kombiniert. Audrey Arbeeny leitet ihre Projekte von Anfang bis Ende, sie koordiniert Logistik, Ressourcen und Talente. Zudem betreut sie die laufende Forschung in den Bereichen Psychoakustik und Biomusikologie.

Marketingkommunikation:
Die Macht von Musik und Klang

„Viele Designer konzentrieren sich vor allem auf die visuelle Ästhetik, dabei spielen auch unsere anderen Sinne eine gewaltige und entscheidende Rolle im kreativen Design und dessen Management, ob strategisch oder wirtschaftlich. Insbesondere Klängen und Geräuschen kommt eine wichtige Aufgabe zu – sie können einen optischen Eindruck unterstreichen, die Vorteile einer Marke vermitteln, Persönlichkeit schaffen, für Differenzierung sorgen, Effekte jenseits der Grenzen des Visuellen erzielen und, was am wichtigsten ist, Gefühle berühren. Raffinierte Marken und Designer nutzen vermehrt sensorisches Branding zur Differenzierung und Unterstützung eines Designs.

Ich arbeite seit fast 17 Jahren mit Audio Branding, also viel länger, als es diesen Begriff überhaupt gibt. Damals gehörte zu jeder ‚Markenentwicklung mit Sound' eine Soundsignatur. Werbeagenturen wandten sich an Musikproduzenten, sagten, was sie sich für ihre Werbung vorstellten, und erhielten Demos. Der Bereich der Markenentwicklung erlebte gerade die erste große Popularität.

Heute haben die Verbraucher an so vielen Orten gleichzeitig Gelegenheit, eine Marke zu hören und ihr Design zu sehen, dass die Stimme transparent geworden ist, ebenso wie etwaige Unstimmigkeiten – auf PDAs, Computern, Werbebannern im Internet, YouTube, durch interaktives Marketing, Events, Werbespots oder auf Abruf vom TiVo.

Die Unternehmen zahlen Millionenbeträge, um ihre visuelle Ästhetik an allen Touchpoints unternehmensweit mit entsprechenden Grundsätzen, Schrifttypen und Farben unverwechselbar und einheitlich zu gestalten. Die Audioelemente hingegen werden häufig isoliert und willkürlich produziert, ohne dass man sich viele Gedanken über ihre Einheitlichkeit und Dauerhaftigkeit macht.

Audio Branding ist die strategische Entwicklung und der Einsatz von Markenattributen in eindeutiger, einheitlicher Art bei einer Vielzahl von Touchpoints. Audio Branding bringt eine Marke zum Klingen – es ist eine raffinierte und strategische Möglichkeit, dem Gehör eine Botschaft zu übermitteln, die zu der Marke passt und ihre Identität unterstützt.

Für einen Kunden oder eine Werbeagentur ist es wichtig, zu verstehen, wie das Audio Branding genutzt werden kann, und dazu konkrete Richtlinien zur Verfügung zu haben. Dann kann der Kunde vorhandene Elemente mitnutzen, prüfen und weiterentwickeln und muss nicht in jedem neuen Projekt wieder bei null anfangen.

Wir schaffen einen Rahmen, der die wichtigsten Soundelemente ermittelt. Jeder spätere Sound durchläuft diesen Filter, sodass diese Merkmale immer wieder durchgesprochen werden. Damit steht ein logischer Entwurf zur Verfügung, denn der Kunde sorgt nicht nur für ein passendes Markenerlebnis mit passendem Sound, sondern erhält auch einen besseren Return on Investment, da die Soundelemente gut geeignet sind und von vielen Menschen in der gesamten Firma für viele verschiedene Zwecke genutzt werden können. Langfristig gesehen, ist dieses Verfahren auch kostengünstiger.

Bei Audiobrain läuft der Prozess folgendermaßen ab: Entdeckung, Strategie, Design, Umsetzung und Pflege. Wir sehen uns die Geschäftsziele an und übertragen sie auf den Sound, den wir entwickeln. Zuerst ermitteln wir die Markenattribute, dann übersetzen wir sie in Musik und Klang. Wir bestimmen sie nicht, sondern wirken wie ein Kompass: Wir helfen unseren Kunden, ihre authentische Stimme und den Raum zu finden, den sie in einzigartiger Weise einnehmen können.

Audrey Arbeeny
Teilhaberin/
Leitende Produzentin
Audiobrain, USA

Für eine Marke, die als ,unkompliziert' wahrgenommen werden möchte, würden wir beispielsweise nie einen komplizierten Sound entwerfen. Eine Computerfirma, die menschlicher erlebt werden möchte, sollte sich niemals für Synthesizerklänge oder Techno entscheiden. Es gibt sehr geschickte Möglichkeiten, über Sound und die Eigenschaften nachzudenken, die damit eingefangen, betont und vermittelt werden sollen.

Soundlogos sind enorm wertvoll, Audio Branding geht aber noch weiter. Die Stimme, die man in einem Callcenter hört, ist Audio Branding. Jede Warteschleifenmusik ist Audio Branding. Die Atmosphäre in einem Raum vor einer Präsentation ist Audio Branding. Das muss nicht unbedingt Musik sein – es kann auch eine Stimme oder ein Sounddesign sein.

Sound wird heute überall genutzt, für einen Werbespot, bei einem Produkt oder als Stimme in der Warteschleife eines Callcenters. Jede Designinitiative wird durch Einbindung einer strategisch und ganzheitlich entwickelten Musik oder eines Sounds bestärkt und entwickelt sich zu einem fantastischen, langfristigen Wert des Managements."

165

6

Design und Innovation

Design, Management und Innovation

Die Beziehung zwischen Design, Management und Innovation entwickelt sich innerhalb verschiedenster Kontexte. Früher galt Design als Brücke zwischen dem für Gestaltung zuständigen Bereich und anderen Geschäftsbereichen eines Unternehmens, wie Marketing, Management und Strategie; inzwischen arbeitet es zunehmend bereichsübergreifend und bildet häufig die gemeinsame Basis, auf der sich die Pläne und Ziele der einzelnen Abteilungen bewegen.

Design und Business

Bei der Entwicklung neuer Prozesse, Produkte und Dienstleistungen vertritt das Design einen nutzerzentrierten (oder kundenfokussierten) Ansatz – im Gegensatz zu einer häufigen Fokussierung auf unternehmensinterne Hierarchien oder traditionelle Kernkompetenzen. Auch im Kontext von Produktdienstleistungen und in unternehmerischen Zusammenhängen sucht Design nach personenbezogenen Lösungen. Eine der Hauptaufgaben des Designmanagers ist die Verknüpfung des Themas Design mit den strategischen und operativen Geschäftszielen.

Der „Cox Review of Creativity in Business", veröffentlicht vom Vorsitzenden des britischen Design Council, um den Einsatz von Design in der britischen Industrie zu fördern, enthält ein nützliches Rahmenkonzept für die Beziehung zwischen Kreativität, Design und Innovation. „Kreativität erzeugt neue Ideen – entweder eine neue Sichtweise auf bestehende Probleme oder die Entdeckung neuer Möglichkeiten. Innovation wertet neue Ideen aus. Design verbindet Kreativität und Innovation – es gibt Ideen eine Gestalt, sodass sie zu praktischen und attraktiven Angeboten für Nutzer und Kunden werden" (Cox, 2005).

Design schafft Wert und trägt zur Anregung von Innovation und Wachstum bei: Scherfig (2008) versichert: „Gutes Design entsteht, wenn eine Firma in der Lage ist, die fachlichen, sozialen und wirtschaftlichen Potenziale zu nutzen, die dem Design zu eigen sind. Insbesondere Firmen, die in Bezug auf die Produktionskosten nicht konkurrenzfähig sind, sollten sich das gewaltige Potenzial einer strategischen Nutzung von Design klarmachen."

Innovation

Es gibt drei Arten von Innovationen (HBS, 2003 und 2009): erstens die schrittweise Innovation, die bestehende Formen oder Techniken nutzt (z. B. durch kleine Veränderungen, Verbesserungen und Rekonfigurationen auf der Basis von bewährtem Wissen und bestehenden unternehmerischen Fähigkeiten), zweitens die modulare Innovation (innerhalb einer oder mehrerer Komponenten eines Systems), die zwar signifikant ist, aber keine radikale Umgestaltung beinhaltet, und drittens die radikale Innovation, ausgehend von bestehendem Know-how, vorliegenden Fähigkeiten oder Technologien, um etwas ganz Neues auf der Welt zu schaffen, eventuell ausgelöst durch neue Chancen oder durch obsolet gewordene Möglichkeiten (radikale Innovation kann auch als Durchbruch, als diskontinuierliche oder transformative Innovation bezeichnet werden). Das Internet eröffnet dem Design, dem Management und der Innovation neue Wege, beispielsweise die Möglichkeit, bestehende Prozesse durch Technologie (disruptive Innovation), neue unternehmerische Modelle (soziale Innovation) und neue umweltbewusste Infragestellungen (Ökoinnovation) umzukrempeln.

1. Der indische Autobauer Tata Motors beschreibt den umweltfreundlichen Nano als Durchbruch oder radikale Innovation. Die Bedeutung des Nano geht tatsächlich über das Auto selbst hinaus: Tata Motors forderte die Menschen auf, „sich ein Auto vorzustellen, das für alle erschwinglich ist" – denn der Nano ist das billigste Auto der Welt. Um dies zu erreichen, wurde jeder Schritt des Design- und Produktionsprozesses infrage gestellt, die „Ingenieure arbeiteten daran, mit weniger mehr zu erreichen". Zu sehen ist Tata Motors Volkswagen, die Standardausgabe des Nano (links).

2. Laut der Zeitschrift *Business Week* wird der Wert der Innovation häufig an der Zahl der Patente gemessen. Tata Motors hat für den Nano 34 Patente angemeldet; einige der wertvollsten Innovationen betreffen jedoch bereits bestehende patentierte Komponenten, die neu kombiniert wurden und nun die Bedürfnisse einer großen Kundenzahl besser befriedigen. Der Nano ist in Modulbauweise gefertigt, besteht also aus Komponenten, die separat angefertigt und versandt werden können – es sind Bausätze, die verkauft, zusammengebaut und von lokalen Betrieben gewartet werden. So wird durch das System des „offenen Vertriebs" der Wohlstand verteilt (*Business Week*, 2008). Abgebildet ist die Luxusausführung des Nano (links).

Designgesteuerte Innovation

Designgesteuerte Innovation betrifft die Beziehung zwischen Design und Innovation, wobei die Innovation von den Bedürfnissen der Nutzer und Kunden gesteuert wird. Sie entspricht überwiegend einem – nutzerorientierten – „Bottom-up"-Ansatz (sozusagen vom Nutzer nach oben), mit dem ein Wertzuwachs beim Kundenerlebnis erreicht werden soll.

Personenzentrierte Designprozesse

Das Einbeziehen der Endverbraucher in den Designprozess ist hervorragend geeignet, um neue Produkte und Dienstleistungen zu entwickeln: So können bestehende Marken angepasst, neue Marken entwickelt oder neue Märkte erschlossen werden. Die Bedürfnisse der Kunden werden zum Motor für das Design von Produkten und Dienstleistungen. Diese „echten" Kundenbedürfnisse (anstelle von Marktbedürfnissen) können zu praktischen neuen Designideen anregen, die oft besonders innovativ, ethisch und nachhaltig sind. Üblich ist dieses Vorgehen etwa bei Designprojekten im öffentlichen Dienst, in Entwicklungsländern, auf Gemeindeebene, im sozialen oder globalen Bereich und bei Hightech-Startups.

Co-Design und gemeinsame Wertschöpfung

Mit dem Schwerpunkt auf der sogenannten „Wertschöpfung durch Kundenintegration" gestalten viele Unternehmen ihre Organisationssysteme um und binden ihre Kunden sowie alle Geschäftsbereiche in den Prozess der Wertschöpfung mit ein. Sie „verknüpfen Strategie und Ausführung und bauen unternehmerische Fähigkeiten auf, die es den Firmen ermöglichen, eine kontinuierliche Veränderung und Innovation zu erreichen und zu erhalten" (Prahalad und Krishnan, 2009). Durch die Erschließung eines weltweiten Ressourcennetzwerks, um zusammen mit den Kunden ein einmaliges Erlebnis zu entwickeln, wird eine Person, nämlich der Kunde, zum Schlüssel für Wertschöpfung und Wachstum.

1, 2, 3. Entwicklungsländer und die Knappheit des Trinkwassers: IDEO und der Acumen Fund beratschlagten, wie sie mit Design Thinking – und miteinander – eine Veränderung bewirken könnten. Ihr gemeinsames Projekt „Ripple Effect" zielt darauf ab, den Zugang zu sauberem Trinkwasser zu verbessern, lokale Wasseranbieter zu Innovationen anzuregen und Kapazitäten für die Weiterentwicklung zu schaffen. Derzeit trinken 1,2 Milliarden Menschen weltweit unsauberes Wasser, und trotz vieler Bemühungen, sauberes und gereinigtes Wasser zur Verfügung zu stellen, wird das Wasser bei Transport und Lagerung häufig wieder verschmutzt. IDEO begann die Arbeit mit Forschungsprojekten in Indien (gegenüberliegende Seite, oben links), um aus eigener Anschauung die Bedürfnisse der Menschen kennenzulernen – derjenigen, die sauberes Trinkwasser anbieten, derjenigen, die es kaufen, und derjenigen, die sich dazu nicht entschließen. Die Lösung vor Ort bestand erstens in der Einrichtung eines Vertriebssystems, das sauberes Wasser in entlegene Wüstendörfer bringt, was der Bevölkerung Zeit und Mühe des Wassertragens spart (gegenüberliegende Seite, oben rechts), und zweitens in der Gestaltung eines prototypischen Karrens sowie in der Gründung eines Kleinstunternehmens, das sauberes Trinkwasser in die Slums von Bangalore liefert (gegenüberliegende Seite, unten). Designprojekte, die sich mit Wassernutzung befassen, bewirken echte Veränderungen und schaffen Chancen für lokale Betriebe in den Entwicklungsländern. Man erhofft sich durch das Aufspüren solcher potenziellen Geschäftsmodelle Chancen, künftig auch andere Rohstoff- und Gesundheitsprobleme lösen zu können. *(Quelle: <www.ideo.com>)*

Markengesteuerte Innovation

Marken, die einen Markenwert und einen Kundenstamm besitzen, der an diese Marke glaubt, lassen sich zu Kapital machen: Man kann sie als Grundlage nutzen, um durch innovatives Denken (wie schöpft man neue Ideen aus?) zusätzliche Wege zum Aufbau weiterer Markenwerte zu finden – beispielsweise neue Produkte und Dienstleistungen, die auf bestehende oder neue Kunden ausgerichtet sind. Ebenso können innovative neue Technologien und Materialien zur Schaffung einer komplett neuen Marke führen, einer Marke, die durch ihre Einmaligkeit die Marktführerposition sichert.

Markengesteuerte Innovation ist eher als „Top-down"-Ansatz (also von Markenentwicklung und Marketing aus nach unten) zu sehen: Durch die Einführung neuer Produkte, Dienstleistungen und Ansätze soll die Wertsteigerung einer Marke erreicht werden. Sofern eine Marke ein Versprechen des Unternehmens an den Endverbraucher ist, werden Vision, Werte und die Story der Marke zur zentralen Motivation für Erneuerungen, die die Beziehung zum Kunden „am Leben" erhalten.

Unter diesen Umständen bildet das Design ein Vehikel, anhand dessen für die Kunden über diverse Marken-Touchpoints ein Markenerlebnis greifbar wird. Die Touchpoints können an unterschiedliche kulturelle und geografische Bedingungen angepasst werden. Dieses Vorgehen ist bei Produkt- und Dienstleistungsangeboten großer Unternehmen üblich; es ist zudem eine kreative Serviceleistung von Werbeagenturen und auf Marken spezialisierten Beratungsfirmen.

> „Design ist ein strategisches Mittel, um den Kontext zu verstehen und zu übersetzen, in dem eine Marke und ihr Versprechen erlebt werden. Es ist dabei behilflich, den Kerngehalt der Marke herauszuarbeiten und dann ihr Potenzial durch ein Wechselspiel von Kulturen, Interaktionen und Touchpoints nutzbar zu machen, um den Umsatz zu steigern und die Markenwahrnehmung zu verbessern."
> *Philips Design, „Seeds for Growth", 2008*

1

172

6. DESIGN UND INNOVATION
DESIGNGESTEUERTE INNOVATION « | **MARKENGESTEUERTE INNOVATION** | » DESIGNMANAGEMENT IN GROSSUNTERNEHMEN

1, 2. Häufig führen Markter-
fordernisse zur Entwicklung
neuer Marken, die ihre Exis-
tenz der Innovation verdan-
ken und diese wiederum als
Alleinstellungsmerkmal (USP)
nutzen. Die Marke 60BAG und
ihre Produkte (gegenüberliegende Seite und unten) wurden
für Einzelhändler entwickelt,
die eine umweltfreundliche
Alternative zu Plastiktüten
suchten.

Die 60BAG ist eine biologisch
abbaubare Tragetasche aus
nicht gewebter Flachsviskose.
Es handelt sich um ein in Polen
hergestelltes, wissenschaft-
lich entwickeltes und paten-
tiertes Material – und 60BAG
besitzt die Exklusivrechte auf
Vermarktung und Vertrieb.
Die Flachsviskose wird mit
Flachsfasern aus Industrie-
abfällen hergestellt, d. h., es
wird dafür keine natürliche
Ressource ausgebeutet, und
der Energieverbrauch für die
Herstellung ist sehr gering.

Etwa 60 Tage nach der Entsor-
gung werden die Taschen auf
natürlichem Weg abgebaut
und benötigen somit keinen
kostspieligen Recyclingpro-
zess. Sie stellen einen Durchbruch dar, was die Bemühung
um Ersatz für die aus Poly-
propylen gefertigten Taschen
und die dicken Plastiktüten
betrifft, die von den meisten
Textileinzelhändlern ausgegeben werden.

Designmanagement in Großunternehmen

Ein wichtiger Aufgabenbereich des Designmanagers besteht darin, den Stellenwert des Designs zu stärken und politische und unternehmerische Hindernisse in Großunternehmen zu überwinden. Er muss Möglichkeiten ermitteln, wie im Rahmen der Produktdienstleistungssysteme und des Unternehmens selbst Werte geschaffen und vermehrt werden können.

Designführung und Strategieentwicklung

Ein guter Ausgangspunkt bei dem Bemühen, das Interesse und die Beteiligung von internen und externen Stakeholdern (z. B. Mitarbeitern, Beratungsfirmen, Händlern und Kunden) am Einsatz von Design zu sichern, besteht darin, auf vorhandene Unternehmensstärken aufzubauen. Für Designmanager, die Karriere machen und mit Innovationen Erfolg haben möchten, ist es entscheidend, Design als Instrument zu positionieren, das zur Entwicklung der Unternehmensstrategie beiträgt und die Stärken des Unternehmens erfolgreich ausschöpft. Zudem sollten sie dafür sorgen, dass Design als Triebfeder für Veränderungen stärker wahrgenommen wird.

Paul Geraghty zufolge wird Design zunehmend als Motor für Innovationen und deren Koordination betrachtet. „Jedes Unternehmen verfügt über eine Reihe von Ressourcen und Potenzialen, aus denen es Geschäftswerte zu schaffen versucht. Design kann diese Ressourcen und Potenziale zu nachhaltigen Wettbewerbsvorteilen verbinden ... durch die Entwicklung neuer Produkte und Dienstleistungen und durch kreative Kommunikation" (Geraghty, 2008).

Das Management der Entwicklungsprozesse von Produkten und Dienstleistungen

Unternehmen werden bei den Kunden am besten durch ihre externen Marken-Touchpoints bekannt – wie Produkte, Dienstleistungen und die Räume, in denen diese präsentiert werden. Das Servicedesign ist eine spezielle Fachdisziplin, die Dienstleistungen und hybride Produkt-Service-Systeme konzipiert, entwirft, entwickelt und realisiert – d. h. den Kontext der eigentlichen Produkte. Laut Engine, einer Designagentur für Dienstleistungen, verbessert das Servicedesign Faktoren wie einfache Bedienung, Zufriedenheit, Loyalität und Effizienz in Bereichen wie dem jeweiligen Umfeld, der Kommunikation, den Produkten und dem Servicepersonal.

Innerhalb großer Unternehmen ist häufig der Designmanager für die Designvision und die Gesamtkoordination aller Kunden-Touchpoints (in Bezug auf das „Look and Feel" von Produkten, Dienstleistungen, Systemen und Marken) zuständig – sowohl in den internen Designbereichen als auch in der Zusammenarbeit mit externen Beratungsdiensten für Design. Dabei müssen Überlegungen, die durch äußere Faktoren bestimmt sind (wie Kenntnis des Wettbewerbumfelds und der Verbraucherbedürfnisse), gegen interne Überlegungen (wie Geschäftsziele, Projektmanagement und Kostenkriterien) abgewogen werden.

Ein Beispiel für ein Großunternehmen mit eigener Designabteilung ist Procter & Gamble. Die Designer kommen aus unterschiedlichen Disziplinen wie dem Grafikdesign, Industriedesign, Innenraumdesign, Modedesign, der Architektur, Markenstrategie und Trendanalyse.

Die Designabteilung ist dafür zuständig, „Design Thinking bei Procter & Gamble zu verankern, sodass unwiderstehliche Marken aufgebaut werden können, die die Verbraucher emotional binden und begeistern". Procter & Gamble haben sich für die Kooperation mit multidisziplinären Teams entschieden, denn das Unternehmen ist überzeugt: „Die Entwicklung von Design bringt eine einmalige Bandbreite von Fähigkeiten und Denkweisen in die Arbeit ein, die die anderen Unternehmensstärken ergänzen und den Innovationsprozess um Emotionen und Kundenerlebnisse bereichern." Die Designmanager selbst sind dafür zuständig, „Schlüsselelemente der visuellen Identität der Marke zu realisieren, neuartige Produkte zu entwickeln, innovative Primär- und Sekundärverpackungen zu entwerfen und die Produkte von Procter & Gamble in den Geschäften, auf den Ladentischen und in den Auslagen weltweit ansprechend zu präsentieren." (<www.pg.com>).

Management von Innovation und Mitarbeitern

Multidisziplinäre Teams gelten zunehmend als ausgesprochen geeignet, um kreative Innovationspotenziale zutage zu fördern. Dies gilt besonders für große Unternehmen, in denen die Mitarbeiter zum wertvollen (und kostspieligen) „Kapital" zählen. Innovation wird inzwischen branchen- und segmentübergreifend als zentrales „Tool" des Managements betrachtet, als Instrument, mit dem sich eine gesamte Unternehmenskultur verwandeln lässt – im Hinblick auf die Geschäftsführung und auf jedes einzelne Teammitglied. Dabei ergeben sich neue Sichtweisen und Rollen, die zeigen, dass „Innovation vor allem mit Menschen zu tun hat ... mit den Aufgaben, die sie in ihrem Fachgebiet haben und der Rolle, die sie übernehmen können". (Kelley, 2005).

Managementinnovationen

Managementinnovationen – die Umsetzung neuer Methoden, Abläufe und Strukturen im Management, die eine signifikante Abweichung von den üblichen Normen darstellen – haben zu einem dramatischen Wandel der bisherigen Aufgaben und Tätigkeiten in großen Unternehmen geführt.

Im Rahmen der Überprüfung, wie die innovativen Methoden, Abläufe und Strukturen in modernen Unternehmen besser organisiert werden können, haben Birkshaw und Mol (2006) aufgezeigt, in welchen Phasen die Entwicklung ablaufen kann:

– Unzufriedenheit mit dem Status quo (z. B. operative Probleme, strategische Bedrohungen oder bevorstehende Krisen) und Inspiration von außen (z. B. durch externe Unternehmensberater, die üblicherweise nicht aus der Branche stammen und radikal neue Gesichtspunkte einbringen).

– Anschließend Erfindung oder Entdeckung (z. B. in Form eines Geistesblitzes, einer plötzlichen Erkenntnis oder ausgelöst durch ein wichtiges Ereignis), gefolgt von interner (Risikoverständnis, Überwinden von Unsicherheiten, Sicherstellung der internen Akzeptanz) und externer Validierung (unabhängige Zustimmung eines Dritten wie einem Wirtschaftswissenschaftler, einer Beratungsfirma oder einem Medienunternehmen).

– Schließlich die Verbreitung: Die Ergebnisse gelangen zu den Nutzern und auf die Märkte.

(Quelle: Birkshaw und Mol, 2006)

1. Der DME-Award ist eine Anerkennung für den strategischen Einsatz von Design im Interesse der Nachhaltigkeit europäischer Firmen. Den DME-Award für große Firmen erhielt 2008 die britische Fluggesellschaft Virgin Atlantic Airways Ltd. für ihre hervorragende Leistung in der Designkoordination. Das Manifest beschreibt die unabdingbaren Aspekte des Tagesgeschäfts wie Sicherheit und pünktliche Flugzeiten. Die Geschäftsziele definieren jährliche und konkrete Zielsetzungen wie das Jahresbudget oder angestrebte neue Märkte. Der Bereichsplan ist faktisch der Businessplan, der Einzelheiten zu allen Projekten und Zielsetzungen nennt. Die Aufgabe des Designs besteht darin, „durch die geplante Innovation Veränderungen anzuregen, die am Boden und in der Luft für funktionell exzellente Ausstattung und Produkte sorgt". Die Markenwerte – Fürsorge, Ehrlichkeit, Wert, Freude und Innovation – machen den Wesenskern der Marke Virgin aus.

Diagramm 19, 2, 3. Der Chef der Designabteilung leitet sein Team dazu an, alle Ziele des Bereichsplans zu realisieren (unten) und damit sicherzustellen, dass die Markenwerte der Firma sowohl bei den Produkten und Dienstleistungen als auch in der Arbeit des Teams tagtäglich vollständig erfüllt werden, wie im abgebildeten Virgin Atlantic Clubhouse im Terminal 3 des Flughafens Heathrow (gegenüberliegende Seite). *Fotos: © Virgin Atlantic Airways Ltd.*

1

DME AWARD_ DESIGN MANAGEMENT EUROPE

Diagramm 19: Das Designmanifest von Virgin Atlantic

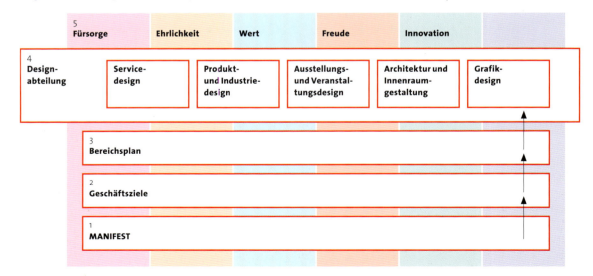

5	Fürsorge	Ehrlichkeit	Wert	Freude	Innovation	
4 Design-abteilung	Service-design	Produkt- und Industrie-design	Ausstellungs- und Veranstaltungsdesign	Architektur und Innenraum-gestaltung	Grafik-design	

3 Bereichsplan

2 Geschäftsziele

1 MANIFEST

2

3

Tabelle 14. Bei Innovationen geht es um Menschen. IDEO zählt zehn Persönlichkeitstypen auf, die über Mittel und Begabung zur Innovation verfügen – ihre Rollen sind von Unternehmensstrukturen unabhängig; sie zielen eher darauf ab, „den Teams zu helfen, ihre unterschiedlichen Sichtweisen auszudrücken, um zu einem breiteren Spektrum an Innovationslösungen zu gelangen", wie in Tabelle 14 dargelegt. *(Quelle: Kelley, 2005)*

Tabelle 14: IDEOs zehn Persönlichkeitstypen

Rolle	Name	Funktion
Rollen im Bereich Lernen/Erfahren	Anthropologe	Liefert dem Unternehmen Wissen und Erkenntnisse, indem er das menschliche Verhalten beobachtet und ein tiefes Verständnis dafür entwickelt, wie die Menschen physisch und emotional auf Produkte, Dienstleistungen und Räume reagieren.
	Experimentator	Testet kontinuierlich neue Ideen anhand von Prototypen. Gewinnt seine Erkenntnisse nach dem Verfahren von Trial and Error (Versuch und Irrtum).
	„Fremdbestäuber"	Erforscht andere Branchen und Kulturen und passt die Ergebnisse den besonderen Erfordernissen seines Unternehmens an.
Rollen im Bereich Organisation	Hürdenläufer	Weiß, dass der Weg zur Innovation voller Hindernisse ist, und entwickelt ein Geschick dafür, diese Hürden zu überwinden oder zu umgehen.
	Teamarbeiter	Koordiniert bereichsübergreifende Gruppen und leitet die Arbeit häufig aus der Mitte des Teams heraus, um neue Kombinationen und multidisziplinäre Lösungen zu finden.
	Regisseur	Stellt nicht nur ein kompetentes Team zusammen, sondern fördert auch die Entfaltung der Kreativität jedes einzelnen Mitglieds.
Rollen im Bereich Aufbau/ Entwicklung	Erlebnisarchitekt	Entwirft verlockende Erlebniswelten, die über reine Funktionalität hinausgehen und auf die Hintergründe latenter oder expliziter Kundenbedürfnisse eingehen.
	Bühnenbildner	Schafft eine Bühne, auf der das Innovationsteam beste Arbeit leisten kann. Die physische Umgebung wird in ein kraftvolles Instrument verwandelt, das die Grundeinstellung und das Verhalten beeinflusst.
	Betreuer	Identifiziert sich mit den Werten derjenigen, die im Gesundheitswesen tätig sind, und gestaltet die Kundenbetreuung so, dass sie über eine reine Dienstleistung hinausgeht.
	Geschichtenerzähler	Baut durch überzeugende Texte, die bestimmte menschliche Grundwerte vermitteln oder kulturelle Besonderheiten stärken, eine firmeninterne Moral und ein öffentliches Bewusstsein auf.

178

1, 2. Samsungs Markenphilosophie basiert auf dem „starken Streben nach Wachstum, fortwährender Innovation sowie unserem sozialen Engagement für unsere Mitarbeiter". Samsung glaubt an die Macht guten Designs und setzt Innovation, Design und „Green Thinking" (ökologisches Denken) erfolgreich ein, um seinen Markenwert und die Marktanteile zu vergrößern. 1995 richtete das Unternehmen in Kalifornien das Innovation Design Lab of Samsung (IDS) ein als eine betriebseigene Schule, an der vielversprechende Designer im Rahmen des Art Center College of Design in Pasadena studieren können.

Green Thinking zeigt sich etwa darin, wie Samsung die Produktionsprozesse betrachtet und was am Ende des Produktlebenszyklus geschieht. 2004 gründete Samsung ein Bewertungssystem für Ökodesign, um die Umweltqualität der Produkte zu evaluieren und zu verbessern, z. B. Ressourceneffizienz, Energieeffizienz und Umweltgefährdung.

Das Samsung Reclaim™ war das erste umweltfreundliche Handy, das von Sprint, einem führenden Telefonanbieter im schnurlosen Bereich, angeboten wurde.

Das Mobilteil aus recycelbaren Komponenten und mit recycelbarer Verpackung ist für den umweltbewussten Verbraucher bestimmt, der ein umweltfreundliches Handy möchte, ohne auf die neueste Technik verzichten zu müssen (<www.samsung.de>).

2

1

Designmanagement in kleinen und mittleren Unternehmen

Kleine und mittlere Unternehmen (KMUs) – mit bis zu 250 Angestellten – bilden sowohl in den Industrieländern als auch in den Entwicklungs- oder Schwellenländern einen signifikanten Teil aller Volkswirtschaften.

Geringe Größe als Wettbewerbsvorteil

In Bezug auf die Arbeitsabläufe profitieren kleinere Firmen von ihrer übersichtlicheren Struktur: Sie können flexibler agieren und rasch Entscheidungen fällen. Daraus ergeben sich immer wieder bedeutende Wettbewerbsvorteile, beispielsweise, wenn Auftraggeber nach kreativen Möglichkeiten für Kosteneinsparungen innerhalb ihrer Abläufe suchen, bei denen KMUs – z. B. durch Outsourcing – eingebunden sind.

Derzeit geführte Diskussionen zeigen, dass die Erfolgs- und Wachstumschancen hier weniger darin liegen, am schnellsten auf dem Markt zu sein oder die Konkurrenz zu schlagen, als vielmehr darin, die Kundenbedürfnisse besser zu bedienen – anders gesagt, im „Erfolg ohne Sieg".

Die vier Stärken von Design

Auf der Grundlage seiner Untersuchungen bei europäischen designorientierten KMUs hat Borja de Mozota (2006) ein Wertemodell für Design entwickelt, das auf dem Konzept der „vier Stärken von Design" basiert (siehe Tabelle 15 unten). So kann Design innerhalb der Betriebswirtschaft in Modelle des Value Managements und der Wertanalyse integriert werden.

Tabelle 15: Die vier Stärken von Design

Design als Unterscheidungs- merkmal	Design als Quelle für Wettbewerbsvorteile wirkt durch Markenwert, Kundenbindung sowie Preis- oder Kundenorientierung.
Design als Integrator	Design als Ressource verbessert die Entwicklungsprozesse für neue Produkte wie die Time-to-Market (Produkteinführungszeit), indem es durch Visualisierung für Konsens im Team sorgt.
	Design als Prozess fördert die modulare Struktur und die serviceorientierte Architektur von Produktlinien, nutzerorientierte Innovationsmodelle und das Projektmanagement des „Fuzzy-Front-End", der vagen Anfangssituation des Projekts.
Design als Transformator	Design als Ressource eröffnet neue Geschäftschancen, verbessert die Herangehens- weisen an Veränderungen und steuert Fachkompetenz bei, wenn es darum geht, ein Unternehmen und seine Marktstellung richtig zu verstehen.
Design als gute Geschäfts- möglichkeit	Design als Quelle für Umsatzsteigerungen und größere Gewinnspannen, für höheren Markenwert, größere Marktanteile und eine bessere Kapitalrendite (ROI).
	Design als Quelle für die Gesellschaft als Ganzes (Inclusive-Design, nachhaltiges Design).

180

6. DESIGN UND INNOVATION
DESIGNMANAGEMENT IN GROSSUNTERNEHMEN « |DESIGNMANAGEMENT IN KLEINEN UND MITTLEREN UNTERNEHMEN | » FALLSTUDIE: PHILIPS DESIGN

Das Programm Designing Demand, das im Rahmen der britischen staatlichen Wettbewerbsstrategie vom Design Council ins Leben gerufen wurde, unterstützt die Unternehmen dabei, ihre Leistungen zu verbessern, ein schnelleres Wachstum zu erreichen, Umsatz und Marktanteile zu erhöhen und das gesamte Geschäftsergebnis zu verbessern, indem es das Design in den Mittelpunkt der Geschäftsstrategie stellt.

Mithilfe von Workshops, praktischer Unterstützung und Beratungen durch externe Design Associates können die Unternehmen herausfinden, wie sie innovativer, wettbewerbsfähiger und rentabler werden. Die Manager werden geschult, wie sie das Potenzial von Design optimal ausschöpfen – indem sie neue Chancen aufdecken, Designer gezielt briefen und erfolgreiche Projekte durchführen.

Das Designing-Demand-Programm umfasst folgende Strategien:

1. Generate unterstützt etablierte und Start-up-Unternehmen dabei, Designprojekte in Gang zu setzen.

2. Innovate unterstützt High-tech-Start-ups intensiv im Einsatz von Design, um die Time-to-Market zu verkürzen und Investoren zu gewinnen.

3. Immerse unterstützt etablierte Firmen, die strategische Veränderungen beabsichtigen, und hilft ihnen, Umsatz und Gewinn durch vielfältige Designprojekte anzukurbeln.

1

2

3

4

4. Als Kleinhersteller von Haushaltsreinigungsmitteln hatte Challs immer Probleme, die Aufmerksamkeit der Supermarktkunden auf sich zu ziehen. Nachdem die Firma das oben erläuterte Immerse-Programm durchlaufen hatte, führte eine Erneuerung des Branding und der Strategie zu eindrucksvollen Ergebnissen. Heute führen praktisch alle britischen Supermarktketten Challs-Produkte – jetzt in neuer Verpackung und mit neuem Markenimage. Nach ihrer Einführung stieg der Umsatz um 35 %.

Philips Design: Design für eine nachhaltige Gesellschaft

Nachhaltige Entwicklung ist ein wichtiger Teil der Arbeit von Philips Design. Der personenzentrierte Ansatz beruht auf dem Leitbild und der Vision, Werte für die Menschen zu schaffen und „die Lebensqualität der Menschen zu verbessern". Die Methode kann angesichts vielfältiger Herausforderungen in verschiedensten Kulturen angewandt werden. Philips Design möchte Lösungen bieten, die die Stärken von Technologie und Innovation nutzen, die „minimale Umweltauswirkungen haben und in verantwortlicher Art und Weise entstehen. Zugleich sollen die Lebensbedingungen der Menschen verbessert werden und die Unternehmen Gewinn machen". Durch fundierte Studien im Bezug auf soziale und umweltbezogene Zusammenhänge wird sichergestellt, dass die Lösungen für bestimmte Lebensweisen und Gewohnheiten auch tatsächlich von Bedeutung sind (<www.design.philips.com>).

Menschenliebe durch innovatives Design

„Menschenliebe durch innovatives Design" entstand aus einem Workshop über „nachhaltige Designvisionen". Dieser Workshop sollte das Bewusstsein schärfen und kreatives Denken darüber anregen, wie Produkte und Dienstleistungen entwickelt werden können, mit deren Hilfe Nichtregierungsorganisationen (NGOs) das Leid der Menschen in Notsituationen (wie Naturkatastrophen) lindern oder ihre Selbstbestimmung stärken können. Die Diskussionsthemen standen in Einklang mit der Vision von Philips Design. Sie befassten sich mit der Entwicklung innovativer humanitärer Angebote in den Bereichen Gesundheitsfürsorge, allgemeines Wohlbefinden und Bildung unter dem Schirm sozialer Investitionen. Außerdem gab es Überlegungen, zusätzlich zum finanziellen Sponsoring auf Spenden zurückzugreifen. Zwei Bereiche wurden geprüft: erstens Kompetenzen, Technologien und Know-how innerhalb der Organisationen in Kombination mit ergänzender Expertise von außen; und zweitens die Bedürfnisse und Hoffnungen der Menschen in verschiedenen Regionen der Welt und speziell in ihrer jeweiligen Lebenssituation.

fallstudie

182

Seit 2005 arbeitet das Programm „Menschen-liebe durch innovatives Design" an der Entwick-lung humanitärer Angebote für soziale und ökologische Probleme, von denen die schwäche-ren Mitglieder der Gesellschaft betroffen sind. Das Programm macht sich soziokulturelles Wissen und die kreative Fachkompetenz von Philips Design zunutze und setzt die umfassen-den Talente und Fähigkeiten der Mitarbeiter dafür ein, Gesundheit und Umwelt in den Entwicklungsländern zu verbessern. Dabei werden Probleme wie Unterernährung, Lungen-entzündungen, mangelnde Hygiene, Luftver-schmutzung, Energiebedarf und Analphabetis-mus in Angriff genommen.

Zu bestimmten Themen wurden anhand quali-tativer und quantitativer Datenerhebungen, Testgruppen, Interviews mit NGOs und Besu-chen vor Ort Recherchen durchgeführt, um die Menschen zu beobachten und auf diese Weise mehr über ihr alltägliches Leben zu erfahren. „Die Hauptverwaltung von Philips Design erhielt die Daten aus den verschiedenen Regionen und übertrug sie in die üblichen ‚verwertbaren' Informations- und Inspirationsformate. Dabei wurde mit ‚Rollen' bzw. Persönlichkeitstypen gearbeitet; schließlich erstellte man 19 Geschich-ten über Einzelpersonen und Gemeinschaften unter dem Titel ‚Ein Tag im Leben von ...', in denen die Gewohnheiten, Verhaltensweisen, Routinevorgänge, Tätigkeiten und Bedürfnisse verschiedener Menschen gezeigt wurden."

Kulturelle Kontexte und Probleme

Der Chulha-Herd ist eine solche Initiative, bei der die Mitarbeiter von Philips „ihre Fähigkeiten einsetzen, um bedeutende soziale und ökologi-sche Probleme in Angriff zu nehmen. Dabei wird nach dem Paradigma der offenen Innovation gemeinsam eine konkrete, kontextspezifische, humanitäre Lösung eines Problems erarbeitet" (Rocchi und Kusume, 2008).

Um sicherzustellen, dass die Lösungen in den Gemeinden wirklich nachhaltig wirken können, ist es wichtig, den kulturellen Hintergrund potenzieller Design- und Techniklösungen genau zu prüfen (Manzini und Jegou, 2003). In ländlichen Gebieten Indiens verbringen die Frauen traditionell mehrere Stunden am Tag damit, an einem offenen „Biomasse"-Herd in den Hütten zu kochen. Die Umstände, unter denen dies geschieht, können jedoch lebensbe-drohlich sein – beim Verbrennen von Biomasse entstehen schädliche Gase, die Atemwegs-erkrankungen auslösen und jedes Jahr für fast 500 000 Todesfälle in Indien und für 1,6 Millio-nen Todesfälle weltweit verantwortlich sind.

Philips Design stellte die Frage: „Wie kann man mit kreativem Design diese Frauen dabei unterstützen, ihre traditionelle Kultur weiter zu pflegen, sich dabei aber für eine Art des Kochens zu entscheiden, die nicht ihr Leben gefährdet?" (Rocchi und Kusume, 2008). Das Ergebnis – der Chulha-Herd – fördert soziale Selbstbestim-mung durch gemeinsames Wissen, Kreativität und Co-Design.

Der Designprozess: Co-Design

Philips verwendete die Methode des Co-Designs; dabei fließt der Input der Nutzer direkt in den Designprozess mit ein. Es wurden Erkenntnisse gesammelt und die Menschen befragt, die über das Kochen in den ländlichen Gebieten Indiens am besten Bescheid wussten. Diese Stakeholder – die ein profundes Wissen über die spezifischen Zusammenhänge und Probleme mitbrachten – sorgten dafür, dass die „Stimme der Zielgemeinschaften, Zielfamilien und einzelnen Zielpersonen sehr genau angehört wurde" (Simanis, Hart, Enk et al., 2005).

Designtools

Dieses Material bildete die Basis für eine Reihe von Workshops, die Philips Design organisierte, um die Teams der Stakeholder kreativ über die Herausforderungen nachdenken zu lassen. Zwei Designtools/-übungen waren besonders nützlich, um die Aussichten für umweltfreundliche und gesellschaftlich wirkungsvolle Produkt- und Dienstleistungsideen zu verbessern – das Tool „Nachhaltiges Design" und das Tool der Kettenreaktion.

1

Forschung und Analyse

Untersuchung der Praxis → Passende Technik

Co-Design

Co-Design-Workshop → Ausarbeitung des Designs

Mitwirkung an der Entwicklung

Prototyping → Tests und Rückmeldung

fallstudie

184

1. Rocchi und Kusume berichten: „Der gemeinsame Wertschöpfungsprozess, der auf dieser Reise des Verstehens und Lernens stattfand, resultierte in einem Herd, der das Kochen im Haus gesünder macht als die traditionellen offenen Kochstellen." Der Prozess, bestehend aus Recherche, Co-Design und gemeinsamer Entwicklung, führte zu einer Lösung, die „einfach im Gebrauch und einfach im Unterhalt ist, vor Ort produziert und vertrieben wird, relativ wenig kostet und für unterschiedliche Kochgewohnheiten geeignet ist".

2, 3. Das Verbrennen von Biomasse verursacht weltweit jedes Jahr 1,6 Millionen Todesfälle durch das Einatmen des Rauchs (links). Philips Design entwickelte einige aussichtsreiche Konzepte zu den Themen Emissionen in Innenräumen und Kochen in ländlichen Gebieten und legte fest, dass folgende Ziele erreicht werden sollten: „problemlose Verfügbarkeit", „einfach zu vertreiben/installieren/nutzen/warten", „Produktion vor Ort", „geeignet, um die Luftverschmutzung im Haus zu reduzieren", „niedrige Reproduktionskosten" und „Skalierbarkeit". Acht Monate später war die Designlösung des Chulha-Herds entwickelt und in der Praxis durch Familien und sozial engagierte Unternehmer getestet worden (unten links).

Tabelle 16. Das Tool „Nachhaltiges Design" wurde entwickelt, um sowohl ökologische als auch soziale Kriterien in der Konzeptionsphase zu berücksichtigen und zu einem Ansatz des Systemdenkens anzuregen, der nicht nur technische Produktveränderungen, sondern eine ganzheitlichere Form der Innovation anstrebt. Ziel war es, den Designern Prinzipien und Kriterien für innovative Designstrategien anzubieten, die zu nachhaltigeren Produktions-, Vertriebs-, Marketing- und Nutzungsmustern anregen konnten.

Tabelle 16: Das Tool „Nachhaltiges Design"

Clusters: Konkrete Orientierungskriterien für das Design

Design im Dienst der Langlebigkeit:
Ästhetische und funktionelle Verbesserungen, Bausteinprinzip und gute Skalierbarkeit, Haltbarkeit, Wiederverwertung in verschiedener Hinsicht etc.

Design im Dienst von Materialeinsparungen:
Miniaturisierung, Integration und Multifunktionalität, Virtualisierung, biologische Abbaubarkeit etc.

Design im Dienst effizienter und sauberer Energie: Sonnen-/Windenergie, menschliche Arbeitskraft, Wasserkraft, Hybridsysteme etc.

Design im Dienst kultureller Vielfalt:
Örtliche Ressourcen, Technologien, die dem Anwendungsbereich angepasst sind, traditionelle intelligente Praxis, individuelle und gemeinschaftliche Verantwortungsbereitschaft etc.

Design im Dienst gemeinsamer Nutzung:
Gemeinsame Nutzung von Räumen, Vermögenswerten, Zeit, Wissen etc.

Quelle: Rocchi und Kusume, 2008

Die Teams arbeiteten mit dem Instrument der „Kettenreaktion", um soziokulturelle Werte und Verhaltensweisen im Detail und im Ganzen zu verstehen und zu erkunden, bevor sie mit den problemlösenden Tätigkeiten begannen. Da alle Handlungen der Nutzer als „Kette von Ereignissen" betrachtet wurden, konnte ermittelt werden, wo die Lebensqualität mittels Design verbesserungsfähig war.

Um das Problem der giftigen Gase in den indischen Hütten zu erfassen, fragte das Team zum einen nach den Ursachen (z. B. Nutzung von Holz und ungeeigneten Herdstellen, Freude am Genuss von Speisen, die über dem Holzfeuer gekocht wurden, Unwissenheit über mögliche Auswirkungen auf die Gesundheit) und zum anderen nach den Konsequenzen (Atemwegs- und Augenerkrankungen, Gesundheitskosten für Kinder, Zeit, die Kinder mit Holzsammeln zubringen, Zeit, die Frauen mit der Reinigung der Küche zubringen).

Während des Designprozesses zeigte sich, wie sich direkter Nutzen und indirekte Kosteneinsparungen in der Gesundheitsfürsorge erreichen lassen, wie die Arbeit effizienter gestaltet werden kann, welche positiven Auswirkungen auf die Umwelt und welche sozioökonomischen Vorteile zu erreichen sind, und zwar sowohl für jeden Einzelnen als auch für die Gemeinschaft. Die Einführung eines „intelligenten" Kochgeräts lässt Kindern beispielsweise mehr Zeit zum Lernen (sie verbringen weniger Zeit mit Holzsammeln), reduziert die Kohlenmonoxid-Emissionen (in gewissem Ausmaß auch die CO_2-Emissionen) und den Holzverbrauch und verbessert das Gesundheitsbewusstsein der Familien.

fallstudie

186

Die Designlösung: Open-Source-Design

Die Designlösung war der Chulha, ein Herd nach dem Baukastenprinzip. Er lässt sich rasch und problemlos transportieren, zusammensetzen, reparieren und reinigen – für Nutzer in ländlichen Gebieten sind dies alles wichtige Faktoren. Schlüsselfaktoren für das Design des Herds waren zudem niedrige Kosten für die Anschaffung (fünf bis acht Euro pro Herd) und für Reparaturen (Rocchi und Kusume, 2008).

Die technischen Spezifikationen für das Design des Chulha-Herds wurden von ausgewählten NGOs (Nichtregierungsorganisationen) als „Start-up-Bausatz" zum Download zur Verfügung gestellt, um die Produktion und Verbreitung des Chulha-Herds in Gang zu setzen. Anhand dieser Angaben kann jeder eine Reihe von Gießformen herstellen, den Herd damit produzieren und so die Lebensqualität der Menschen in dieser Region verbessern. Diese Lösung führte zu einem vollständigen Schulungs- und Kommunikationspaket, um örtliche Unternehmer zur Herstellung und Verwendung rauchloser Herde zu animieren.

Offene Innovationen

Um die Reproduktion, Verteilung und Skalierbarkeit der Herde zu erleichtern, wurden die Designinnovationen in Form von Skizzen und technischen Zeichnungen gespeichert. Diese gehören zu einem umfassenden Kommunikations- und Schulungspaket, das die Produktion, den Vertrieb, die Installation und die Wartung der Herde erklärt. Es ist beabsichtigt, mit der Unterstützung lokaler NGOs darauf hinzuarbeiten, dass jeder dieses Wissen kostenlos nutzen kann, um die Lebensbedingungen für Frauen und Kinder – die Endverbraucher – zu verbessern und örtliche unternehmerische Aktivitäten zur Produktion und zum Vertrieb sicherer und gesunder Herde anzuregen.

Es existiert eine Vielzahl von Design-, Produktions- und Vertriebsmodellen, die die unterschiedlichen Bedürfnisse ländlicher und semi-urbaner Gemeinden, die Höhe der Einkommen und die jeweilige Infrastruktur berücksichtigen. Beim „dezentralisierten" Modell kann ein geschulter Unternehmer in eine Gießform investieren, die die Nachfrage von 50 bis 60 Haushalten, verteilt über 10 bis 15 Dörfer, abdeckt; das ideale „halb dezentralisierte" Modell ermöglicht eine Lokalisierung auf Bezirksebene, sodass der neue Unternehmer 200 bis 250 Haushalte, verteilt über 30 bis 40 Dörfer, bedienen kann.

Diese „Demokratisierung" des Wertschöpfungsprozesses – erreicht durch die Einbindung der Nutzer in den Co-Design-Prozess – erhöht tatsächlich die Chancen, dass die Lösung in den örtlichen Gemeinden erfolgreich verankert werden kann.

Matt Barthelemy
Smart Design

Smart Design entwickelt gut durchdachtes, kreatives Design für alle Menschen und unvergessliche Marken für Auftraggeber.

Designgesteuerte Innovation

„Der Bedarf an der Entwicklung stimmiger, miteinander verflochtener Nutzererlebnisse ist groß und wächst ständig weiter. Früher wurden die einzelnen Aspekte einer Kundenerfahrung häufig von unterschiedlichen Abteilungen oder sogar verschiedenen Firmen separat bearbeitet. Dass solche nicht integrierten Verfahren tatsächlich signifikante Innovationen und befriedigende Kundenerlebnisse schaffen, wird immer schwieriger.

Die Unternehmensstrukturen und -kulturen begünstigen jedoch (absichtlich oder unabsichtlich) die Arbeit von Einzelkämpfern und separaten Strukturen. Ein aufschlussreiches Beispiel ist Hardware; sie wird getrennt von der Software entwickelt und gestaltet. Hardware und Software müssen heute jedoch verbunden werden, innerhalb eines Gerät und außerhalb durch Onlineverbindungen und Onlinedienste. Inzwischen ist zu beobachten, dass Hardwarefirmen ihre eigene Software und ihre eigenen Netzwerkdienste anbieten, ebenso wie Software- und Dienstleistungsunternehmen ihre eigene Hardware entwickeln.

Der heute erforderliche integrative Ansatz verlangt von den Designmanagern die sichere Beherrschung der verschiedenen Designdisziplinen und der Spezialgebiete der Teammitglieder; er stellt eine wachsende Herausforderung und Chance dar. Ich selbst begann im Industriedesign und wurde im Lauf der Zeit recht versiert in den vielen Designdisziplinen, die zu koordinieren sind, wenn man einheitliche und innovative Nutzererlebnisse entwerfen und umsetzen möchte.

Bei Smart konzipieren und gestalten wir unsere Lösungen innerhalb integrierter, multidisziplinärer Teams. Unsere Designmanager arbeiten an einer Vision, die das gesamte Team teilt und die an den verschiedenen Touchpoints erkennbar ist. Während die einzelnen Teammitglieder also auf unterschiedliche Fachdisziplinen spezialisiert sind, gibt es eine Vision, die wir alle teilen und sich auf die einheitliche Umsetzung dieses Markenerlebnisses bezieht. Das Erlebnis wird in Form von Hardware, Software, Markenkommunikation, Online- und Offlinediensten gestaltet – in allen einzelnen Elementen, die zusammenwirken, um den Verbrauchern ein in sich stimmiges Markenerlebnis zu verschaffen.

einblicke in die praxis

188

Während des Arbeitsprozesses entwickeln und erkunden wir verschiedene Konzepte. Unsere Konzepte werden durch frühzeitige und häufig wiederholte Prototypenentwicklung validiert. Ein Beispiel ist das von uns als ‚Hardware-Software-Skizzieren' bezeichnete Erstellen einer Reihe interaktiver Prototypen. Damit möchten wir die Machbarkeit innovativer Konzepte sicherstellen und Wege finden, wie wir unsere Grundidee erhalten, während wir die Probleme lösen, die bei der Umsetzung auftauchen. Dieses ‚Design Doing' führt uns über das pure ‚Design Thinking' hinaus und gibt uns Gelegenheit, alle Aspekte des Erlebnisses zu berücksichtigen, aufeinander abzustimmen und zu realisieren. Durch die iterative Vorgehensweise können wir nicht nur die Machbarkeit nachweisen; der Design- und Innovationsprozess wird auch gründlicher und sorgfältiger. Viele großartige Ideen lassen sich nicht umsetzen; andererseits werden zu viele umsetzbare Ideen durch mangelhafte Ausführung oder auch nur fehlende integrative Elemente hinfällig. Jeder von uns kennt irgendeine schöne Hardware mit einer miserablen Schnittstelle.

Dieses iterative und integrierte Vorgehen hilft uns dabei, unsere Lösungen gemeinsam mit unseren Auftraggebern und, was noch wichtiger ist, mit deren Kunden – den Menschen, für die diese Erlebnisse letztlich entworfen werden – aufrechtzuerhalten, zu kommunizieren und zu validieren. Letztendlich geht es nicht um Technik oder Innovation als Selbstzweck, sondern darum, den Menschen verbesserte Erlebnisse anzubieten, die – wenn sie wirklich gut gemacht sind – die positive emotionale Bindung an die Produkte, Dienstleistungen und Marken fördern."

Matt Barthelemy
Smart Design, USA

„Der heute erforderliche integrative Ansatz verlangt von den Designmanagern die sichere Beherrschung der verschiedenen Designdisziplinen und der Spezialgebiete der Teammitglieder; er stellt eine wachsende Herausforderung und Chance dar."

Sonja Dahl
Design Council

Es hat sich gezeigt, dass sich die Chance auf Umsatzsteigerung mehr als verdoppelt, wenn ein Unternehmen stärker in Design investiert. Doch nur ein Drittel aller Firmen in Großbritannien hat die Ausgaben für Design in den letzten drei Jahren erhöht, und 43 % investieren überhaupt nicht in Design. Recherchen zeigen auch einen Mangel an Vertrauen in Design sowie mangelndes Wissen darüber, wie bei der Auftragsvergabe und Organisation am besten vorzugehen ist oder wo Hilfe erhältlich ist.

Designmanagement für KMUs:
Ein kooperativer Ansatz

„Aus diesem Grund führte das Design Council, eine britische Körperschaft des öffentlichen Rechts, im Jahr 2006 das Programm Designing Demand als Teil seines weiter gefassten Ziels ein, die Wettbewerbsfähigkeit britischer Firmen zu stärken. Das Programm war das Ergebnis dreijähriger Pilot- und Demoprojekte, bei denen Möglichkeiten getestet wurden, die Designkompetenzen kleinerer Firmen durch eine Kombination aus Workshops, diagnostischer Arbeit und Umsetzungsberatung zu verbessern.

In der Designbranche weiß man, was für eine große Rolle Designtools und -techniken spielen können, wenn die Auftraggeber ihre Kunden erreichen und Innovationen freisetzen möchten. Aber wie bringt man den Unternehmen das Thema Design näher, damit sie verstehen, wie sie Design strategisch günstig einsetzen können, um ihre Vision zu realisieren?

Erfahrene Designer und Designmanager, bekannt als Design Associates, begleiten im Rahmen des Programms Designing Demand Senior-Businessmanager bei der Vergabe von Designaufträgen. Sie moderieren zuerst eine strukturierte Diskussion, damit der wirtschaftliche Gesamtzusammenhang und die Schwierigkeiten, denen sich das Unternehmen gegenübersieht, gut verstanden werden. Dann wird geprüft, inwieweit Design zu Innovation anregen, neue Chancen schaffen und einen positiven Einfluss auf Produktivität, Leistung oder Rendite ausüben kann. Anschließend unterstützen die Design Associates das Unternehmen dabei, einen Designauftrag zu entwerfen, der auf die Unternehmensvision und die strategischen Ziele abgestimmt ist, den passenden Designer auszuwählen und das Projekt zu managen.

Design Associates als Geschäftspartner hinterfragen und unterstützen gleichzeitig, sie bieten kritische Designmanagementberatung, ohne die Bestrebungen des Unternehmens zu beeinträchtigen. Ihr Wissen und ein geeignetes Instrumentarium, das den Dialog mit den Entscheidungsträgern des Unternehmens unterstützt, motivieren diese zur Beteiligung und sorgen für die strategische Passform der Projekte.

Designing Demand hat einen anderen Ansatz für das Designmanagement entwickelt, einen kooperativen und in gewisser Weise pädagogischen Ansatz. Zu den Hauptzielen des Beratungsprogramms gehört es, im Unternehmen Verständnis für das Management von Design zu wecken und Qualifikationen zu vermitteln – Verständnis dafür, wo der Einsatz von Design sinnvoll ist und was er strategisch bewirkt. Durch die Zusammenarbeit mit Design Associates kommen leitende Entscheidungsträger mit einigen Geschäftsprinzipien in Berührung, sie erfahren die Vorteile von Design und verstehen, inwieweit Design in ihre Strategien und Ziele passt. Dieser Ansatz verlangt eine besondere Mischung aus kreativem Können, Glaubwürdigkeit des Unternehmens und Sozialkompetenz – Attribute, die die Grundlage für die Anwerbung neuer Design Associates bilden.

Das Programm ist für Unternehmen ausgelegt, die den richtigen Sinn und Ehrgeiz für Wachstum mitbringen und auch offen dafür sind, in Design zu investieren. Design Associates greifen auf ihre eigene Geschäftserfahrung zurück, um Projekte zu planen, Chancen zu eröffnen, Vertrauen aufzubauen und Manager mit Fachkompetenz in Design auszustatten, die sie auch weiterhin nutzen können.

Design Associates setzen nicht voraus, dass ein Unternehmen weiß oder versteht, wie Design funktioniert. Durch eine Kombination aus Technik und Methode leiten sie ein Gespräch und arbeiten anschließend mit Anbietern und Designern zusammen, um sicherzustellen, dass ein Projekt entsteht, das den Ambitionen des jeweiligen Unternehmens entspricht."

Sonja Dahl
Design Associate Manager,
Design Council,
Großbritannien

„Wissen und ein geeignetes Instrumentarium, das den Dialog mit den Entscheidungsträgern des Unternehmens unterstützt, motivieren diese zur Beteiligung und sorgen für die strategische Passform der Projekte."

Simon May
August

Die Firma August ist ein in London ansässiges Unternehmen zur Innovationsbeschleunigung. August ist überzeugt, dass Innovationen einem Betrieb zu Wachstum verhelfen. Hierfür sollte sich dieser auf sechs Kernbereiche konzentrieren: auf die Menschen, den Prozess, die Kultur, die Führung, die Instrumente und die Ökosysteme.

Designmanagement und Innovation

„Die Menschen führen Neuerungen ein; nicht die Maschinen, auch nicht die Computer oder Prozesse, sondern die Menschen. Innovation sollte nicht nur in der Verantwortung derer liegen, die in kreativen Bereichen von Forschung und Entwicklung, in der Entwicklung neuer Produkte (oder Dienstleistungen) oder im Produktmarketing tätig sind. Jedes Teammitglied hat das Potenzial, Einfluss zu nehmen und zur Innovationsfähigkeit eines Unternehmens beizutragen. Dazu muss allen Mitarbeitern klar sein, was man unter einer Innovationsstrategie und einem Innovationsprozess versteht und wo diese hilfreich sein können. Dies erfordert gute Marketingkanäle und ständige Updates bezüglich Fortschritt, Marktveränderungen und Entwicklungsbedarf.

Innovation braucht System

Jedes Unternehmen ist in der Lage, sehr viel mehr Ideen hervorzubringen, als es tatsächlich braucht oder erfolgreich umsetzen kann. Es muss also ein System gefunden werden, das mit der Innovationsstrategie verknüpft ist, um die Ideen zu filtern und die besten oder geeignetsten auszuwählen und weiterzuführen. Diese müssen den Auswahlprozess durchlaufen, damit gewährleistet ist, dass die erforderlichen Ressourcen und die nötige Zeit auch zur Verfügung gestellt werden, sodass das ursprünglich bei der Entscheidung nachgewiesene Potenzial erreicht werden kann. Durch diese vorgeschaltete Verfahrensstufe weiß man von allen Projekten, die in das Entwicklungsstadium gelangen, was sie für das Unternehmen leisten können.

Innovationen müssen genährt und gestützt werden

Für den Erfolg ist es entscheidend, dass die Zuständigkeit für die Innovation innerhalb des Unternehmens liegt. Der Vorstand sollte voll hinter dem Innovationsprojekt stehen und sich auch um Problembereiche wie Risiken und Misserfolge kümmern. Die Mitglieder der Führungsetage müssen sich selbst so verhalten, wie sie es von den Mitarbeitern wünschen, damit diese sehen, dass ihr Ansatz geschätzt wird. Ständiges Lernen ist für die Weiterentwicklung der Innovationsfähigkeit entscheidend. Wenn aus jedem Projekt Wert geschöpft werden kann, wirkt sich das positiv auf das Know-how des Entwicklungsteams und die folgenden Projekte aus.

Innovation verlangt eine andere Sichtweise

Damit ein Unternehmen lernt, Dinge auch auf eine andere Art zu betrachten, ist Kreativität in all ihren Erscheinungsformen gefragt. Die Mitarbeiter müssen darin geschult werden, verschiedene Mittel und Methoden einzusetzen und zu verstehen, welches Mittel für welche Aufgabe am besten geeignet ist. Das kann etwa ein kreatives Gruppenmeeting bzw. Brainstorming sein oder ein Workshop mit den Nutzern. Ein neuer Blickwinkel kann auch die firmeninternen Ansichten zur Funktionsweise des Unternehmens ins Wanken bringen. Gute Kommunikations- und Überzeugungsfähigkeit sollten daher ein wichtiger Teil des kreativen Ansatzes sein.

Innovationen müssen gemanagt und gemessen werden

Ohne jeglichen Bewertungsmaßstab ist es schwierig, die Leistungsfähigkeit eines Innovationssystems zu beurteilen. Die meisten Unternehmen schauen nach der Einführung auf die Kapitalrendite (ROI); daraus gewinnt man jedoch kein aussagekräftiges Feedback darüber, ob genügend oder zu viel Geld ausgegeben wurde, um die erwünschten Ergebnisse zu erzielen. Man kann weitere Kriterien nutzen, die sich auf die interne Leistungsfähigkeit der Teams oder Prozesse beziehen, und sicherstellen, dass bei jedem Projekt, das ein Unternehmen durchläuft, die Effektivität des Systems weiter verbessert wird. Auf lange Sicht wird dies bei erfolgreichen Projekten zu besseren Post-Launch-Zahlen führen und die Zahl der erfolglosen Projekte reduzieren, die nicht fertig umgesetzt oder während der Entwicklung aufgegeben werden."

Simon May
August,
Großbritannien

„Allen Mitarbeitern muss klar sein, was man unter einer Innovationsstrategie und einem Innovationsprozess versteht und wo diese hilfreich sein können. Dies erfordert gute Marketingkanäle und ständige Updates bezüglich Fortschritt, Marktveränderungen und Entwicklungsbedarf."

Schlussbetrachtung

Designmanagement bringt verschiedene Fachdisziplinen, Berufe und Stakeholder zusammen. Insofern tendiert es von Natur aus zu einer ganzheitlichen Betrachtungsweise, wenn es darum geht, wie die optimale Lösung für alle Beteiligten gefunden und realisiert werden kann. Eine gelenkte Annäherung an Design erhöht die Chancen, dass die Projekte zu greifbaren, wertvollen Ergebnissen führen, die

• befriedigend, wertsteigernd und wertschöpfend sind (z. B. bezogen auf das Nutzererlebnis, den finanziellen Wert oder den Markenwert),

• „Komplettpakete" sind und allen beteiligten Stakeholdern – vom Sponsor bis zum Endverbraucher – maximalen Nutzen bringen,

• einen positiven Beitrag für die Zukunft leisten und keine ökologischen oder sozialen Auswirkungen haben (z. B. durch Umweltschädigung oder Auflösung von Gemeinschaften).

Versteht man die Grundlagen des Designmanagements und die Bedeutung von Design bei der Entwicklung neuer Geschäfts- und Innovationsprozesse, ergibt sich daraus als einer der Hauptvorteile eine bessere Einschätzung, wie sich der Wert von Design optimal vermitteln lässt.

Dies kann innerhalb eines großen Unternehmens der Fall sein, wo der Designmanager eventuell eine strategisch wichtige Funktion hat und mit einer Reihe von zuverlässigen Fachteams interagiert, oder in kleinen bis mittleren Unternehmen, wo der Designmanager vielleicht in allen Geschäftsbereichen kompetent sein muss, um ein Projekt allein leiten und managen zu können.

Es ist von Vorteil, zu wissen, wie Werte geschaffen und genutzt werden, z. B. durch eine Verknüpfung der Markenvision und der Markenwerte (markengesteuerte Innovation) oder durch eine Orientierung an den Nutzerbedürfnissen (designgesteuerte Innovation). Ziel der Designmanager muss es sein, zunächst das nötige Wissen, die Erfahrung und die Fähigkeiten zu erwerben, um dann Mitarbeiter, Prozesse und Projekte erfolgreich managen zu können, damit für alle Stakeholder eines Projekts der maximale Vorteil erreicht wird.

Glossar

Above the line – („oberhalb der Linie") Der Begriff wird in der Werbung und im Marketing für die traditionelle Werbung in Massenmedien wie Fernsehen, Rundfunk und Zeitungen verwendet.

Below the line – („unterhalb der Linie") Der Begriff wird in der Werbung und im Marketing für die nicht klassischen Werbe- und Kommunikationsmaßnahmen verwendet, wie direkte Werbung, Öffentlichkeitsarbeit, Verkaufsförderung und Internetkampagnen.

Business Case – (wörtl. etwa: „Geschäftsszenario") Darstellung und Abwägen der voraussichtlichen finanziellen und nicht finanziellen Konsequenzen von Entscheidungen innerhalb eines Projekts – eine Kosten-Nutzen-Rechnung bzw. Wirtschaftlichkeitsrechnung.

Copyright – Exklusivrecht, das den Gebrauch eines bestimmten Designs, einer kreativen Arbeit oder Publikation schützt, beispielsweise in Musik, Literatur oder Kunst.

Demografie – Klassifiziert Verbraucher-„Typen" danach, wo sie leben. Bei gleichen Typen geht man davon aus, dass sie ähnliche Grundhaltungen, Überzeugungen und Kaufgewohnheiten haben.

Differenzierung – „Herausstechen" eines Produkts oder einer Dienstleistung gegenüber den Konkurrenzangeboten, um Wettbewerbsvorteile zu erhalten. Dies kann anhand von einzigartigen Merkmalen oder durch besondere Marketingstrategien geschehen.

DIN – (Deutsches Institut für Normung e.V.) Die wichtigste deutsche Normungsorganisation. Das DIN ist ein eingetragener Verein und wird privatwirtschaftlich getragen. Die unter der Leitung von Arbeitsausschüssen der Organisation erarbeiteten Standards werden als „DIN-Normen" bezeichnet.

Innovation – Einführung neuer Maßnahmen, Ideen oder Veränderungen, die eine radikale Abweichung vom bisher Üblichen darstellen.

ISO – (Internationale Organisation für Normung) Der weltgrößte Entwickler und Herausgeber internationaler Normen. Es handelt sich um ein Netzwerk der nationalen Organisationen für Normung aus 162 Ländern, wobei jedes Land durch ein Mitglied vertreten ist. Die ISO ist eine Nichtregierungsorganisation, die eine Brücke zwischen dem öffentlichen und dem privaten Sektor bildet.

Iteration – („Wiederholung") Bezieht sich auf den nicht linearen, zyklischen Prozess kreativer Ermittlung, Korrektur und Entwicklung, der beispielsweise im Designprozess zur Problemlösung eingesetzt wird.

Marke, ® – Marken oder Markenzeichen ermöglichen die Identifizierung von Waren und Dienstleistungen und die Unterscheidung zwischen Konkurrenzangeboten. Das Markenzeichen ist ein Symbol oder Logo, an dem eine Marke sofort erkennbar ist. Sie garantiert Ursprung, Qualität und Beständigkeit von Waren oder Dienstleistungen.

Mehrwert – Höherer oder zusätzlicher Nutzen, den ein Produkt oder eine Dienstleistung dem Verbraucher – im Hinblick auf tatsächlichen und subjektiven Wert, Marktwert, Attraktivität, Prestige oder Nützlichkeit – bietet.

Nutzerzentriertes Design – Gestaltungsprozess, der beim Entwurf eines Produkt- oder Dienstleistungserlebnisses das Leben und das Verhalten der Verbraucher oder Nutzer in den Mittelpunkt stellt.

Patent – Eine Form des gesetzlichen Schutzes, der die Exklusivrechte garantiert, eine Erfindung oder Innovation zu produzieren und zu verkaufen, und zwar für einen bestimmten Zeitraum. Patente schützen in der Regel funktionelle und technische Aspekte von Produkten und Prozessen.

Prototyp – Ein physisches oder virtuelles Modell, das dazu dient, Ideen und Design zu testen und Feedback der Nutzer zu sammeln. Anschließend wird ein endgültiges Produkt oder eine endgültige Dienstleistung entwickelt.

Rechte aus geistigem Eigentum (kurz: Geistiges Eigentum, IPR) – Gesetzlicher Schutz für das Eigentum an neuen Ideen oder Markennamen. Der Eigentümer kann andere an der Nutzung seines geistigen Eigentums hindern. Zum geistigen Eigentum gehören Urheberrecht, Patente, eingetragene Markenzeichen und Copyright.

Stakeholder – Alle, die ein Interesse am Projekt oder am Ergebnis eines Prozesses haben oder die davon betroffen sind. Als interne Stakeholder eines Unternehmens bezeichnet man Mitarbeiter, Manager und Eigentümer, die externen Stakeholder sind beispielsweise die Kunden, die Lieferanten, die Gläubiger, die Gesellschaft und der Staat.

SWOT-Analyse – Ein Geschäftsinstrument zur Identifizierung der Stärken, Schwächen, Chancen und Risiken (**S**trengths, **W**eaknesses, **O**pportunities, **T**hreats) einer speziellen Unternehmens- oder Marktchance. Aus der Analyse dieser Schlüsselfaktoren kann eine ganzheitliche Geschäftsstrategie entwickelt werden.

Web 2.0 – Der Begriff wurde im Rahmen von Webdesign- und Webentwicklungsprozessen geprägt, um zu beschreiben, wie Webentwickler und Endverbraucher bei der Entwicklung neuer Softwareanwendungen und Serviceerlebnisse zusammenarbeiten. Es handelt sich um einen Kooperationsprozess, in den beispielsweise Onlinecommunitys, soziale Netzwerke und Blogs eingebunden sind.

Bibliografie und Internetquellen

Accounting Standards Board (ASB), <www.frrp.org.uk>

Anderson, C., The Long Tail – der lange Schwanz. Nischenprodukte statt Massenmarkt – Das Geschäft der Zukunft. Hanser Wirtschaft, 2007

APM, Association for Project Management, <www.apm.org.uk>

ARUP, „Drivers of Change", ARUP Global Foresight & Innovation, 2008

Beatty, S., und Kahle, L., „Alternative Hierarchies of the Attitude-Behavior Relationship: The Impact of Brand Commitment and Habit". Academy of Marketing Science, Journal of the Academy of Marketing Science, Sommer 1988, Bd. 16, Nr. 2

Birkshaw, J., und Mol, M., Making Sense of Management Innovation. Sloan Management Review, Sommer 2006

Borja de Mozota, B., Four Powers of Design: A Value Model in Design Management (<findarticles.com/p/articles/mi_qa4143/>). Design Management Review, Frühjahr 2006

Boyle, D., The Little Money Book. Alastair Sawday's Fragile Earth, 2003

Bragg, A., und Bragg, M., Developing New Business Ideas. Financial Times/ Prentice Hall, 2005

Brinkhoff, A., und Thonemann, U., „Projekte zur Optimierung der Lieferkette erfolgreich umsetzen". Universität Köln, 2007. Zitiert in Bloch, B., „Secrets behind a business marriage made in heaven". The Daily Telegraph, 11.10.2007

Brown, T., „Strategy By Design", <www.FastCompany.com>, 2007

Brown, T., „Public Servants – by Design, in Innovation by Design in Public Services". The Solace Foundation, 2008

Brown, T., „Design Thinking", Harvard Business Review. Juni 2009

Bruce, A., und Langdon, K., Strategisches Denken. Dorling Kindersley, 2001

CABE (Commission for Architecture and the Built Environment), <www.cabe.org.uk>

Capon, C., Understanding Organisational Context. Financial Times/ Prentice Hall, 2000

Chinese Academy of International Trade and Economic Cooperation (CAITEC), <www.caitec.org.cn>

CIMA, Chartered Institute of Management Accountants. <www.cimaglobal.com>

Clark, D., Integrated Management. Financial Management Magazine (UK), April 2009. Chartered Institute of Management Accountants (CIMA)

Clark, P., Design (A Crash Course). Watson-Guptill Publications, 2000

Cole, G. A., Management: Theory and Practice, Thomson Learning, 1996

Coomber, S., Branding. Capstone, 2001

Covey, S., Die sieben Wege zur Effektivität. Campus Verlag, 1992

Cox, G., Cox Review of Creativity in Business. Commissioned by the Chancellor of the Exchequer, 2005

Csikszentmihalyi, M., Kreativität. Wie Sie das Unmögliche schaffen und Ihre Grenzen überwinden. Klett-Cotta, 1997

Dreyfuss, H., Designing for People. Penguin, 1974

Drucker, P., The Daily Drucker: 366 Days of Insight and Motivation for Getting the Right Things Done. Butterworth-Heinemann, 2004

Dyson, J., Accounting for Non-Accounting Students. Financial Times/Prentice Hall, 2007

Engine Service Design, <www.enginegroup.co.uk>

Fisher, C., und Downes, B., „Performance Measurement and Manipulation". Financial Management (UK) Magazine, 1. November 2008. Chartered Institute of Management Accountants (CIMA)

Geraghty, P., A Strategic Framework for Entrepreneurial SMEs to Improve Services and Build Design and Innovation Capabilities. DMI Education Conference, 2008

Gobé, M., Emotional Branding: The New Paradigm for Connecting Brands to People. Allworth Press, 2002

Goleman, D., Emotionale Intelligenz. Zum Erfolg gehört mehr als nur ein hoher IQ. Deutscher Taschenbuch Verlag, 1997

Hartley, B., und Palmer, A., The Business Environment. McGraw-Hill Higher Education, 2006

Heilbroner, R., und Thurow, L., Wirtschaft. Das sollte man wissen, Campus-Verlag, 2002

Holcim (Lanka), Clothing Factory in Sri Lanka/MAS Intimates Thurulie, 2008

Howkins, J. The Creative Economy: How People Make Money from Ideas. Penguin, 2002

Hutton und Holbeche, „Peter Drucker's Management Approach", HR Magazine, 2007

Ivanovic, A., und Collin, P., Dictionary of Business. A & C Black, 2005

Jenkins, J., „Creating the Right Environment for Design". DMI Review, Sommer 2008, Bd. 19, Nr. 3

Johnson, G., und Scholes, K., Exploring Corporate Strategy. Financial Times/ Prentice Hall, 2006

Kaplan, R. S., und Norton, D. P., Balanced Scorecard: Strategien erfolgreich umsetzen, Schäffler-Poeschel Verlag, 1997

Kawasaki, G., The Art of the Start. Portfolio, 2004

Kay, J., Foundations of Corporate Success: How Business Strategies Add Value. Oxford Paperbacks, 1995

Kelley, T., mit Littman, J., The Ten Faces of Innovation. Currency Doubleday, 2005

Kotler, P., Marketing-Management: Strategien für wertschaffendes Handeln, Pearson Studium, 2007

Kotler, P., und Armstrong, G., Grundlagen des Marketing, Pearson Studium, 2006

Leadbeater, C., We-Think: Mass Innovation, Not Mass Production. Profile Books, 2008

Legible London Yellow Book, a Prototype Wayfinding System for London. Transport for London/Mayor of London, 2008

Liker, J., Der Toyota-Weg. FinanzBuch Verlag, 2006

Likierman, A., From Recording the Past to Shaping the Future, Parc Research Report on Resilience: How Companies Prepare for Success in the Future.Verfasst von Paul Williams, 2007

Lockwood, T., Design Value: A Framework for Measurement, DMI Review, Herbst 2007, Bd. 18, Nr. 4

Loglisci, K., Interview mit dem Autor in London am 16. November 2008

Managing Creativity and Innovation, Harvard Business Essentials, Harvard Business Press, 2003

McDonagh, W., und Braungart, M., Cradle to Cradle. North Point Press, 2002

Merholz, P., Interview mit Zipcar-CEO Scott Griffith. <www.adaptivepath.com>, 2008

Neumeier, M., The Brand Gap. New Riders, 2006

Nussbaum, B., ZipCar Capitalism: A New Economic Model? <www.businessweek.com/NussbaumOnDesign>, 30. Okt. 2008

Olins, W., The New Guide to Identity. How to Create and Sustain Change Through Managing Identity", Gower Publishing Company, 1995

Olins, W., Marke, Marke, Marke. Den Brand stärken. Campus Verlag, 2004

Olins, W., The Brand Handbook. Thames & Hudson, 2008

Philips Design, Seeds for Growth, Philips Design Solutions, 2008

Pine, B. J., und Gilmore, J. H., Erlebniskauf. Konsum als Erlebnis, Business als Bühne, Arbeit als Theater. Econ, 2000

Porter, M., Wettbewerbsstrategie: Methoden zur Analyse von Branchen und Konkurrenten. Campus Fachbuch, 1983

Porter, M., Wettbewerbsvorteile: Spitzenleistungen erreichen und behaupten. Campus Fachbuch, 1989

Porter, M., „What is strategy?" Harvard Business Review, November/Dezember 1996, 61–78.

Portigal, S., Products and their Ecosystems. <www.core77.com/offsite/archive.asp>

Prahalad, C. K., und Hamel, G., „The Core Competence of the Organisation". Harvard Business Review, 1990

Prahalad, C. K., und Krishnan, M. S., Die Revolution der Innovation: Wertschöpfung durch neue Formen in der globalen Zusammenarbeit. Redline Verlag, 2009

Rees, F., Teamworking From Start to Finish. Pfeiffer, 1997

Regarding Rotterdam: Thamesgate Regeneration Civic Trust Study Trip. The Civic Trust, 2005

Resnick, L., Rubies in the Orchard: How to Uncover the Hidden Gems in your Business. Broadway Books, 2009

Rocchi, S., und Kusume, Y., Design for All: A Co-Design Experience in Rural India for Healthy Indoor Cooking. Philips Design, 2008

Scherfig, C., Direktor des Danish Design Center, in einer Rezension von Lockwood, T., und Walton, T., Building Design Strategy. Allworth Press & DMI, 2008

Silbiger, S., The 10-Day MBA. Piatkus Ltd., 1999

Tapscott, D., und Williams, A., Wikinomics. Die Revolution im Netz. Hanser Fachbuch, 2007

The Value Chain Group, <www.value-chain.org>

Wheeler, A., Designing Brand Identity. Wiley, 2002

Winhall, J., „Is Design Political?" <www.core77.com>, 2006

Womack, J., und Jones, D., Lean Thinking: Ballast abwerfen, Unternehmensgewinn steigern, Campus Verlag, 2004

Wright, R., Finance Lecture for MA Design Management, University of the Creative Arts, Surrey, UK, 2007

Young, T., 30 Minuten bis zum erfolgreichen Projektmanagement, Gabal, 1998

Zook, C., Unstoppable: Finding Hidden Assets to Renew the Core and Fuel Profitable Growth. Harvard Business School Press, 2007

Bildnachweis

Danksagung

Laura Abrar, Ian Allison, Shoma Amin,
Melanie Andrews, Audrey Arbeeny, Liz Armistead,
Chloe Baird-Murray, Mr. D. Bali, Matt Barthelemy,
Silke Becker, Peter Best, Garrett Biggs, Krzysztof Bielski,
Duncan Bowker, Corine van Buren-Koopmans,
Fanny Cabanne, Lynn Canham, Vanessa Chang,
Wen-Long Chen, Mercedes Coats, Josh Cohen,
Hilary Collins, Dr. Lynette Coetzee, Zoe Cook,
Ann Crawley, Sonja Dahl, Pankaj Dheer, Emma Dormer,
Ange Dunselman-Kunzmann, Tim Fendley, Joe Ferry,
Lucy Fulton, Sarah Gardner, Paul Geraghty, Benn Gibbs,
Lacey Glave, Korinna Gramsch, Gemma Hawkins,
Mark Herbert, Drew bei Navig8, Alice Huang,
Beth Hurran, Naoko Iida, Thomas D. Isaacson,
Karolina Johnson, David Johnson, Aldo de Jong,
Maarten Jurriaanse, Ian Kennedy, Mara Kockott,
Michel Kolenbrander, Tom Lockwood, Karin Loglisci,
Robert Malcolm, Kevin McCullagh, John McGill,
Lisa Marsala, Simon May, Colette Meacher, Tom Mercer,
Brian Morris, Ruedi Alexander Müller-Beyeler,
Darragh Murphy, Rachel Netherwood, Jessica Nielsen,
Meike Nip, Anne Odling Smee, Katarzyna Okinczyc,
Patricia Olshan, Alex Ostrowski, Miles Park,
Priya Paul, Nick Perry, Biuro Prasowe, Christo Pretorius,
Rakhi Rajani, Vidhura Ralapanawe, Giles Rollestone,
Lujeanne Roos, Phil Rushton, Michael Slack,
Alex Smith, Annemieke Strous, Hazel Symington,
Rupa Thomas, Tania Thompson, Tata Nano Team,
Remigiusz Truchanowicz, Lindi Tshilingalinga,
Tamsin Valentino, Sorena Veerman, Caroline Walmsley,
Brett White, Simona Zahradnicek, Zoe Zeigler.

Lynne Elvins/Naomi Goulder

Ethik in der Arbeitswelt
Grundlagen des Designmanagements

Vorbemerkung des Verlags

Das Thema Ethik ist natürlich nicht neu. Doch die Beschäftigung damit in den angewandten visuellen Künsten ist vielleicht noch nicht so weit verbreitet, wie es wünschenswert wäre. Mit diesem Buch möchten wir einer neuen Generation von Studenten, Dozenten und Praktikern eine Methode an die Hand geben, um ihre Gedanken und Überlegungen zu diesem wichtigen Thema zu strukturieren.

Die Verlage Stiebner und AVA möchten mit diesen Seiten über **Ethik in der Arbeitswelt** einen Anstoß für weitere Überlegungen geben und darüber hinaus eine flexible Integration ethischer Richtlinien in die Arbeit von Dozenten, Studenten und Praktikern erreichen. Wir haben das in vier Abschnitte gefasst:

Die **Einführung** bietet eine leicht verständliche Momentaufnahme der Ethik sowohl in historischer Hinsicht wie in den aktuell diskutierten Themen.

Die **grundsätzlichen Überlegungen** diskutieren ethische Fragen anhand von vier Aspekten, die Ihre Arbeit betreffen und die praktischen Auswirkungen dieser betrachten. Indem Sie Ihre Antworten auf den farbigen Skalen am unteren Seitenende eintragen, lassen sich diese durch Vergleiche weiter hinterfragen.

Die **Fallstudie** beschreibt ein Projekt aus der Praxis und stellt anschließend Fragen, die zum Weiterdenken anregen sollen. Sie ist eher als Ausgangspunkt für eine Diskussion gedacht denn als eine kritische Analyse. Daher gibt es hier keine vordefinierten richtigen oder falschen Antworten.

Eine Auswahl **weiterführender Literatur** ermöglicht Ihnen eine tiefer gehende Auseinandersetzung mit den Themen, die für Sie von besonderem Interesse sind.

Einführung

Ethik ist ein komplexes Thema, bei dem die Idee der Verantwortung gegenüber der Gesellschaft und Überlegungen zu Charakter und Glück des Individuums ineinandergreifen. Das betrifft Wertvorstellungen wie Empathie, Loyalität und Stärke, hat aber auch mit Vertrauen, Vorstellungskraft, Humor und Optimismus zu tun. Schon in der Philosophie des antiken Griechenland lautete die fundamentale ethische Frage: *Was soll ich tun?* Die Frage danach, wie wir ein „gutes" Leben führen können, wirft nicht nur moralische Überlegungen hinsichtlich der Auswirkung unserer Handlungen auf andere auf, sondern auch persönliche Bedenken in Bezug auf unsere eigene Integrität.

Heutzutage sind die wichtigsten und umstrittensten ethischen Fragen solche bezüglich der Moral. Angesichts wachsender Bevölkerungszahlen und Fortschritten in Mobilität und Kommunikation erscheint es kaum verwunderlich, dass die Überlegung, wie wir unser Zusammenleben auf der Erde strukturieren können, immer mehr an Bedeutung gewinnt.

Einige ethische Überlegungen haben bereits Eingang in Rechtsgrundlagen und gesetzliche Richtlinien oder Verhaltenskodizes mancher Berufsgruppen gefunden. Diebstahl geistigen Eigentums und Verstöße gegen die Geheimhaltungspflicht etwa können strafbare Handlungen sein. In vielen Ländern ist es rechtswidrig, Menschen mit einer Behinderung den

Zugang zu Informationen oder Orten zu verwehren. Der Elfenbeinhandel wurde inzwischen in vielen Ländern verboten. In diesen Fällen wurde eine klare Linie gezogen, was akzeptabel ist und was nicht.

Doch die meisten ethischen Fragen sind nicht abschließend beantwortet und werden unter Experten und Laien gleichermaßen diskutiert. Letztendlich müssen wir alle auf der Grundlage unserer eigenen Prinzipien oder Wertvorstellungen selbst entscheiden. Ist es ethischer, für eine gemeinnützige Organisation zu arbeiten statt für ein kommerzielles Unternehmen? Ist es unethisch, etwas zu kreieren, was andere als hässlich oder beleidigend ansehen?

Solche konkreten Fragen können zu anderer, abstrakteren führen. Ein Beispiel: Sind für die Auswirkungen unserer Handlungen nur die Menschen (und das, was ihnen wichtig ist) miteinzubeziehen, oder müssen wir uns auch mit den Folgen für die Umwelt auseinandersetzen?

Ist es berechtigt, auf ethische Konsequenzen hinzuweisen, wenn ein ethisches Ziel Opfer erfordert? Muss es eine einzige, übergreifende ethische Theorie geben (wie etwa die utilitaristische These, dass die richtige Handlung immer diejenige ist, die zum größten Maß an Glück bei der größten Anzahl an Menschen führt), oder existieren verschiedene ethische Werte, die uns Menschen zwischen ganz gegensätzlichen Richtungen hin und her reißen?

Wenn wir solche Fälle ethischen Dilemmas sowohl auf persönlicher als auch auf professioneller Ebene diskutieren und durchdenken, führt dies unter Umständen dazu, dass wir unsere Meinung allgemein und speziell unsere Meinung über andere ändern. Die wahre Prüfung jedoch ist die, ob wir, während wir über solche Fragen nachdenken, unser Handeln ebenso ändern wie unser Denken. Sokrates, der „Vater" der Philosophie, war der Meinung, dass die Menschen von sich aus „gut" handeln, wenn sie wissen, was richtig ist. Aber das führt uns vielleicht nur zur nächsten Frage: *Wie können wir wissen, was richtig ist?*

Sie selbst
Was sind Ihre ethischen Grundsätze?

Im Mittelpunkt all Ihres Handelns steht Ihre Einstellung gegenüber den Menschen und den Sachverhalten, die Sie betreffen. Bei manchen Menschen fließen ihre ethischen Grundsätze maßgeblich in ihre Entscheidungen ein, die sie täglich als Verbraucher, Wähler oder Berufstätige treffen. Andere machen sich vielleicht weniger Gedanken über Ethik, und doch bedeutet das nicht automatisch, dass sie unethisch handeln. Ihr ethischer Standpunkt kann von persönlichen Einstellungen, Lebensstil, Politik, Nationalität, Religion, Geschlecht, Gesellschaftsschicht oder Bildungsniveau beeinflusst werden.

Wo auf der Skala würden Sie sich platzieren? Was berücksichtigen Sie, wenn Sie eine Entscheidung treffen? Vergleichen Sie Ihre Ergebnisse mit denen Ihrer Freunde und Kollegen

Ihre Kunden
Wie sehen Ihre Bedingungen aus?

Funktionierende Beziehungen sind von zentraler Bedeutung, wenn es darum geht, ethische Grundsätze in einem Projekt zu berücksichtigen, und mit Ihrem tagtäglichen Verhalten stellen Sie Ihr Berufsethos unter Beweis. Die folgenreichste Entscheidung ist die, mit wem wir zusammenarbeiten. Zigarettenhersteller oder Waffenhändler sind oft genannte Beispiele, wenn man diskutiert, wo man eine Grenze zieht. Aber alltägliche Situationen sind selten so extrem. An welchem Punkt würden Sie ein Projekt aus ethischen Gründen ablehnen, und wie stark beeinflusst die Notwendigkeit, Ihren Lebensunterhalt zu verdienen, Ihre Entscheidungsfreiheit?

Wo auf der Skala würden Sie ein Projekt platzieren? Wie lässt sich das mit Ihren ethischen Grundsätzen in Einklang bringen?

01 02 03 04 05 06 07 08 09 10

01 02 03 04 05 06 07 08 09 10

Ihre Anforderungen
Welche Auswirkungen haben Ihre Materialien?

Relativ bald werden wir die Erfahrung machen, dass viele natürliche Ressourcen zur Neige gehen. Gleichzeitig wird uns in zunehmendem Maß bewusst, dass manche künstlich hergestellten Materialien schädliche Langzeitwirkungen auf Menschen oder Umwelt haben können. Wie viel wissen Sie über die Materialien, mit denen Sie arbeiten? Wissen Sie, woher sie kommen, wie weit sie transportiert wurden und unter welchen Bedingungen sie hergestellt wurden? Kann Ihr Produkt einfach und sicher wiederverwertet werden, wenn es nicht mehr benötigt wird? Kann es rückstandslos vernichtet werden? Liegen diese Überlegungen in Ihrem Verantwortungsbereich oder jenseits davon?

Markieren Sie auf der Skala, wie Ihre Materialauswahl in ethischer Hinsicht ist.

Ihr Produkt
Welche Absicht steht hinter Ihrer Arbeit?

Welchen Zweck erfüllt Ihr Produkt für Sie, Ihre Kollegen und Ihr vereinbartes Briefing? Welchen Zweck erfüllt es in der Gesellschaft, und leistet es einen positiven Beitrag? Soll Ihre Arbeit mehr Wirkung entfalten als nur kommerziellen Erfolg oder Auszeichnungen? Könnte Ihr Produkt dazu beitragen, Leben zu retten, Bildung zu fördern, jemanden zu schützen oder zu inspirieren? Form und Funktion sind zwei gängige Anhaltspunkte für die Bewertung eines Produkts, aber es gibt noch keinen Konsens darüber, welche Verantwortung beispielsweise Produktentwickler oder in der Werbung Tätige der Gesellschaft gegenüber haben oder welche Rolle sie bei der Lösung sozialer oder ökologischer Probleme spielen könnten. Wenn Sie als Schöpfer Ihrer Idee anerkannt werden wollen, wie sehr sind Sie dann für das, was Sie schaffen, verantwortlich, und wo endet diese Verantwortung?

Markieren Sie auf der Skala, wie Sie die ethische Intention Ihrer Arbeit einschätzen.

01 02 03 04 05 06 07 08 09 10

01 02 03 04 05 06 07 08 09 10

206

Ein Aspekt im Designmanagement kann ein ethisches Dilemma verursachen: Wie lässt sich ein Ausgleich schaffen zwischen den Erfordernissen, die nötig sind, wenn Design zur Gewinnsteigerung eines Unternehmens eingesetzt wird, und den Folgen, die die dabei entstehenden Produkte, Dienstleistungen oder Werbematerialien auf Umwelt und Gesellschaft haben? Entscheidungen, die in der frühen Entwicklungsphase eines Designprojekts getroffen werden, beeinflussen ein Produkt für seine gesamte Lebensdauer; im ganz frühen Stadium können deshalb die wirksamsten Verbesserungen vorgenommen werden. Designmanager besitzen jedoch meist nicht die Autorität, einen Designauftrag so zu verändern, dass die ökologische Leistung oder die soziale Verantwortung einen höheren Stellenwert bekommt, insbesondere dann nicht, wenn dies zusätzliche Recherche- oder Testzeit nötig machen würde oder wenn weitere Investitionen in neue Technologien oder Materialien erforderlich wären. In der Regel bestimmen finanzielle Zielsetzungen oder die Nachfrage der Verbraucher die Ergebnisse. Ist es die Aufgabe der Designmanager, ihre Designaufträge mit größerer Verantwortung in Bezug auf Nachhaltigkeit durchzuführen, oder sind sie allein ihrem Auftraggeber und dessen Geschäftsergebnis verpflichtet?

Die Firma Quaker Oats wurde 1901 durch den Zusammenschluss verschiedener Hafermühlen gegründet; eine davon war die Quaker Mill Company in Ohio. Die als Symbol für die Firma verwendete Gestalt eines Mannes in der Tracht der Quäker war seit 1877 als Markenzeichen beim Patentamt registriert; es war das erste US-amerikanische Markenzeichen, das je für ein Frühstücksmüsli registriert wurde.

Henry Seymour, einer der Firmeninhaber, soll den Namen Quaker und das dazugehörige Bild ausgesucht haben, nachdem er gelesen hatte, dass Quäker – Angehörige der Religiösen Gesellschaft der Freunde, einer Bewegung, die im 17. Jahrhundert ihren Anfang nahm – für Integrität, Ehrlichkeit und Lauterkeit stehen. Obgleich zur Quäkerbewegung keine offizielle Verbindung bestand, hielt man diese Eigenschaften für die Identität der Firma als geeignet. In der Originalzeichnung, die den Quäker komplett zeigte, hielt er eine Papierrolle in der Hand, auf der das Wort „pure" (rein) stand.

1881 kaufte Henry Crowell die bankrotte Quaker Mill Company und ihre Marke und schaltete im darauffolgenden Jahr eine Werbekampagne für Quaker Oats im *National Magazine*. 1885 führte die Firma die Idee ein, zwei Pfund Haferflocken in einer sauberen Schachtel zu verkaufen, die auf der Vorderseite den Quäker zeigte und auf der Rückseite die Kochanleitung gab. So war es erstmals möglich, einzeln abgepackte Mengen anstatt Hafer aus offenen Fässern zu kaufen, was normalerweise bedeutet hatte, dass die Haferflocken mit Ungeziefer verunreinigt waren. Quaker Oats war auch die erste Firma, die auf der Verpackung ein Rezept (für Haferbrot) abdruckte.

1927 gründete Crowell, inzwischen bekannt als „Cereal Tycoon" (Getreide-Mogul), den Crowell Trust, der sich der Lehre und der Verbreitung der Doktrinen des bibeltreuen Christentums widmete. Angeblich spendete er mehr als 70 % seines beachtlichen Reichtums und genoss in den USA als christlicher Geschäftsmann des 20. Jahrhunderts hohes Ansehen.

Einigen Quäkern soll die Assoziation mit der Firma unangenehm sein. Die Marke Quaker Oats ist vermutlich bekannter als die Religiöse Gesellschaft der Freunde. Das hat wohl für Verwirrung gesorgt, da in der Öffentlichkeit häufig angenommen wird, die Quäker hätten etwas mit der Firma zu tun oder sie würden sich noch immer so kleiden, wie es auf dem Quaker-Oats-Logo gezeigt wird.

Ist es unethisch, dass sich Quaker Oats mit den Werten der Quäker schmückt, ohne aktives Mitglied oder Fördermitglied der Quäker zu sein?

Wäre es ethischer, das Grafikdesign, die Werbung, Markenentwicklung, Verpackung und das Marketing dafür einzusetzen, die Quäker bekannter zu machen, anstatt Quaker-Oats-Produkte zu verkaufen?

Würden Sie als Angehöriger der Quäker für die Firma arbeiten?

Bei Design geht es letztlich darum, bessere Dinge für die Menschen zu entwickeln. Dabei können durchaus auch höhere Gewinne herausspringen.

Bruce Nussbaum (Redakteur)

Dietzfelbinger, Daniel
Aller Anfang ist leicht: Unternehmens- und Wirtschaftsethik für die Praxis
Utz, 2004; 4. Aufl.

Hemel, Ulrich
Wert und Werte. Ethik für Manager – Ein Leitfaden für die Praxis
Hanser Fachbuch, 2007; 2., überarb. u. erw. Aufl.

Küpper, Hans-Ulrich
Unternehmensethik: Hintergründe, Konzepte und Anwendungsbereiche
Schäffer-Poeschel, 2006

Lütge, Christoph, und Homann, Karl
Einführung in die Wirtschaftsethik
Lit-Verlag, 2005

McDonough, William, und Braungart, Michael
Einfach intelligent produzieren: Cradle to cradle: Die Natur zeigt, wie wir die Dinge besser machen können. Gebrauchsanweisungen für das 21. Jahrhundert
Berliner Taschenbuch Verlag, 2008

Papanek, Victor
Design für die reale Welt: Anleitungen für eine humane Ökologie und sozialen Wandel
Springer, 2008

Ulrich, Peter
Integrative Wirtschaftsethik: Grundlagen einer lebensdienlichen Ökonomie
Haupt Verlag, 2007; 4., überarb. Aufl.

Waibl, Elmar
Angewandte Wirtschaftsethik
UTB, 2005; überarb. Aufl.

Weitere, englische Titel

AIGA
Design Business and Ethics
AIGA, 2007

Eaton, Marcia Muelder
Aesthetics and the Good Life
Associated University Press, 1989

Ellison, David
Ethics and Aesthetics in European Modernist Literature: from the Sublime to the Uncanny
Cambridge University Press, 2001

Fenner, David E. W. (Hrsg.)
Ethics and the Arts: an Anthology
Garland Reference Library of Social Science, 1995

Gini, Al, und Marcoux, Alexei M.
Case Studies in Business Ethics
Prentice Hall, 2005

United Nations
Global Compact. The Ten Principles
www.unglobalcompact.org/AboutTheGC/TheTenPrinciples/index.html